LA ORACIÓN

teología y práctica

LA ORACIÓN
teología y práctica

editorial clie

Fernando A. Mosquera

EDITORIAL CLIE
C/ Ferrocarril, 8
08232 VILADECAVALLS
(Barcelona) ESPAÑA
E-mail: libros@clie.es
http://www.clie.es

© 2010 Editorial CLIE

Mosquera Brand, Fernando A.
LA ORACIÓN : TEOLOGÍA Y PRÁCTICA
ISBN: 978-84-8267-573-2
Clasifíquese: 2190-ORACIÓN: Naturaleza e importancia de la Oración
CTC: 05-32-2190-21
Referencia: 224739

Impreso en Colombia / Printed in Colombia

ÍNDICE

RECONOCIMIENTO

El presente libro surge en medio de una circunstancia especial: como teólogo y filósofo he dedicado mis esfuerzos investigativos a la teología exegética y a asuntos políticos y teológicos, sobre todo, al diálogo entre teología, filosofía y política. Los temas relacionados con la espiritualidad he preferido que otros teólogos y espiritualistas los aborden. Yo creía que mi campo de interés académico estaba muy bien delimitado, hasta octubre del 2006, fecha en la que recibí una llamada telefónica desde Maracay, Venezuela. El reverendo John Freddy Zea, pastor asociado de la Iglesia Evangélica Libre Gilgal, me llamó para hacerme una invitación: ser el conferencista del Primer Congreso de Oración de la Iglesia Gilgal, el cual se desarrollaría los días 17 al 19 de mayo del 2007. Esta llamada la hizo a instancias del pastor principal Rvdo. Ender Sangronis. Mi primer impulso fue responderle que no podía aceptar la invitación, debido a que ése era un tema que yo no había trabajado teológicamente. Pero lo pensé mejor y decidí que ésta sería la ocasión ideal para incursionar en un tópico que consciente y deliberadamente había dejado para que otros lo abordaran. Así que acepté la invitación, para iniciar, de esa manera, una aventura inusual en mí. Además, el pastor Zea me solicitó buscara a otro conferencista para que fungiera como tallerista. El nombre que vino a mi mente fue el del reverendo Lic. Nicolás de los Reyes Duarte Anaya. Así, entonces, yo trabajé el contenido y desarrollo de las conferencias y él elaboró y desarrolló los talleres de trabajo.

Doy gracias a Dios porque los organizadores del evento me dieron la temática general: *Teología de la Oración, Corrientes contemporáneas de la Oración,* y *Orando en el Espíritu y con el Entendimiento.*

Tenía la temática general, pero ahora me correspondía buscar el contenido. Después de orar, investigar y reflexionar encontré, finalmente, el contenido que debía darle a la temática.

El libro que entrego hoy en sus manos, amable lector, es el resultado de esa invitación y de ese evento. Después de dictadas las conferencias me di a la tarea de ampliar los conceptos, aquí presentados, y de profundizar los contenidos.

Hoy estoy persuadido de que el evangelicalismo popular de habla hispana necesita trabajos como éstos para profundizar y discernir la piedad y la espiritualidad. Dado que en nuestro contexto latinoamericano cunde lo banal y los estereotipos teológicos y eclesiales, se hace necesario orientar adecuadamente a nuestra feligresía para ayudarla a comprender mejor la esencia del cristianismo. Espero que este libro contribuya a lograr ese propósito. La seriedad de los ejercicios espirituales y profundidad que deben acompañar las reflexiones teológicas han cedido su lugar, peligrosa e inquietantemente, a diferentes tendencias, posturas y modas contemporáneas, las cuales lejos de honrar el evangelio de Jesucristo lo trivializan.

Así que en hora buena vino la invitación, ya que me hizo reflexionar y tratar de contribuir al fortalecimiento de los ejercicios espirituales (especialmente la oración) a partir de un enfoque bíblico-teológico.

Espero que este libro sea estudiado en instituciones teológicas, en "círculos de estudios", en discipulados avanzados y formación de líderes, para discernir más profundamente aspectos importantes de la espiritualidad. Además, puede ser una pieza fundamental para entender la verdadera naturaleza de la prosperidad según la doctrina de la Biblia. Los creyentes necesitan mayor orientación respecto a nuevas tendencias religiosas que se suscitan en América Latina, y este libro puede ofrecer orientaciones válidas sobre la prosperidad, los pactos, la cosecha y la oración. Se desprende, entonces, que este libro debe ser estudiado "Biblia en mano" y en oración, para desentrañar las riquezas consignadas en él.

AGRADECIMIENTOS

Valga este espacio para externar mis profundos agradecimientos a los siguientes académicos:

Dr. David Ford
Teóloga María Isabel Serrano Vargas

Quienes muy gentilmente leyeron el manuscrito e hicieron acertadas reflexiones y pertinentes sugerencias, las cuales enriquecieron considerablemente el contenido de este libro. A ellos va mi gratitud y aprecio.

INTRODUCCIÓN

Dos de los ejercicios espirituales más importantes del cristiano son: el estudio concienzudo de las Sagradas Escrituras y la oración. Esta última es mucho más que un ejercicio, es una filosofía de vida, es un estado permanente de contacto y comunión con Dios, toda vez que la vida consagrada a Dios y a su Reino es un estado permanente de oración. A pesar de lo compleja y simple que es esta realidad, el cristiano término medio no se ha preocupado por profundizar, a partir de un estudio juicioso y serio de las Escrituras, lo concerniente a la oración. Si ella consume nuestra propia vida, agiganta la espiritualidad y muestra su eficacia en todos los actos del cristiano, deberíamos ser más cuidadosos en la comprensión que tenemos acerca de la misma.

En la primera parte de este libro procuraremos abordar, desde las Sagradas Escrituras, el fascinante mundo de la oración, pero antes quisiera, a manera de introducción, presentar algunas bases fundamentales de la oración, las mismas que están referidas a Dios, quien es el Gran Comunicador por antonomasia.

DIOS COMO POSIBILITADOR DE TODO ACTO DE COMUNICACIÓN

Varias imágenes acerca de Dios han circulado por la imaginación del hombre, lo cual ha privilegiado el hecho de que existan ideas distorsionadas acerca del Creador. Hay quienes lo visualizan como un ser escondido al género humano (*Deus absconditus* de los latinos, los griegos lo contemplaron como *agnóstos Theós*, ἀγνώστος θεός, Hch 17:23), y también hay imágenes corruptas acerca de Él, tales como las que ofrecen el Deísmo, la Teología del Proceso, la Teología de la Secularización, el Teísmo Abierto, el panteísmo y el monismo, estas dos últimas posiciones confunden la naturaleza con Dios.

Las Escrituras enseñan que Dios se ha comunicado con el hombre. Esa comunicación se conoce con el nombre técnico de Revelación. La única deidad plenamente revelada en todos los tiempos es Dios, Padre del Señor Jesucristo, quien se ha revelado al hombre (como Dios Trino) en la historia a través de dos instancias:

a) La revelación natural. Esta revelación se encuentra en la naturaleza y en las leyes que la rigen, las cuales manifiestan dos cualidades divinas: el poder eterno y la deidad de nuestro Dios. Pablo presenta esta verdad de la siguiente manera: "Porque lo que de Dios se conoce les es manifiesto, pues Dios se lo manifestó. Porque las cosas invisibles de Él, su eterno poder y deidad, se hacen claramente visibles desde la creación del mundo, siendo entendidas por medio de las cosas hechas, de modo que no tienen excusa" (Ro 1:19, 20).

La revelación natural está acompañada de las leyes de la naturaleza, las cuales se encuentran consignadas en la conciencia del hombre y en la misma naturaleza. Dios ha puesto parte de sus leyes naturales en el cosmos para que éste se rija por ellas, y otra parte la ubicó en la conciencia del hombre para que todos los seres humanos tuviéramos una noción primaria acerca de Dios, y de los principios básicos que rigen la vida moral de los individuos.

b) La revelación especial. Esta revelación Dios la entregó a los hombres a través de profetas, reyes, campesinos, pescadores, sabios, apóstoles y del mismo Cristo. La revelación especial contiene aquellas verdades eternas que la creación no puede revelar y que ni la conciencia ni el intelecto humano pueden descubrir intuitivamente *(a priori)*, ni mediante elaboración racional *(a posteriori)*.

La revelación (ἀποκάλυψις —*apokálypsis*) desde la perspectiva teológica connota auto-desvelamiento de Dios, es decir, se refiere al acto a través del cual Dios se quita el velo que lo mantiene oculto a la experiencia humana. El Dios escondido, el Dios desconocido, se hace visible al hombre, se da a conocer al ser humano a través del proceso comunicativo denominado revelación.

Cuando Dios se revela manifiesta cuatro grandes verdades: naturaleza de Dios y existencia de seres espirituales, la eternidad como realidad ultramundana (cielo, infierno/lago de fuego), naturaleza y destino del hombre y el sentido de la historia.

Cuando Dios se revela, manifiesta quién es Él, sus atributos, sus decretos, su voluntad, las exigencias que le hace al hombre, es decir, todo lo que éste necesita y está en condiciones de saber acerca de Dios. Tal conocimiento es suficiente para que el ser humano entre en comunión con Él y alcance la vida eterna.

Cuando Dios revela la naturaleza, procedencia, esencia y destino del hombre lo hace para que el ser humano conozca su devenir, sus fortalezas, sus profundas debilidades y contradicciones, para que descubra cuáles son las razones por las que el género humano lleva una vida miserable y cuáles son los dos posibles destinos que le espera a cada individuo en particular, y para que el hombre sepa qué provisiones Dios ha diseñado para redimir al género humano.

Cuando Dios revela el sentido de la historia lo hace para que el hombre conozca el origen del universo, contemple su grandiosidad y belleza, comprenda la honrosa participación que Dios le ha conferido al hombre en el decurso de la historia y cuál es la teleología de la misma.

EL PRIMER GRAN EVENTO DE COMUNICACIÓN DE DIOS

La Creación es un evento majestuoso y sublime, a través del cual Dios se da a conocer como Omnipotente. El *Gran Fiat Divino*, la portentosa obra de Dios, trae consigo un profundo sentido teológico, estético, ético, sublime, poderoso y eterno. Dios, al crear el cosmos, el tiempo y la historia se revela como Dios comunicable. Crea al hombre con capacidad comunicativa, pues le otorga el lenguaje como la expresión más elevada tanto de la racionalidad humana como de comunicación interpersonal no sólo del ser humano, sino de todos los seres que tienen la facultad de ser persona.

Dios dota al hombre de lenguaje, de razón, de sentimientos, de emociones, de afectos y de capacidad para confiar. Esta última le permite al hombre comunicarse con su prójimo, con los animales y con los elementos de la naturaleza. La expresión más sublime de comunicación la expresa el hombre en su relación con Dios, por medio de la oración.

COMUNICACIÓN EN LA REVELACIÓN DIVINA

Dios crea al hombre y se comunica con él y le confiere la gran responsabilidad de ser mayordomo y administrador de los recursos renovables y no renovables del planeta Tierra, y esto como una de las facultades del lenguaje. Esta tarea apunta, de suyo, a la *epiméleia* ecológica: nos comunicamos con la creación a través del trabajo y del cuidado ecológico que le prodigamos a la naturaleza.

Dios, como ser comunicativo y comunicable, entregó instrucciones precisas al hombre para su desempeño como administrador y mayordomo de la creación. Esas instrucciones aludían a las relaciones interpersonales, familiares, espirituales, morales, sociales y políticas del hombre. Ahora bien, como quiera que Dios "necesitaba" canales humanos de comunicación aptos, llamó a un grupo de hombres, quienes recibieron el apelativo genérico de profetas y apóstoles.

Hay dos textos que señalan el respeto que Dios siente por el ser humano, por lo cual le comunica sus decisiones:

Dios toma la determinación de destruir Sodoma y Gomorra. Pero antes de hacerlo, decide comunicarlo a Abraham: "Y Jehová dijo:

'*¿Encubriré yo a Abraham lo que voy a hacer, habiendo de ser Abraham una nación grande y fuerte, y habiendo de ser benditas en él todas las naciones de la tierra?*'" (Gen 18:17, 18).

El profeta Amós muestra el carácter comunicativo de Dios al expresar: "Porque no hará nada Jehová el Señor, sin que revele su secreto a sus siervos los profetas" (Am 3:7).

Dios como soberano toma sus decisiones unilateralmente, sin embargo, las comunica al hombre antes de que su decisión se ejecute. Dios no consulta sus decisiones, pero este hecho no lo convierte en un ser arbitrario en la aplicación de las mismas, ya que las comunica previamente al hombre para que éste sepa lo que hará, y para darle la oportunidad de arrepentirse y evitar así el castigo si la decisión tiene que ver con acciones punitivas de parte de Dios.

Cada vez que nuestro Eterno Padre tomaba una decisión la comunicaba inmediatamente al pueblo hebreo a través de sus profetas para darle a la nación hebrea la oportunidad de arrepentirse y revocar, así, la determinación tomada. Esto se ve en toda la historia de Israel y en todos los libros proféticos.

Tanto Jesús como los apóstoles tenían un sistema eficiente de comunicación: no había secretos, no había mensajes a medias, no había mensajes confusos. En cierta ocasión Jesús declaró a sus discípulos: "Vosotros sois mis amigos, si hacéis lo que yo os mando. Ya no os llamaré siervos, porque el siervo no sabe lo que hace su señor; pero os he llamado amigos, porque todas las cosas que oí de mi Padre, os las he dado a conocer" (Jn 15:14, 15).

RECURSOS LINGÜÍSTICOS UTILIZADOS EN LA COMUNICACIÓN BÍBLICA

Tanto el Antiguo Testamento (AT) como el Nuevo Testamento (NT) utilizan diferentes recursos estilísticos para comunicar las verdades eternas. Dios ha demostrado ser un excelente comunicador, ya que siempre parte de lo conocido para enseñar lo desconocido. Las verdades eternas son ilustradas con escenas de la cotidianidad para que de manera simple podamos comprender lo que Él quiere enseñarnos. Con frecuencia Jesús usaba la parábola y la alegoría como recurso literario para expresar las verdades eternas del evangelio. Parábolas como la "Oveja Perdida" y el "Hijo Pródigo" ilustran el profundo amor de Dios a favor del hombre perdido. La parábola del "Buen Samaritano" enseña las responsabilidades sociales que tiene el hombre. Así, cada parábola toma una escena de la vida real para ilustrar una verdad eterna que Jesús quería enseñar.

Entre los recursos lingüísticos que la Biblia utiliza se encuentran: simbología, modismos, símil, pleonasmo, metáfora, metonimia[1], sinécdoque[2], paralelismo, alegoría, parábola, personificación y paradoja. No obstante hay dos figuras literarias privilegiadas por las Escrituras. La Biblia está escrita prioritariamente en metáforas y paradojas.

Una metáfora es una figura literaria consistente en expresar en lenguaje figurado una idea de analogía o semejanza. Hay verdades que

---

[1] *Metonimia* consiste en designar una cosa con el nombre de otra que le sirve de signo o que indica una relación de causa efecto. Ejemplo: "A Moisés y a los profetas tienen" (Lc 16:29).

[2] *Sinécdoque* es la designación de un todo con el nombre de una de sus partes o viceversa. Ejemplo: alma para referirse a persona: "El alma que pecare, ésa morirá".

sólo pueden ser expresadas a través de metáforas. Verdades como Dios es luz, Dios es amor, Jesús es el camino, y la verdad y la vida, Jesús el pan de vida, Jesús el buen Pastor, Jesús la puerta de las ovejas, etc., sólo pueden ser expresadas a través de metáforas para poder ser entendidas plenamente.

Una paradoja es una figura de pensamiento que consiste en emplear expresiones en las que hay una aparente contradicción. Un ejemplo de paradoja lo constituyen las siguientes palabras de Cristo: "El que halla su vida, la perderá; y el que pierde su vida por causa de mí, la hallará" (Mt 10:39). Metáfora y paradoja son dos figuras literarias eje alrededor de las cuales gira toda la revelación bíblica.

Todo lo dicho hasta aquí constituye un paradigma para el cristiano: si Dios es un ser que mantiene excelente comunicación con sus criaturas, nosotros debemos mantener un canal abierto de comunicación con Dios, con el otro, con la familia, con las instituciones y con la sociedad. El hombre es un ser abierto, lo que trae como implicación que siempre que establecemos contacto con otros, somos modificados por aquellos con quienes nos hemos relacionado. Ésta es una dinámica social establecida por Dios: el hombre se forma en sociedad, no en soledad. Nuestro ser fue constituido de tal manera que sólo tiene sentido cuando entramos en relación con Dios, con el otro y con lo otro.

La discusión que hemos presentado hasta ahora constituye el fundamento de la oración: oramos a Dios porque Él es un ser comunicable, eternamente amoroso, extraordinariamente comunicativo, ama el hecho de que sus hijos se le acerquen para dialogar francamente con Él. Por su parte, el hombre también es un ser comunicativo, abierto, modificable. Por tanto, cada vez que el cristiano ora, su ser es poderosamente modificado, transformado, transfigurado por Dios.

PRIMERA PARTE

REFLEXIONES ACERCA DE LA ORACIÓN

De la introducción se desprende que tenemos suficientes bases para elaborar una teología bíblica de la oración. Dios es un ser comunicativo y comunicable. Esta cualidad la transfirió al ser humano en el día de su creación. Cuando Dios crea al hombre se comunica con él y éste participa de esa comunicación. Desde la creación del ser humano, Dios ha mantenido abierto el canal de comunicación a pesar de que el pecado imposibilitó al hombre para tomar la iniciativa de acercamiento al Dios Todopoderoso.

Es evidente, desde la perspectiva bíblica, que Dios ha hecho ingentes esfuerzos por comunicarse con el género humano, pero el pecado ha levantado una gran barrera entre el Creador y aquel que fue hecho a su imagen y semejanza. La transgresión humana volvió sordo al hombre frente a la voz de Dios, por lo que la comunicación entre Dios y hombre ha tenido muchos tropiezos. Siendo así las cosas, es decir, las dificultades comunicacionales que hay entre Creador y criatura, ¿cómo llega el hombre a conocer a su Hacedor? Esta pregunta epistemológica exige una adecuada comprensión de:

a) el saber que le ha sido otorgado al hombre a través de la revelación divina. Esa adquisición de conocimiento convierte al hombre no en su agente sino en su paciente, como dijera Gabriel Marcel, el hombre no es su "propietario, sino sólo depositario",[1] y

---

[1] MARCEL, Gabriel. *Homo viator: prolegómena a una metafísica de la esperanza.* Trad. María José de Torres. Sígueme, Salamanca 2005, p. 31.

b) el saber adquirido por el hombre a través de la ciencia, la tecnología, las humanidades y el arte. En este segundo caso el hombre es su gestionador. Aquí hay un elemento paradójico, ya que todo lo que el individuo tiene es un don otorgado por la Divina Providencia, aun el conocimiento que adquiere por su "autogestión" es el resultado de una posibilidad epistemológica dada por Dios, quien crea la materia, la cual se convierte en objeto de estudio (objeto cognoscible); Dios le otorga al hombre el don de la razón, por la que éste se torna en sujeto cognoscente. Entre uno y otro están las mediaciones epistemológicas, las cuales permiten al hombre convertir el conocimiento positivista en conocimiento científico.

Sin la intervención directa de Dios el hombre no podría tener un adecuado conocimiento de Él, por esa razón el Eterno e Insondable ha descendido al plano humano para entablar comunicación con el hombre. Esa comunicación se da en forma de revelación. ¿Es posible que el hombre comprenda el auto-desvelamiento divino? Las diversas barreras existentes en el sujeto humano y en su entorno geográfico, histórico, social, cultural y lingüístico han propiciado en él una incapacidad para comprender a cabalidad esa revelación.

Al hablar del carácter comunicativo de Dios, Manuel Trevijano escribió lo siguiente: "La semiótica nos enseña que en todo mensaje hay un emisor, en este caso Dios, un receptor, aquí el ser humano, y un código creado por el primero y comprendido por el segundo. La gran dificultad de la revelación divina está en este 'comprendido', y más cuando tenemos en cuenta que la Palabra de Dios no se dirige a un hombre, o a una comunidad concreta, en un momento determinado, sino que quiere alcanzar a todos los hombres en todos los tiempos".[2] Para salvar este impedimento, Dios otorgó a su Iglesia y al creyente al Espíritu Santo, el cual guiará al cristiano a toda la verdad.

A partir de la caída, Dios toma la iniciativa para acercarse, comunicarse y reconciliarse con el hombre. Ahora bien, la forma más eficaz que tiene el hombre para entrar en contacto con Dios la constituye la oración. No obstante, debemos ser muy cautelosos en nuestra comprensión de la misma.

---

[2] TREVIJANO ETCHEVERRIA, Manuel. *Fe y Ciencia: Antropología.* Sígueme, Salamanca 1996, p. 82.

Cuando hablamos de oración tenemos que preguntarnos: ¿qué es orar y qué es una oración? Normalmente cuando alguien habla de oración se refiere al acto por medio del cual el orante le da a conocer a Dios sus peticiones y, según una postura muy popular, orar es conversar con Dios.

¿Será que la oración se reduce a una simple plática con Dios y a la presentación de un pliego de peticiones que le hacemos a nuestro Padre? ¿Podemos sostener estos dos puntos de vista a la luz de la Biblia, o realmente la oración abarca mucho más que eso? Muchas veces, en nuestra experiencia diaria, lo que denominamos platicar con Dios o comunicarnos con Él no es más que un simple monólogo previamente elaborado. Me explico: con frecuencia nos acercamos a Dios para comunicarle todo lo que está anidado en nuestro corazón. Descargamos en Él todas nuestras cuitas, nuestras desesperanzas, nuestros más caros anhelos, nuestros miedos, temores, etc., y una vez que hemos hecho esto nos levantamos del sitio donde habíamos estado prosternados, no sin antes haberle dado gracias por habernos escuchado. Pero en la mayoría de los casos no esperamos, en quietud y sosiego, la divina respuesta. Es decir, tan pronto terminamos nuestro discurso nos levantamos del santuario de oración, en lugar de quedarnos ahí esperando lo que nuestro Padre tiene que comunicarnos, para discernir su Palabra y encontrar respuestas en ella. A esta tendencia llamo monólogo, debido a que es una sola persona la que habla, mientras que a Dios (quien debería ser nuestro interlocutor) le otorgamos el modesto papel de simple oyente.

Por otra parte, la oración se convierte en un pliego de peticiones en el sentido que llegamos a Dios con todas nuestras cuitas encima y se las descargamos a Él, luego le damos las gracias y nos levantamos del sitio de oración. Es como si Dios fuera el patrón y nosotros los trabajadores peticionarios.

Es oportuno aquí retrotraer las palabras de Martín Lloyd-Jones, quien escribió lo siguiente:

> La oración es, sin lugar a dudas, la actividad más elevada del alma humana. El hombre nunca es más grande que cuando, de rodillas, se halla frente a frente con Dios. No es que queramos perder el tiempo en comparaciones vanas. La limosna es excelente, es una actividad noble, y el hombre que se siente guiado a ayudar a los demás en

este mundo y que responde a esta dirección, es un hombre bueno. También el ayuno en sus varias formas es una actividad elevada y noble... El hombre que se disciplina a sí mismo sobresale y posee la señal de la grandeza; es algo muy importante que el hombre discipline su vida en todo tiempo; y en ocasiones especiales, que adopte medidas excepcionales para su bien espiritual. Estas cosas, sin embargo, palidecen en su significado cuando uno contempla al hombre en oración. Cuando el hombre habla a Dios está en la cima. Es la actividad más elevada del alma humana, y en consecuencia, es también la piedra de toque final de la condición espiritual genuina del hombre. Nada hay que nos revele mejor la verdad sobre nosotros, en cuanto personas cristianas, que la vida de oración. Todo lo que hagamos en la vida cristiana es más fácil que orar. No es tan difícil dar limosna —el hombre natural también hace eso, y uno puede poseer un verdadero espíritu de filantropía sin ser cristiano—... En último término, por consiguiente, el hombre descubre la verdadera condición de su vida espiritual cuando se examina a sí mismo en privado, cuando está a solas con Dios.[3]

[3] LLOYD-JONES, Martin. *El Sermón del Monte*. Tomo 2. Trad. José María Blanch. El Estandarte de la Verdad, Barcelona 1991, pp. 57, 58.

LA PARADOJA DE LA ORACIÓN

La oración siempre será un evento paradójico. Es paradójico porque, por un lado, Dios es un ser omnisciente, soberano y poseedor de múltiples atributos, entre los cuales se encuentra la *prógnosis*; por otro lado, el hombre es un ser dependiente y finito. Dios como omnisciente todo lo escruta, todo lo escudriña, todo lo sabe. Como soberano, su voluntad se ejecuta. Frente a estos atributos divinos, ¿qué opciones tiene el hombre? Prácticamente ninguna, a no ser que Dios las posibilite. Si Dios lo sabe todo, ¿por qué debemos pedirle? Si ha tomado decisiones de antemano, ¿qué sentido tiene pedir sobre lo que Él ya ha decidido? ¿Acaso el hombre puede hacer que Dios revoque una decisión soberanamente tomada? Si Dios conoce nuestras necesidades (Mt 6:8; Lc 12:30), ¿por qué debemos pedirle cuando Él sencillamente puede cubrir nuestras necesidades? Antes de proceder a responder estas preguntas afirmemos la importancia que tiene la oración, a través de una nota extraída de Bruce Milne: "...la historia cristiana confirma claramente que una vida en la que la oración es un ejercicio regular y serio es una vida que conocerá mucho de la paz y el poder de Dios".[1]

Volviendo a la pregunta problematizadora, Wayne Grudem plantea el siguiente interrogante: ¿por qué Dios quiere que oremos? La pregunta la resuelve desde tres perspectivas:

Primera perspectiva: Expresión de confianza.

La oración no está hecha para que Dios pueda enterarse de lo que necesitamos... Dios quiere que oremos porque la oración expresa

---

[1] MILNE, Bruce. *Conocerán la verdad: un manual para la fe cristiana.* Trad. Elma Flores. Puma, Bogotá 2008, p. 365.

nuestra confianza en Dios y es un medio por el cual nuestra confianza en Él puede aumentar. De hecho, tal vez el énfasis primordial de la enseñanza de la Biblia sobre la oración es que debemos orar con fe, lo que quiere decir confianza o dependencia en Dios. Dios, como nuestro Creador, se deleita en que confiemos en Él como sus criaturas, porque una actitud de dependencia es la más apropiada para las relaciones entre el Creador y la criatura. Orar en humilde dependencia también indica que estamos genuinamente convencidos de la sabiduría, amor, bondad y poder de Dios, y ciertamente de todos los atributos que forman su excelente carácter.[2]

Segunda perspectiva: Fortalecimiento de la comunión con Él.

Pero Dios no sólo quiere que confiemos en Él. También quiere que le amemos y tengamos comunión con Él. Esto, entonces, es una segunda razón por la que Dios quiere que oremos: la oración nos lleva a una comunión más honda con Dios, y a Él le encanta y se deleita en nuestra comunión con Él.[3]

Tercera perspectiva: Intervención en los planes de Dios.

En la oración Dios nos permite, como criaturas, participar en actividades que son de importancia eterna. Cuando oramos, la obra del Reino avanza. De esta manera, la oración nos da la oportunidad de intervenir de una manera significativa en la obra del Reino, y así dar expresión a nuestra grandeza como criaturas hechas a imagen de Dios.[4]

De alguna manera, la oración y el acto de orar constituyen una paradoja. Dios puede cambiar una decisión que previamente había tomado, movido por la oración intercesora de sus hijos. El acercamiento a la paradoja de la oración y a la pregunta formulada debe hacerse desde varias perspectivas, además de las ya vistas:

---

[2] GRUDEM, Wayne. *Teología Sistemática*. Trad. Miguel Masías, José Luis Martínez y Omar Díaz. Vida, Miami 2007, p. 394.

[3] *Ibíd.*, p. 395.

[4] *Ibíd.*, p. 395.

Dios como ser de relación y de amor. Dios en su esencia es un ser cerrado, toda vez que, a despecho de lo que enseñan tanto la Teología del Proceso como el Teísmo Abierto, el ser de Dios no es modificado, su conocimiento no es afectado, ni sus decisiones soberanas son influidas por nadie. Sin embargo, cuando se relaciona con el universo y las criaturas que lo habitan, se torna en ser abierto a sus criaturas, es decir, como ser relacional es un ser abierto, por lo que está disponible a todas y a cada una de sus criaturas, esto lo afirma el Sal 104:25-28: "He allí el grande y anchuroso mar, en donde se mueven seres innumerables, seres pequeños y grandes. Allí andan las naves; allí este leviatán que hiciste para que jugase en él. Todos ellos esperan en ti, para que les des su comida a su tiempo. Les das, recogen; abres tu mano, se sacian de bien". De este texto se desprende que Dios se relaciona con todos y cada uno de los seres que ha creado. Ninguno, absolutamente ninguno, escapa de su control, de su autoridad y de su soberanía. Dios, pues, es un ser relacional y comunicativo. Como persona abierta a su creación, especialmente al hombre, no escatima ningún esfuerzo por relacionarse con el hombre y porque éste se comunique con Él. Una de las mediaciones comunicativas es la petición.

Dios podría, sencillamente, otorgarle al hombre todos los favores divinos diseñados para su beneficio sin que éste acudiera a Él en oración. Debo reconocer que muchas veces esto ocurre sin que nosotros nos demos cuenta o seamos conscientes de nuestras necesidades[5]. Sin embargo, anhela profundamente que entremos en comunión con Él, que entremos en intimidad con Él y en medio de esa intimidad le pidamos todo lo que necesitamos. Nuestras peticiones a Él son indicio de nuestra cercanía, confianza, compañerismo, además de reconocerlo como Padre, Sustentador y Providente.

El inmenso amor de Dios lo lleva a anhelar que sus criaturas débiles, frágiles, necesitadas del favor celestial acudan a Él y le expresen todo lo que está en sus corazones y mentes. Es la actitud amorosa de un padre que espera que su hijo se siente en su regazo y le comente los

---

[5] En muchísimas ocasiones Dios contesta oraciones no elevadas, responde peticiones no formuladas, nos otorga sus favores sin que se lo solicitemos. Creo que esto es así debido a que el hombre no conoce la magnitud de sus necesidades y de su tragedia humana. Así que Dios suple esas carencias sin que el hombre se dé cuenta de su necesidad.

acontecimientos del día, sus frustraciones y alegrías, logros y fracasos, temores y sueños, y le comunique sus necesidades. Pero no sólo le
comunique lo que ya se ha expresado, sino que busque la protección,
mimos, caricias y la comprensión de su padre. En ese momento de intimidad el hijo se siente en libertad de confesarle a su padre sus faltas y
errores, sabiendo que no recibirá juicio de parte de Él sino orientación,
corrección, consejo y amor. En ese tipo de relación no hay utilitarismo,
no hay cosificación, no hay manipulación, no hay actitud ventajosa en
ninguna de las partes. Sólo hay comunión y amor expresivo.

Así las cosas, Dios anhela palpitantemente que cada criatura, que
cada hijo suyo acuda a Él para ser mimado, acariciado, escuchado,
comprendido, sorprendido, perdonado, protegido y orientado por su
Amantísimo Padre Celestial. Aquí no sólo se trata de pedir. Se trata de
entrar en profunda y dinámica comunión con Dios.

Ésta es una de las razones por las cuales Dios, quien conoce nuestras
necesidades y quien está dispuesto a obrar en nuestro favor sin que
nosotros se lo pidamos, anhela que le pidamos todo lo que necesitamos.
Desea que le comentemos nuestros pesares, temores, miedos, sueños y
profundos anhelos.

Dios como ser providente. Otro acercamiento que complementa al
anterior está referido a la Providencia divina. A Dios le agrada que le
pidamos, porque con ese gesto estamos reconociéndolo como *Yahweh
Yiré*, como Dios proveedor y sustentador no sólo de su creación sino
del individuo en particular. Cuando se le pide a un superior se está reconociendo que Él tiene la potestad, los medios y la voluntad de suplir
nuestras necesidades. Esto constituye, a ultranza, un acto de adoración,
ya que el cristiano genuino se acoge a la providencia y a la bondad de
Dios. Así que cada petición nuestra afirma que Dios es amoroso y bondadoso, que nos extiende su gracia y que es el dueño absoluto de todo
cuanto existe.

El Salmo 104 constituye un poema a la providencia de Dios. Ese
hermoso poema, de manera muy gráfica, dibuja la forma en la que Dios
sustenta su creación como ser providente.

Este salmo presenta una de las verdades más sublimes que se con-
signan en la Palabra de Dios. La Biblia presenta a Dios como *Yahweh*

yiréh[6], es decir, como Dios proveedor o Dios providente. La providencia de Dios está en íntima relación con su omnipresencia y su omnisciencia. La mirada escrutadora de Dios todo lo escudriña, todo lo penetra y todo lo transparenta, y su providencia es el cuidado que Él tiene de todo lo que está bajo su mirada penetradora. Parecería que el Salmo 104 fuera una ampliación del concepto de providencia que se encuentra en Gen 1. Mientras Génesis identifica el acto creador, soberano y todopoderoso de Dios, el Sal 104 señala el cuidado que Dios tiene de su creación. Es como si el Sal 104 fuera una explicación o un comentario que, desde la doctrina de la Providencia divina, se hiciera del acto creador registrado en Gen 1.

> Bendice, alma mía, a Jehová. Jehová Dios mío, mucho te has engrandecido; te has vestido de gloria y de magnificencia. El que se cubre de luz como de vestidura, que extiende los cielos como una cortina, que establece sus aposentos entre las aguas, el que pone las nubes por su carroza, el que anda sobre las alas del viento; el que hace a los vientos sus mensajeros, y a las flamas de fuego sus ministros. Él fundó la tierra sobre sus cimientos; no será jamás removida. Con el abismo, como con vestido, la cubriste; sobre los montes estaban las aguas. A tu represión huyeron; al sonido de tu trueno se apresuraron; subieron los montes, descendieron los valles, al lugar que tú les fundaste. Les pusiste término, el cual no traspasarán, ni volverán a cubrir la tierra. Tú eres el que envía las fuentes por los arroyos; van entre los montes.[7]

Este salmo, de manera poética, expresa la soberanía que Dios ejerce sobre su creación. En este salmo se explica la afirmación que David había hecho en el Sal 24:1, 2: "De Jehová es la tierra y su plenitud; el mundo, y los que en él habitan: Porque él la fundó sobre los mares, y la afirmó sobre los ríos". El mundo es de Dios por creación, por posesión y por redención. Dios es rey y señor de todo cuanto ha creado. El Omnipotente y Soberano Dios ejerce pleno dominio de, absolutamente, todo. El Sal 24 afirma inequívocamente que el mundo es de Dios. Y el Sal 104:1-10 muestra la forma como Dios ha ordenado todo.

---

[6] *Elohim yireh*, אֱלֹהִים יִרְאֶה, en Gen 22:8). *Yireh*, יִרְאֶה viene del verbo ראה, *ra'ah*, que significa: ver, mirar, atender, visitar, elegir y cuidar de.
[7] Sal 104:1-10.

El salmo comienza con una autoinvitación del salmista a alabar a Dios: "Todo mi ser alabe a Dios", luego procede a mostrar la grandeza de Yahweh: Él es grande en sí mismo: nadie lo ha hecho grande, Él por sí mismo y por su naturaleza es grande; uno de sus atributos inherentes es la grandeza, la cual está asociada con su inmensidad e infinitud. Su inmensidad está asociada, en este salmo con su esplendor y belleza. Así que este salmo muestra un carácter estético de Dios: "Te has vestido de gloria y de magnificencia". Al examinar este versículo en el idioma hebreo nos damos cuenta de que la terminología utilizada por el salmista es muy rica.[8] De manera poética el salmista afirma que Dios tomó la belleza, la magnificencia, la majestad y se ornamentó con ellas, se vistió con ellas. La realeza de Dios se caracteriza, en este salmo, por su majestad y belleza. Todo el firmamento, toda la creación manifiesta la grandeza, soberanía y majestad de nuestro Dios.

Afirma, además, el salmista que Dios "se cubre de luz como vestidura". Esta descripción es interesante debido a que el texto en hebreo está afirmando que Dios tomó la luz y se cubrió con ella (*'oteh-or kashalmah*, עֹטֶה־אוֹר כַּשַּׂלְמָה), como cuando uno se envuelve en un manto. La luz está al servicio de Dios, para manifestar su belleza y esplendor.

Después de registrar la inconmensurable belleza de Dios, el salmista procede a enumerar la soberanía de Dios sobre todo lo creado:

a) Dios gobierna los cielos de acuerdo con su propósito. El universo no se puede resistir a la voluntad soberana de Dios. El hebreo dice que Dios inclina los cielos como si fuera una cortina.

b) Las nubes, las aguas y el viento son elementos a través de los cuales Dios se moviliza. Los vientos son sus mensajeros y el fuego es su servidor. Éstas no son simples metáforas. Son una manera de expresar lo que Dios ha hecho: por ejemplo, Dios ha hablado desde las nubes, las aguas destruyeron el ejército del Faraón de Egipto, los vientos trajeron las pestes a Egipto, el fuego ha sido instrumento de castigo, como en el

---

[8] Por ejemplo, la palabra que se traduce como "esplendor", *hod*, הוֹד significa "esplendor, majestad, vigor y belleza". Y la expresión que se traduce como "belleza", es la traducción de una palabra hebrea, *hâdâr*, הֹר que al español se traduce "ornamento", "honor" y "esplendor".

caso de Sodoma y Gomorra. Estos elementos de la naturaleza son utilizados por Dios en el ejercicio legítimo de su poder y de su soberanía.

c) Dios estableció leyes físicas de tal eficiencia y contundencia que no serán alteradas: las leyes de rotación y traslación de la Tierra obedecen a la ley natural que Dios estableció a nuestro planeta. Dios le fijó leyes al mar para no desbordarse permanentemente. Los elementos de la naturaleza no tienen facultad ni poder para desobedecer las leyes de Dios. La soberanía de Dios se expresa en todos los elementos de la naturaleza: en la majestuosidad del sol, en una noche pleniluniana, en las rutilantes estrellas, en la inmensidad del mar. Es más, aun el mítico y aterrador leviatán encuentra espacio para jugar en el mar.

La providencia divina nos recuerda que el mundo es Dios (Sal 24:1), y lo es por creación, redención y posesión. Dios ejerce no sólo su soberanía sobre la creación, sino que la bendice con su pródiga providencia. Dios cuida de toda su creación de manera amorosa y soberana. Como soberano, dirige todas las fuerzas de la naturaleza. Dios ejerce su control soberano sobre los animales, los elementos de la naturaleza, los acontecimientos de la historia, sobre todo lo creado tanto en el tiempo y en el espacio como en la eternidad. Ningún acontecimiento histórico escapa del control de Dios. Este salmo muestra la necedad de la afirmación del indeterminismo. Quienes se adscriben a esa postura afirman que el mundo no está controlado por ningún poder externo a él mismo. Dios, efectivamente, controla el mundo, aunque las apariencias prediquen lo contrario.

El Salmo 104 describe la forma en la que Dios gobierna el universo y extiende su cuidado a todas sus criaturas. Dios tiene especial cuidado con sus criaturas: a) Dios llena los arroyos de agua para que las bestias del campo y los asnos monteses se refresquen y calmen su sed. b) En las orillas de los arroyos habitan las aves. c) Dios refresca los árboles con el rocío de la noche. Toda la tierra se sacia del bien de Yahweh. d) Yahweh hace producir el heno para la alimentación de las bestias. El hombre extrae su alimentación del campo. e) Los árboles extraen su alimento de la tierra en forma de savia. En los árboles anidan las aves. f) En los montes altos habitan las cabras monteses, y en las peñas, los tejones hacen sus madrigueras. g) Enseña una verdad muy impactante y es ésta: Dios hizo el día para que en él los hombres trabajen y en las noches los animales no sólo se alimentan sino que juguetean. Mientras el hombre trabaja de día, los animales salvajes descansan en sus madrigueras, y mientras el hombre descansa en las noches, las fieras del campo realizan sus actividades. De esta manera Dios evita grandes conflictos entre los hombres y los animales salvajes. Así se preservan las diferentes especies, según la ley y providencia divinas. Cuando el sol sale, los animales se repliegan a sus diferentes sitios y los hombres salen a sus labores: "Hizo la luna para los tiempos; el sol conoce su ocaso. Pones las tinieblas, y es la noche; en ella corretean todas las bestias de la selva. Los leoncillos rugen tras la presa, y para buscar de Dios su comida. Sale el sol, se recogen, y se echan en sus cuevas. Sale el hombre a su labor, y a su labranza hasta la tarde" (Sal 104:19-23). Dios hizo el mar y las aguas como el hábitat natural de los animales marinos y de los seres acuáticos. Todas las criaturas esperan de Dios su alimento: "Todos ellos esperan en ti, para que les des su comida a su tiempo. Les das, recogen; abres tu mano, se sacian de bien".

Con lo que aquí estamos afirmando de ninguna manera estamos enseñando la doctrina determinista. Dios no anula la responsabilidad humana, ni irrespeta la libertad que Él mismo le dio al hombre, por esa razón trata de impedir, persuasivamente, los abusos cometidos por el ser humano. Cuando el individuo, en su obstinación, persiste en hacer algo malo, Dios le permite ejecutar los designios de su corazón. Así que los males causados por el hombre, son de exclusiva responsabilidad humana.

La creación depende absolutamente de su Creador. El carácter providente del Altísimo es tal que si Dios, por alguna circunstancia, desatendiera su creación por milésimas de segundo, el universo colapsaría: "Les das, recogen; abres tu mano, se sacian de bien. Escondes tu rostro, se turban; les quitas el hálito, dejan de ser, y vuelven al polvo. Envías tu Espíritu, son creados, y renuevas la faz de la tierra. Sea la gloria de Jehová para siempre; alégrese Jehová en sus obras. Él mira a la tierra, y ella tiembla; toca los montes, y humean" (Sal 104:28-32).

Dios es especialmente providente para el hombre. Su providencia se expresa en el cuidado, en la manutención, y en los beneficios que recibimos de la creación. Jesús dijo que Dios hace salir su sol sobre buenos y malos. Buenos y malos recibimos el aire y sus beneficios, buenos y malos nos beneficiamos de la lluvia, de los ríos, del trinar de las aves, de la belleza del paisaje, de la majestuosidad de las montañas, del aroma de las flores, de las noches de plenilunio, de las noches estrelladas, y de la bondad y la providencia divinas.

Dios ha entregado al ser humano los beneficios de la creación y más específicamente de los recursos tanto renovables como no renovables. Dios entregó, a través de Adán, al hombre toda la riqueza que hay en el planeta Tierra. La pobreza que hay en el mundo no obedece ni a la voluntad de Dios ni a su ley divina: Dios no ordenó que hubiera ricos o pobres. Esta clasificación obedece a la perversidad de la raza humana. No es la voluntad de Dios que familias enteras se acuesten con hambre o que pasen el día sin ingerir alimentos. Esta situación es producto de nuestra maldad.

A pesar de la voracidad humana y de la apostasía de nuestra raza, Dios continúa y continuará teniendo cuidado de cada uno de nosotros. Dios cuida a todos los hombres y da de comer a cada uno. Tal vez frente a estos asertos surjan las preguntas ¿entonces por qué existe violencia, hambre y depredación humana?, ¿por qué Dios lo permite? Debemos recordar que el hombre es un ser moralmente libre, y como tal, actúa. Dios en su soberanía y en sus decretos eternos determinó que el hombre tuviera libertad y que como ser moral diferenciara lo bueno de lo malo y obrara de acuerdo con ese discernimiento. Cuando el hombre hace el mal tiene conciencia plena de su elección. Hacer el mal o hacer el bien es cuestión de elección. Dios frecuentemente nos está alertando acerca de las consecuencias de hacer el mal y de los beneficios que trae hacer el bien. A veces, utiliza situaciones muy angustiantes y consecuencias muy duras, para persuadirnos de no hacer el mal, pero el hombre en su obstinación elige el mal, a pesar de las horribles consecuencias que tenga que afrontar. Las consecuencias que trae el mal son una acción amorosa y providente de Dios para amonestarnos a no practicar el pecado.

Dios fue, es y será providente. Dios hizo una promesa a la raza humana, a la cual jamás faltará: "Mientras la tierra permanezca, no cesarán la sementera y la siega, el frío y el calor, el verano y el invierno, el día y la noche" (Gen 8:22). Esa promesa hecha a la raza humana es coextensiva al individuo.

Este Coloso Providencial, extremada e inmensamente amoroso y bondadoso quiere que le pidamos en reconocimiento de su providencia.

Expresa dependencia en Dios. La dependencia entre los seres humanos llega a ser inconveniente, ya que obtura las iniciativas y la creatividad del individuo. La relación, por tanto, entre los seres humanos no debe ser de dependencia sino de interdependencia. Todos dependemos de todos, dada nuestra naturaleza finita y nuestra condición precaria. La dependencia causa paternalismo y éste es fuente de abusos y de sometimiento servil del otro. Si todos dependemos de todos nos ubicamos en una relación sana de igualdad y de cooperación recíproca.

Pero cuando el cristiano se relaciona con Dios, el asunto cambia radicalmente. La naturaleza humana es tal que el individuo depende de Dios para poder subsistir. La dependencia por parte del hombre de Dios es salvífica, liberadora y a la vez transformadora, ya que nos libera de todas las fuerzas opresoras que subyugan al ser humano. En este contexto cobran inusitada vigencia las palabras de Cristo: "Si vosotros permaneciereis en mi palabra, seréis verdaderamente mis discípulos; y conoceréis la verdad, y la verdad os hará libres... Así que, si el Hijo os libertare, seréis verdaderamente libres" (Jn 8:31, 32, 36). Si dependemos de Dios nos libera de nuestras propias pasiones, de fuerzas opresoras y guía nuestro sendero.

Cuando pedimos a Dios reconocemos, consecuentemente, que Él es autosuficiente, confiamos en Él y dependemos de Él. La dependencia de Dios subsume nuestro ser en la misma persona de Dios, y de esa forma nuestra vida encuentra sentido y halla dirección.

Naturaleza polisémica de la oración. Otro acercamiento que debemos darle a nuestra pregunta es la naturaleza polisémica de la oración. Hemos visto que la oración tiene muchos elementos concomitantes, tales como acción de gracias, alabanza, arrepentimiento, confesión de pecados, humillación, silencio, euforia, quietud y peticiones. El acto de pedir es parte constitutiva e inalienable de la oración, por tal motivo, a Dios le place que sus hijos se acerquen a Él en actitud petitoria.

¿Acaso pedir es malo? El acto de pedir comporta vulnerabilidad, dependencia, fragilidad, necesidad y humildad de parte del peticionario.

El acto de pedir combate la soberbia, la arrogancia y la autosuficiencia en el sujeto peticionario. Si pedir puede resultar positivo, también puede convertirse en una conducta viciada y cínica, además de manifestar dependencia servil y alienante. Me explico: cuando pedir al prójimo se convierte en un estilo de vida y en una conducta consuetudinaria resulta muy dañino para el sujeto peticionario, además de obturar toda posibilidad de desarrollarse como sujeto productivo. Cuando el cristiano se acerca a Dios de manera irreverente, soberbia y cínica para hacerle demandas y reclamos, ese acto es peligrosamente inconveniente; en cambio cuando lo hace con reverencia, con humildad y con claras evidencias de necesidad y de vulnerabilidad, su ser se agiganta y encuentra en la Fuente Prístina las respuestas que su alma anhela.

Explora nuevas posibilidades. Cada vez que entramos en la presencia de Dios en oración gozamos del beneficio de explorar nuevas posibilidades, nuevas perspectivas, se amplía el espectro de nuestro conocimiento, se agiganta nuestro ser, conocemos nuevas realidades, un nuevo mundo se abre a nuestros pies, podemos presenciar la realidad divina expuesta delante de nosotros. Pedir a Dios en oración es una gran bienaventuranza y es una experiencia sublime, aun cuando no seamos conscientes de todos los alcances de ese acto.

Dios quiere que profundicemos nuestro conocimiento, que nuestras potencialidades se multipliquen que nuestras experiencias se amplíen y que nuestro ser crezca. Por estas razones nos invita a entrar en su presencia, para tener todas estas experiencias.

Es una experiencia sublime el hecho de que el Eterno Dios conteste nuestras peticiones, concediéndonos lo que humildemente le pedimos. Es tremendamente impactante el hecho de que el Creador del Universo, el Todopoderoso, el Omnisciente, Omnipotente y Omnipresente Dios, quien todo lo sabe y todo lo puede le preste atención a seres tan débiles e impotentes como nosotros. Él quiere que nosotros sintamos su amor, cuidado y protección. Por eso nos invita a clamarle a Él.

Trae beneficio a otros. Una de las orientaciones que toma la oración es la intercesión, es decir, el clamor que hacemos a favor de terceras personas. Cuando oramos e intercedemos en oración por otros, estamos mediando para que la bendición y cuidado de Dios se extienda a otros.

Así que nuestras súplicas favorecen a aquellos por quienes intercedemos ante el Trono de la Gracia.

Las oraciones vicarias son redentoras, en tanto que se solicita a Dios redima a la persona por quien estamos intercediendo. Esa persona experimenta el favor de Dios. Por otra parte, cuando pedimos algo a Dios estamos invitando a todos los hombres a hacer lo mismo y a reconocer que Dios es un ser amoroso, que le gusta comunicarse con los hombres y que ama el hecho de que los hombres se comuniquen con Él y que entren en su presencia para recibir su perdón, para recibir su orientación, para obtener su favor y para gustar de su benevolencia.

Expresa amistad con Dios. Hay una relación inescindible entre petición, respuesta a nuestra petición, gratitud y amistad permanente con Dios. La petición abre el camino a la respuesta divina a nuestras plegarias, la respuesta a nuestras oraciones abre paso a nuestra gratitud y confianza, y la confianza da paso a la amistad con Dios. Cuando se da la amistad con Dios suceden dos cosas: a) lo obedecemos y b) Dios nos comunica su consejo y sus decisiones. Jesús hizo la siguiente declaración: "Vosotros sois mis amigos, si hacéis lo que yo os mando. Ya no os llamaré siervos, porque el siervo no sabe lo que hace su señor; pero os he llamado amigos, porque todas las cosas que oí de mi Padre, os las he dado a conocer" (Jn 15:14, 15).

La oración es un gran medio de entablar una relación de amistad con Dios. Es dentro de esta relación de amistad que Yahweh exclamó: "Clama a mí, y yo te responderé, te enseñaré cosas grandes y ocultas que tú no conoces" (Jer 33:3).

La oración es una fuente epistemológica muy importante para el cristiano, ya que abre nuevas vías de conocimiento tanto relacional como teórico de las cosas divinas. La oración abre paso a la amistad con Dios. Esa amistad posibilita que el creyente adquiera conocimientos profundos, que de otra manera no podría conseguir. Ésta es tal vez una de las razones más poderosas por las que Dios anhela que le pidamos en oración.

Porque en la presencia de Dios el cristiano es transfigurado. Dios es un ser transfigurador y transformador por excelencia. El cosmos (la creación) es el resultado del gran *fiat* divino: la *creatio exnihilo* es testigo de la potencia divina. Lo que *no era* llega a ser por la voluntad y el gran poder de Dios. El *no-ser* se transfigura en *ser*, el caos *(tohu wa bohu)* se transfigura en orden, en armonía, en cosmos. Un clan de nómadas (la familia de Abraham) se convierte en una gran nación que ha alcanzado trascendencia mundial y ha hecho significativos aportes a la raza humana y a la historia de las naciones. Dios en sí mismo es un ser generador de posibilidades, de existencias, de profundas y extensas transformaciones.

La presencia de Dios es profundamente transformadora y transfiguradora. Hay varios ejemplos en la Biblia donde se puede ver la dinámica transformadora y transfiguradora de Dios.

Él transforma lo vil en grandeza, Él transmuta el corazón perverso del hombre en un corazón santo. Lo inútil lo convierte en útil. Un ejemplo de esta transmutación lo encontramos en uno de los personajes centrales de la Epístola a Filemón, denominado Onésimo. Según Pablo, este personaje fue en otro tiempo un ser poco útil, inútil, ájreston (ἄχρηστον[9]), pero ahora al ser confrontado con la Cruz se transfiguró en un ser útil, *eújreston*, (εὔχρηστον[10] Flm 1:10, 11).

No tenemos todos los detalles acerca de en qué sentido Onésimo le fue inútil a Filemón. El verso 18 parece sugerir que Onésimo había cometido un ilícito y huyó posteriormente, por lo cual fue a dar a la cárcel donde estaba prisionero Pablo (v 10) y donde se originó su transformación total. Karl Staab interpreta de la siguiente manera el ilícito cometido por Onésimo: "De casa de Filemón había huido un esclavo de nombre Onésimo, después de sustraer, según parece, una suma considerable de dinero, que le permitió costearse un viaje hasta Roma y escapar allí, en la gran metrópoli, a la posibilidad de ser descubierto".[11] Filemón, por su parte, según Staab "era un ciudadano pudiente y distinguido de Colosas, dueño quizá de alguna de las fábricas en que se procesaba la lana, abundantes en el valle del Lico. Había puesto su casa a disposición de los cristianos para que se reunieran en ella, y se mostraba generoso en

---

[9] Inservible, nocivo, funesto, inútil, no utilizado, no usado.

[10] Servible, útil.

[11] STAAB, Karl y BROX, Norbert. *Cartas a los Tesalonicenses, Cartas de la Cautividad y Cartas Pastorales*. Trad. Florencio Galindo. Herder, Barcelona 1974, p. 158.

subvenir a sus necesidades".[12] A este hombre generoso había ofendido Onésimo con su acción innoble. Onésimo, quien otrora fuera inútil, ahora le sería de gran ayuda y de gran utilidad a Filemón. El mismo nombre Onésimo significa "útil, provechoso, que ayuda, que socorre". Lo inútil que en otro tiempo fuera Onésimo deshonraba su nombre, pero después de su conversión hizo honor al significado de su nombre. En ese corto libro vemos cómo Dios transfigura lo vil e inútil en algo provechoso y útil. Dios es un ser transfigurante, transformante.

Otro ejemplo lo encontramos en Saulo de Tarso, quien fue transmutado de un furibundo perseguidor de la Iglesia naciente a un abnegado y consagrado predicador y apologista del "Camino" que antes perseguía.

La Biblia muestra cómo hombres de Dios fueron transfigurados cuando entraron en comunión con Él. Este asunto lo ilustraremos con dos casos:

a) La presencia de Dios hace que el piadoso transmute su forma de percibir la realidad, además de ofrecer explicaciones a ciertos fenómenos que se dan en la vida. Cuando el hombre entra en comunión con Dios, lo aparente e ilusorio pierde su poder encantador y deslumbrador para mostrar la crudeza de su terribilidad, y el engaño cede su lugar a la verdad. Ésa fue la experiencia de Asaf, la cual se registra en el Salmo 73.

La prosperidad de los malos es un asunto que ha levantado muchos interrogantes e inconformidades. Jeremías levanta inquietantes preguntas a Yahweh, a pesar de reconocer la majestuosidad, soberanía y justicia de Dios, y que, por tanto, el hombre no puede ni debe contender con Él. Sin embargo, Jeremías estaba inquieto por una dificultad moral que sólo Yahweh podía absolver: "Justo eres tú, oh Jehová, para que yo dispute contigo; sin embargo, alegaré mi causa ante ti. ¿Por qué es prosperado el camino de los impíos, y tienen bien todos los que se portan deslealmente? Los plantaste y echaron raíces; crecieron y dieron fruto; cercano estás tú en sus bocas, pero lejos de sus corazones" (Jer 12:1, 2). Jeremías contempla a Yahweh como justo y recto, *tsadiq*, éste es un concepto muy elevado que tiene el profeta acerca de Dios. Su rectitud

---

[12] *Ibíd.*, p. 158.

no puede tolerar que el impío sea prosperado, mientras que el inocente lleva una vida precaria. Esta situación no correspondía al mundo moral de Dios, donde la justicia en su orientación retributiva obra conforme al derecho. Había una situación que el profeta no podía comprender, por lo que eleva su queja a Yahweh.

Análogas preguntas se formuló Habacuc: "Muy limpio eres de ojos para ver el mal, ni puedes ver el agravio; ¿por qué ves a los menospreciadores, y callas cuando destruye el impío al más justo que él, y haces que sean los hombres como los peces del mar, como reptiles que no tienen quién los gobierne?" (Hab 1:13, 14).

El mismo problema moral es levantado por Asaf. Este salmista reafirma la bondad de Dios para con Israel. La bondad, (*tub*, טוב) de Dios es indubitable para el salmista. Esta afirmación radical, esta certeza absoluta la transparenta a través del adverbio (*ak* אך, así, cierto, ciertamente) Dios es la bondad suprema, es el arquetipo y paradigma de todo aquello que es bueno en excelencia: "Sí, por cierto, Yahweh es bueno para con Israel". En esto no hay ninguna duda. Sin embargo, Asaf entra en crisis cuando ve la prosperidad de los malos. Ese mal moral estuvo a punto de alcanzarlo. Él dice que sus pies casi se deslizaron (v 2). El verbo que se traduce como "deslizar" (*natah*, נטה) significa "torcer", "desviar", "extraviar", "apartarse". Así, entonces, el verbo sugiere un efecto en la voluntad del salmista: tal "injusticia" estuvo a punto de apartarlo del camino recto en el cual andaba. Sus pasos por poco resbalaron. A través de este paralelismo sinonímico Asaf está expresando lo que esa situación provocó tanto en sus emociones como en su espiritualidad. El mal que intentó destruir su ser fue la envidia (*qânâ'*, קנא[13]).

Según Asaf la prosperidad de los malos tiene repercusiones en diferentes áreas de sus vidas: no tienen congojas y su vigor está entero (v 4), no pasan trabajo como los demás hombres (v 5), viven rozagantemente (v 7), son altaneros (vs 6, 8, 9), no son turbados (v 12). Estos hombres se burlan de Dios, transgreden sus mandamientos y sin embargo les va bien; en cambio el justo que ama y obedece a Dios es maltratado. Se levanta entonces la pregunta: ¿vale la pena ser fiel y servir a Dios? (v 13, 14). Los destinatarios del libro de Malaquías se hicieron esa misma pregunta y llegaron a una falsa conclusión: "Habéis dicho: por demás

---

[13] Estar receloso, tener envidia, irritar.

es servir a Dios. ¿Qué aprovecha que guardemos su ley, y que andemos afligidos en presencia de Jehová de los ejércitos? Decimos, pues, ahora: bienaventurados son los soberbios, y los que hacen impiedad no sólo son prosperados, sino que tentaron a Dios y escaparon" (Mal 3:14, 15). Todas estas consideraciones hicieron que el ser de Asaf se llenara de amargura, (*jammets*, חָמֵץ[14]) y se obnubilara su comprensión (vs 21-22). La redención llegó cuando él entró en la presencia del Señor (v 17ss.). El rostro develador de Yahweh le hizo comprender el fin de los malos. La transfiguración de Asaf se realizó en la presencia misma de Dios, quien devela las intenciones del corazón y manifiesta el fin de todo ser humano. El deleite de los malos es transitorio, pues Dios los destruirá (v 27), en cambio la bienaventuranza del justo es eterna. A esta misma conclusión llegó el autor de Prov 1:32: "Porque el desvío de los ignorantes los matará, y la prosperidad de los necios los echará a perder". En el libro de *Qohélet* se encuentra el siguiente aserto que va por la misma dirección: "Hay un mal que he visto debajo del cielo, y muy común entre los hombres: el del hombre a quien Dios da riquezas y bienes y honra, y nada le falta de todo lo que su alma desea; pero Dios no le da facultad de disfrutar de ello, sino que lo disfrutan los extraños. Esto es vanidad, y mal doloroso" (Ecle 6:1, 2). *Qohélet* afirma que la prosperidad de los malvados es *hêbêl* (הֶבֶל), es vapor, humo, ilusión. Estas verdades sólo se hacen comprensibles cuando el hombre está en la presencia de Dios, ya que las apariencias y los sentidos con mucha frecuencia nos confunden y nos engañan, por lo cual lo ilusorio parece ser real y lo verdadero se confunde con lo vano.

Los factores que estuvieron a punto de desestabilizar la vida espiritual, moral y emocional de Asaf fueron la envidia y la codicia. Con mucha frecuencia se envidia la prosperidad del prójimo y se codicia el estilo de vida del otro. Me parece oportuno retrotraer en este acápite algunas observaciones hechas por el filósofo español Fernando Savater:

> La envidia es el más sociable de los vicios. Proviene de nuestro carácter de animales gregarios. Envidiamos porque nos parecemos unos a otros y, como ya dijimos, la mayoría de las cosas que nos resultan apetecibles son las que vemos desear a otros. Por ejemplo,

---

[14] Fermentar, leudar, agriarse, oprimir, amargar.

cuando se hacen regalos a un grupo de niños pequeños, cada uno de ellos está más pendiente de lo que le han dado a los demás que del suyo. En este terreno, las semejanzas nos pueden enfrentar cuando queremos lo mismo que los otros, sobre todo cuando vemos que se trata de algo que no puede tenerlo más que una sola persona. De ahí surge la competencia y la envidia que tienen su origen en nuestra sociabilidad, pero que también se convierten en una amenaza para la misma. Para el rabino Isaac Sacca, "este mandamiento[15] en cierta medida desencadena los anteriores. El que envidia roba, el que envidia levanta falso testimonio, el que envidia mata, el que envidia comete adulterio. La envidia es la raíz de los grandes males de la sociedad. Dios no nos convoca a apartarnos del mundo, pero nos advierte: cuidado con el descontrol de la codicia, de la envidia y de la ambición, porque esto destruye al hombre y lo lleva a matar, robar, cometer adulterio y mentir, que son los grandes males de la sociedad".[16]

El hombre, especialmente el cristiano, debería guardar su vida de la envidia, provocada por la prosperidad de los demás. Existen varias razones para que todo cristiano combata con todas sus fuerzas el flagelo de la envidia, pero aquí sólo registraré dos:

La primera razón la vislumbró Epicuro, quien en el siglo IV, antes de la era cristiana, escribió lo siguiente: "No hay que envidiar a nadie; pues los buenos no son dignos de envidia, y los malvados, cuanta más suerte tengan, tanto más se perjudican".[17] Los buenos no son dignos de envidia, sino de emulación. Los actos de los buenos y las consecuentes recompensas que tales actos traen consigo deben ser imitados por aquellos que anhelen seguir la vía de la rectitud. Así que los buenos deben ser imitados, mas no envidiados. La prosperidad de los malos no debe ser envidiada, debido a que ellos se esclavizan de sus bienes, a los que convierten en dioses. Los que se esclavizan de sus posesiones se dejan definir por ellas: el valor de ellos depende de los bienes que

---

[15] El mandamiento al que Savater se refiere es: "No codiciarás los bienes ajenos".

[16] SAVATER, Fernando. *Los Diez Mandamientos en el siglo XXI: tradición y actualidad del legado de Moisés*. Sudamericana, Buenos Aires 2004, pp. 166, 167.

[17] EPICURO, "Exhortaciones (Gnomonologio Vaticano) 53", en *Obras*. Trad. Montserrat Jufresa. Altaza, Barcelona 1995, pp. 81, 82.

poseen. Tal situación lejos de ser envidiable, debe provocar lástima y profunda consternación: el hombre dobla su cerviz ante aquello que ha construido, se vuelve esclavo de aquello que él mismo ha fabricado. Sus riquezas las convierte en su dios *(Mamón)*. La racionalidad sirve a la irracionalidad, la inteligencia se prosterna ante lo inerte. Lo moral es subyugado por lo amoral.

La segunda razón por la cual el cristiano no debe alimentar ni permitir la envidia en su vida tiene relación con lo siguiente: Dios es el Gran Dador de todo y el Gran Posibilitador de las posesiones del hombre. Este carácter de Dios como poseedor de todo se ve reflejado en la profecía de Hageo, quien urge a los cautivos liberados que han regresado de Babilonia al suelo patrio, a construir el templo de Yahweh en Jerusalén. En su sermón les recuerda que el dinero (*hak kesef*, הַכֶּסֶף) es de Yahweh y que el oro (*haz-zâhâb*, הַזָּהָב) pertenece a Dios (Hag 2:8). Esta endíadis[18] (oro y plata) recuerda que todo cuanto existe le pertenece al Dios Todopoderoso, quien "muda los tiempos y las edades; quita reyes, y pone reyes; da la sabiduría a los sabios, y la ciencia a los entendidos" (Dan 2:21).[19]

Dios otorga sus bienes a sus hijos, por tanto, todo lo que el cristiano posee le ha sido dado por el Todopoderoso, quien trata a cada persona como una individualidad, no como una masa uniforme. Y dado que el nivel de necesidades de cada persona es diferente, Dios no uniforma los bienes que a cada persona le da. A cada uno Dios lo provee de lo necesario, de acuerdo con sus planes eternos y en orden a las necesidades individuales. Esto tiene sus implicaciones. Dios no tiene las mismas cosas para todos. Cada uno recibe según: a) los planes que Dios tiene para esa persona, b) las necesidades individuales y familiares, y c) el emprendimiento de cada persona. Lo que Dios tiene para un determinado individuo es para él, no para otra persona. Así las cosas, la envidia no tiene sentido puesto que no debemos envidiar lo que Dios le ha dado a un determinado sujeto. A cada individuo Dios le da lo que le corresponde,

---

[18] *Endíadis*: Figura retórica por la cual un concepto único se expresa por dos palabras coordinadas.

[19] Tanto Hag 2:8 como Dan 2:21 presentan a Dios como Señor absoluto y soberano de todo: Él es *Yahweh Tsebaoth* y *Pantokrátor*, categorías alusivas al poder, dominio, mando y gobierno político adjudicadas a Dios.

de acuerdo con las anteriores especificaciones. Estas verdades son esclarecidas sólo cuando el hombre las inquiere en la presencia misma de Dios.

b) La segunda experiencia de transfiguración se encuentra en Ex 34:27-35, donde se relata que Moisés después de estar cuarenta días y cuarenta noches sin comer y sin beber agua en la presencia de Yahweh, su rostro fue transfigurado. En tres ocasiones el hagiógrafo afirma que "la piel de su rostro resplandecía" (vs 29, 30 y 35). El resplandor que refulgía (*qâran*, קָרַן) del rostro de Moisés era un reflejo de la gloria de Yahweh que había cubierto a Moisés durante los cuarenta días que estuvo en su presencia. Esa refulgencia era irresistible para quienes se acercaban al legislador, por lo que él tuvo que cubrir su rostro con un velo (vs 33-35).

De la Septuaginta se colige que la gloria de Dios inundó el ser de Moisés, ya que el texto expresa que *la apariencia exterior de la piel de su rostro había sido glorificada* (δεδόξασται ἡ ὄψις τοῦ χρώματος τοῦ προσώπου αὐτοῦ). La presencia de Dios había transfigurado físicamente a Moisés. Yahweh transformó el rostro de un mortal en rostro refulgente, en rostro transfigurado, en rostro glorificado. Tal es el Dios de los cristianos.

Los nueve acercamientos presentados para responder a la pregunta problematizadora que originó este ítem, si bien no constituyen una respuesta absoluta y definitiva, sí presentan elementos definitorios, es decir, elementos cuya naturaleza y conceptualización nos ayudan a entender las razones por las cuales Dios anhela que sus criaturas se acerquen a Él para solicitarle su ayuda, socorro y misericordia. Repasemos brevemente los nueve acercamientos: *Dios como ser de relación y de amor*; *Dios como ser providente, relación de confianza, de suficiencia y dependencia*; *naturaleza polisémica de la oración ¿acaso pedir es malo? Exploración de posibilidades de realización; el beneficio que trae a terceros y el mensaje que se da; relación entre petición, concesión, gratitud y amistad permanente con Dios*, y finalmente, *porque en la presencia de Dios el cristiano es transfigurado*.

CONDICIONES EXIGIDAS AL ORANTE

Dios es un ser de relación, como ya se ha expresado en páginas anteriores, no obstante quien, respondiendo a la iniciativa divina, acuda a Dios para tener comunión con Él y para entrar en su presencia, debe cumplir con algunas condiciones que el mismo Dios ha revelado en su Palabra. De manera sucinta presentaremos esas condiciones:

Tener comunión ininterrumpida con Dios: "Permaneced en mí, y yo en vosotros. Como el pámpano no puede llevar fruto por sí mismo, si no permanece en la vid, así tampoco vosotros, si no permanecéis en mí. Yo soy la vid, vosotros los pámpanos; el que permanece en mí, y yo en él, éste lleva mucho fruto; porque separados de mí nada podéis hacer. El que en mí no permanece, será echado fuera como pámpano, y se secará; y los recogen, y los echan en el fuego, y arden. Si permanecéis en mí, y mis palabras permanecen en vosotros, pedid todo lo que queréis, y os será hecho. En esto es glorificado mi Padre, en que llevéis mucho fruto, y seáis así mis discípulos" (Jn 15:4-8).

Amar y darle un trato respetuoso al cónyuge, en el caso de los casados: "Asimismo vosotras, mujeres, estad sujetas a vuestros maridos; para que también los que no creen a la palabra, sean ganados sin palabra por la conducta de sus esposas, considerando vuestra conducta casta y respetuosa. Vuestro atavío no sea el externo de peinados ostentosos, de adornos de oro o de vestidos lujosos, sino el interno, el del corazón, en el incorruptible ornato de un espíritu afable y apacible, que es de grande estima delante de Dios. Porque así también se ataviaban en otro tiempo aquellas santas mujeres que esperaban en Dios, estando sujetas a sus maridos; como Sara obedecía a Abraham, llamándole señor; de la cual vosotras habéis venido a ser hijas, si hacéis el bien, sin temer ninguna amenaza. Vosotros, maridos, igualmente, vivid con ellas sabiamente, dando honor a la mujer como a vaso más frágil, y como a coherederas de la gracia de la vida, para que vuestras oraciones no tengan estorbo" (1 Ped 3:1-7).

Pedir conforme a la voluntad de Dios: "¿De dónde vienen las guerras y los pleitos entre vosotros? ¿No es de vuestras pasiones, las cuales combaten en vuestros miembros? Codiciáis, y no tenéis; matáis y ardéis de envidia, y no podéis alcanzar; combatís y lucháis, pero no tenéis lo que deseáis, porque no pedís. Pedís, y no recibís, porque pedís mal, para gastar en vuestros deleites" (Stg 4:1.3).

Deleitarse en Dios: "No te impacientes a causa de los malignos, ni tengas envidia de los que hacen iniquidad. Porque como hierba serán pronto cortados, y como la hierba verde se secarán. Confía en Jehová, y haz el bien; y habitarás en la tierra, y te apacentarás de la verdad. Deléitate asimismo en Jehová, y Él te concederá las peticiones de tu corazón. Encomienda a Jehová tu camino, y confía en Él; y Él hará. Exhibirá tu justicia como la luz, y tu derecho como el mediodía. Guarda silencio ante Jehová, y espera en Él. No te alteres con motivo del que prospera en su camino, por el hombre que hace maldades. Deja la ira, y desecha el enojo; no te excites en manera alguna a hacer lo malo" (Sal 37:1-8).

Tener corazón sincero: "Así que, hermanos, teniendo libertad para entrar en el Lugar Santísimo por la sangre de Jesucristo, por el camino nuevo y vivo que Él nos abrió a través del velo, esto es, de su carne, y teniendo un gran sacerdote sobre la casa de Dios, acerquémonos con corazón sincero, en plena certidumbre de fe, purificados los corazones de mala conciencia, y lavados los cuerpos con agua pura. Mantengamos firme, sin fluctuar, la profesión de nuestra esperanza, porque fiel es el que prometió" (Heb 10:19-23).

Las anteriores demandas divinas tienen su razón de ser: la Biblia presenta a Dios como Dios santo. Su santidad, entre otras cosas, alude a su perfección moral y espiritual. Su perfección no tolera ningún tipo de inmundicia. Por eso las Sagradas Escrituras enseñan que "seguid la paz con todos, y la santidad, sin la cual nadie verá al Señor" (Heb 12:14). Ésta es la misma razón por la que se enseña "Bienaventurados los de limpio corazón, porque ellos verán a Dios" (Mt 5:8). Todo aquel que se acerca a Dios debe participar de su carácter moral. Recordemos el requerimiento de Jesús: "Sed, pues, vosotros perfectos, como vuestro Padre que está en los cielos es perfecto" (Mt 5:48). Mateo emplea la misma palabra para referirse a la perfección de Dios y de los creyentes: *téleioi* (τέλειοι). También en Pedro se requiere santidad de parte del creyente: "Sino, como aquel que os llamó es santo, sed también vosotros santos en toda vuestra manera de vivir; porque escrito está: sed santos, porque yo soy santo. Y si invocáis por Padre a aquel que sin acepción de personas juzga según la obra de cada uno, conducíos en temor todo el tiempo de vuestra peregrinación" (1 Ped 5:15-17).

En todas estas citas, Dios se presenta como el parámetro que modela la vida de los creyentes. Si Dios es perfecto, sus hijos deben mostrar este carácter; si Dios es santo, sus hijos deben evidenciar tener esta cualidad suya. No es posible que los hijos de Dios reflejemos un carácter diferente al de nuestro Padre Celestial. Así que en el proceso de oración debemos tener estas cualidades para que nuestras oraciones no tengan estorbo, tal como lo dijo el apóstol Pedro (1 Ped 3:7).

Dios quiere que le pidamos, pero en un ambiente de amistad, de obediencia, de alabanza, de adoración. Cuando el orante incluye en su oración: acción de gracias, alabanza, adoración, humillación, peticiones, derramamiento de su alma ante su Padre y Dios, entre otros elementos, ésa se constituye en una profunda y poderosa oración. Arthur Pink afirma que "en nuestro acercamiento al trono de la gracia debe haber una mezcla proporcional de humillación, súplica y adoración; no una cosa con la exclusión de otras, sino una mezcla de todas ellas".[1] Así pues, ya no estaremos frente a un pliego de peticiones, sino frente a un acto de adoración. Y esto agrada profundamente a Dios.

Tenemos que reconocer que en la oración no sólo están involucradas las palabras, sino los sentimientos, las emociones, la fe, la espi-

---

[1] PINK, Arthur W. *Camino a la oración ferviente.* Trad. Guillermo Krätzig y Alfredo Tépox. Grand Rapids, Libros Desafío, Michigan 1998, p. 10.

ritualidad, la obediencia, el amor a Dios, la alabanza, la adoración, la humillación personal ante la Majestad Divina y el compañerismo con los santos.

La oración no sólo es una tarea del cristiano raso, es también parte de la tarea del teólogo y de la teología. Permítanme registrar aquí el pensamiento de Karl Barth. Este teólogo suizo afirma que

> el primero y fundamental acto de la labor teológica es la *oración*. Por tanto, la oración será la nota clave de todo lo que vamos a estudiar a continuación. No cabe duda de que, en íntima conexión con ella, la labor teológica es también desde su mismo comienzo *estudio*; además, en todos los aspectos es a su vez *servicio*; por último, sería una acción vana si no fuera también un acto de *amor*. Pero la labor teológica no comienza simplemente con la oración, y no va acompañada sólo de ella. En su totalidad, resulta peculiar y característico de la teología el que solamente pueda realizarse en el acto de la *oración*. Teniendo en cuenta el peligro al que la teología está expuesta, y la esperanza que se encierra en su labor, es natural que sin oración no pueda haber labor teológica. Debemos tener siempre presente el hecho de que la oración en cuanto tal ya es labor. No en vano, se trata de una labor muy dura, aunque en su realización las manos no se muevan activamente, sino que permanezcan juntas.[2]

Examinemos brevemente lo que ha afirmado Barth:

a) La oración es un acto fundamental de la Teología. La oración, según Barth, no sólo se refiere al acto en sí sino al estado permanente de búsqueda, de indagación, de requerimiento: se refiere a la búsqueda de la presencia de Dios en su Palabra, a la petición por la asistencia divina en los procedimientos teológicos que sigue el teólogo, en la sabiduría que debe asistir al teólogo en el momento de formular respuestas, a la dirección divina en el momento de trazar directrices para la Iglesia y aplicaciones de la Palabra de Dios en la época del teólogo. Es decir, el teólogo está en permanente estado de oración a Dios el Padre.

---

[2] BARTH, Karl. *Introducción a la teología evangélica*. Trad. Constantino Ruiz-Garrido. Sígueme, Salamanca 2006, p. 186.

El teólogo sabe que debe renovarse continuamente en la Palabra de Dios y en la búsqueda de la sabiduría divina, además de consultar permanentemente lo que sus consiervos están descubriendo en la fuente prístina de la Revelación Divina. Por ello Barth declara que "puesto que esa labor tiene que estar siendo renovada sin cesar, debe ser siempre original y debe estar siempre dispuesta a someterse al juicio del propio Dios y únicamente de Dios, la teología ha de ser un acto de oración. La labor de la teología se realiza cuando no se logra ninguna otra cosa que la humilde confesión: ¡no se haga lo que yo quiera, sino lo que tú quieras!".[3]

b) De acuerdo con Barth hay una relación inescindible entre oración y estudio. La disyuntiva indebida que establecemos "u oración o estudio" no debe existir. Todo estudio y toda elaboración teológica deben ser mediatizados por la oración. Y la oración debe desembocar en estudio serio y analítico de la Palabra de Dios. La oración nunca debe ser una excusa para no estudiar concienzudamente la Palabra de Dios e indagar los resultados que han arrojado los estudios de los teólogos. Tampoco el estudio de la Palabra de Dios y de la teología debe ser óbice para la entrega sosegada a la oración. Todo buen cristiano debe combinar inteligentemente oración y estudio. Sobre esta combinación, Barth escribió: "En lo que concierne a la teología, la máxima *Ora et labora*! resulta válida para todas las circunstancias: ¡Ora y trabaja! Y la esencia de esta máxima no es simplemente que ese *orare*, aunque deba ser el comienzo, sea tan sólo algo incidental en relación con lo que viene después: el *laborare*. No, sino que la máxima significa que el *laborare* mismo, y como tal, es esencialmente un *orare*".[4]

c) Oración y estudio de la Palabra de Dios deben llevar tanto al teólogo como al cristiano corriente a prestar un servicio amoroso no sólo a su Iglesia sino también a la sociedad circundante. El servicio *(diakonía)* es la aplicación práctica tanto de la oración como del estudio de la Palabra de Dios. Todo aquel que ora y estudia la Palabra debe servir desinte-

---

[3] *Ibíd.*, p. 194.

[4] *Ibíd.*, pp. 186, 187.

resadamente a los demás, debe servir a aquel que sufre, a aquel que ha perdido la esperanza, a aquel que anhela ver la mano de Dios en su vida, a aquel que anhela ver días mejores. Todos estamos llamados a servir al otro y a la sociedad donde estamos inmersos.

d) Finalmente, oración, estudio de la Palabra y servicio se dan en un contexto de amor a Dios y al otro. El amor será el motor impulsor de la oración, del estudio y del servicio. Si el amor está ausente de la oración, del estudio y del servicio, estos elementos se constituyen en "metal que resuena, o címbalo que retiñe" (1 Cor 13:1).

Dejemos a un lado las exquisitas observaciones de Barth y volvamos a la configuración de la oración.

En el NT encontramos pasajes donde se combina acción de gracias, himnos, alabanza, peticiones y humillación. Por ejemplo, Filipenses 4:6 incluye, como parte del proceso de la oración, la acción de gracias, *eucaristía* (εὐχαριστία). La verdad es que Pablo en esta cita incorpora tres tipos de plegarias: a) ruego, *proseujé* (προσευχή), b) petición, *deêsis* (δέησις) y c) súplica, *aitêmata* (αἰτήματα). Más adelante veremos los tipos de oración que hay en el NT. Normalmente, las oraciones que encontramos tanto en el AT como en el NT están llenas de acción de gracias, de alabanza y de reconocimiento de nuestras imperfecciones humanas. Arthur Pink considera que la oración "incluye confesión de pecados, peticiones para que nuestras necesidades sean suplidas, y el homenaje de nuestros corazones al dador mismo. En otras palabras, podemos decir que los principales elementos de la oración son la humillación, la súplica y la adoración".[5] Bruce Milne coincide en esta apreciación con Pink, al escribir lo siguiente: "Por supuesto, no oramos simplemente porque nos hace bien; la oración equilibrada abarca la adoración y la acción de gracias a Dios y la intercesión por otros, además de la petición personal".[6] Me parece pertinente citar las palabras de Thomson, registradas en el Nuevo Diccionario Bíblico, cuando afirma lo siguiente sobre la oración:

---

[5] PINK, Arthur W. *Op. cit.*, p. 10.

[6] MILNE, Bruce. *Op. cit.*, p. 365.

En la Biblia la oración es adoración que incluye todas las actitudes del espíritu humano en su acercamiento a Dios. El cristiano adora a Dios cuando le ofrece culto, confesión, alabanza y súplica por medio de la oración. Esta máxima actividad de que es capaz el espíritu humano también puede llamarse comunión con Dios en tanto se destaque la iniciativa divina. El hombre ora porque Dios ya ha tocado su espíritu. En la Biblia la oración no es una "respuesta natural" (véase Jn 4.24). "Lo que es nacido de la carne, carne es". En consecuencia, el Señor no "oye" todas las oraciones (Is 1.15; 29.13). La doctrina bíblica de la oración destaca el carácter de Dios, la necesidad que siente el ser del hombre de entrar en una relación salvadora o pactual con Él, y de entrar plenamente en todos los privilegios y obligaciones de esa relación con Dios.[7]

---

[7] THOMSON, J. G. S. *Oración*. En DOUGLAS, J. D. (Dir.) *Nuevo Diccionario Bíblico*. Certeza, Buenos Aires 1991, p. 992.

SIETE MODELOS DE ORACIÓN EN LA BIBLIA.

En la Biblia se registran unas piezas literarias que han sido consideradas como verdaderas joyas, no sólo literarias sino litúrgicas, relacionadas con la oración. Hay por lo menos, siete de esas oraciones en las Sagradas Escrituras, las cuales llevan nombres latinos. Dos se encuentran en el Antiguo Testamento y cinco en el Nuevo Testamento. Aquí las identificaremos con sus nombres latinos. Dichas joyas son: *Exultavit cor meum in Domino, Miserere mei, Benedictus, Magníficat, Nunc Dimitis, Pater Noster* y *Pater venit hora.*

Las oraciones clásicas se constituyen en una especie de paradigma, realmente son modelo de la forma en que deberíamos orar. Las largas letanías[1], muchas de las cuales carecen de profundidad espiritual, que en ocasiones elevamos a Dios, se salen del marco de estos paradigmas. Las oraciones deben tener un profundo sentido de alabanza, bendición y adoración al Trino Dios. Los santos piadosos: Ana, David, María, Zacarías, Simeón y Jesús, en esas cortas oraciones, derramaron sus almas a Dios, lo bendijeron, lo alabaron y lo adoraron. Vamos a observar tanto la estructura como el contenido de estas oraciones.

EXULTAVIT COR MEUM IN DOMINO, de Ana (1 Sam 2:1-10) y *MAGNÍFICAT*, de la Virgen María (Lc 1:46-55). Dada la relación estrecha que existe entre el *Exultavit Cor Meum in Domino* de Ana y el *Magníficat* de María, los dos modelos se abordarán en un solo ítem.

---

[1] Una letanía es una rogativa que se hace a Dios con cierto orden, es una retahíla, una enumeración larga y monótona. Las letanías en la liturgia católica involucran la invocación a la Trinidad, a la Virgen María y a los santos. En el evangelicalismo alude a las oraciones largas y repetitivas.

La oración de María recibe el nombre de *Magníficat* debido a que en la Vulgata Latina comienza de la siguiente manera: *"magníficat anima mea Dominum"*. El *Magníficat* "es una oración en forma de himno, compuesto de expresiones del AT, pero que resultan nuevas en labios de María por los sentimientos expresados; el himno subraya dos temas mayores: el de los pobres de Yahweh, y el de la fidelidad de éste a su pueblo".[2]

Lucas registra la exultación y la bendición de Elizabeth a María provocada por la visita de esta última. Acto seguido en los versículos 46 y 47 escribe lo siguiente: "Entonces María dijo: 'Engrandece mi alma al Señor; y mi espíritu se regocija en Dios mi salvador'". La traducción al latín que aparece en la Vulgata Latina es la siguiente: *"Et ait María magníficat anima mea Dominum et exultavit spiritus meus in Deo salutari meo"*. La primera palabra exhalada por los labios de María en su oración es *"magníficat"*, por esa razón a esta oración se le ha dado ese nombre. "El *Magníficat*, recitado por la Virgen María al visitar a su prima Isabel (Lc 1:46-55), se podría considerar oficialmente como el primer canto de alabanza de la era cristiana. Todos los cristianos necesitamos vivir la experiencia que vivió Juan el Bautista desde el vientre de su madre y dar un salto de gozo al oír la voz de la madre de Jesús recitar tan hermoso himno de alabanza como lo es el *Magníficat*".[3]

En este *Magníficat* no hay oración en el sentido de conversar con Dios o en el sentido de peticiones. Sin embargo, es una magnífica oración en tanto que es una alabanza que María eleva a Dios por el favor que le ha concedido de convertirla en la madre del Salvador. Detengámonos por un momento en esta oración:

María inicia su hermoso cántico magnificando (*megalynein*, μεγαλύνειν) el nombre de Dios: ella exclama "engrandece alma mía al Señor". Ésta es una reflexión conformada por una autoinvitación a reconocer la grandeza de Dios, su Señor, y a regocijarse en el Dios de su salvación. Leamos el texto:

> Entonces María dijo: "Engrandece mi alma al Señor; mi espíritu se regocija en Dios mi Salvador. Porque ha mirado la bajeza de su sierva; pues he aquí, desde ahora me dirán bienaventurada todas las

[2] Escolio marginal que aparece en La Sagrada Biblia de Cantera-Iglesias, p. 1154.

[3] http://produccionesmagnificat.com/PorqueMagnificat.htm

generaciones. Porque me ha hecho grandes cosas el Poderoso; Santo es su nombre, y su misericordia es de generación en generación a los que le temen. Hizo proezas con su brazo; esparció a los soberbios en el pensamiento de sus corazones. Quitó de los tronos a los poderosos, y exaltó a los humildes. A los hambrientos colmó de bienes, y a los ricos envió vacíos. Socorrió a Israel su siervo, acordándose de la misericordia de la cual habló a nuestros padres, para con Abraham y su descendencia para siempre" (Lc 1:46-55).

María cita parte de la oración que Ana elevó a Dios cuando Samuel nació (1 Sam 2:1-10). Nótese que ambos cánticos se entonan bajo las mismas circunstancias: la presencia de un niño que marcaría un hito en la historia de Israel. Establezcamos una comparación entre ambas oraciones:

Magnificat anima mea Dominum, de María	*Exultavit cor meum in Domino,* de Ana
Entonces María dijo: "Engrandece mi alma al Señor; y mi espíritu se regocija en Dios mi Salvador. Porque ha mirado la bajeza de su sierva; pues he aquí, desde ahora me dirán bienaventurada todas las generaciones. Porque me ha hecho grandes cosas el Poderoso; Santo es su nombre, y su misericordia es de generación en generación a los que le temen. Hizo proezas con su brazo; esparció a los soberbios en el pensamiento de sus corazones. Quitó de los tronos a los poderosos, y exaltó a los humildes. A los hambrientos colmó de bienes, y a los ricos envió vacíos. Socorrió a Israel su siervo, acordándose de la misericordia de la cual habló a a nuestros padres, para con Abraham y su descendencia para siempre".	Y Ana oró y dijo: "Mi corazón se regocija en Jehová, mi poder se exalta en Jehová; mi boca se ensanchó sobre mis enemigos, por cuanto me alegré en tu salvación. No hay santo como Jehová; porque no hay ninguno fuera de ti, y no hay refugio como el Dios nuestro. No multipliquéis palabras de grandeza y altanería; cesen las palabras arrogantes de vuestra boca; porque el Dios de todo saber es Jehová, y a Él toca el pesar las acciones. Los arcos de los fuertes fueron quebrados, y los débiles se ciñeron de poder. Los saciados se alquilaron por pan, y los hambrientos dejaron de tener hambre; hasta la estéril ha dado a luz siete, y la que tenía muchos hijos languidece. Jehová mata, y Él da vida; Él hace descender al Seol, y hace subir. Jehová empobrece, y Él enriquece; abate, y enaltece. Él levanta del polvo al

> pobre, y del muladar exalta al menesteroso, para hacerle sentarse con príncipes y heredar un sitio de honor. Porque de Jehová son las columnas de la tierra, y Él afirmó sobre ellas el mundo. Él guarda los pies de sus santos, mas los impíos perecen en tinieblas; porque nadie será fuerte por su propia fuerza. Delante de Jehová serán quebrantados sus adversarios, y sobre ellos tronará desde los cielos; Jehová juzgará los confines de la tierra, dará poder a su Rey, y exaltará el poderío de su Ungido.

Los versículos 46 y 47: "Engrandece mi alma al Señor; y mi espíritu se regocija en Dios mi Salvador" son una cita modificada del Cántico de Ana registrado en 1 Sam 2:1a: "Mi corazón se regocija en Jehová, mi poder se exalta en Jehová". La segunda parte de 1 Sam 2.1 "mi poder se exalta en Jehová; mi boca se ensanchó sobre mis enemigos, por cuanto me alegré en tu salvación", María la sustituye, en el versículo 48, por la siguiente oración: "Porque ha mirado la bajeza de su sierva; pues he aquí, desde ahora me dirán bienaventurada todas las generaciones".

El *Magníficat* tiene partes muy significativas para la comprensión de los actos de Dios en la historia (vs 49-55): "Porque me ha hecho grandes cosas el Poderoso; Santo es su nombre, y su misericordia es de generación en generación a los que le temen. Hizo proezas con su brazo; esparció a los soberbios en el pensamiento de sus corazones. Quitó de los tronos a los poderosos, y exaltó a los humildes. A los hambrientos colmó de bienes, y a los ricos envió vacíos. Socorrió a Israel su siervo, acordándose de la misericordia de la cual habló a nuestros padres, para con Abraham y su descendencia para siempre". Esta perícopa es una recomposición de 1 Sam 1:2-10:

> No hay santo como Jehová; porque no hay ninguno fuera de ti, y no hay refugio como el Dios nuestro. No multipliquéis palabras de grandeza y altanería; cesen las palabras arrogantes de vuestra boca; porque el Dios de todo saber es Jehová, y a Él toca el pesar las acciones. Los arcos de los fuertes fueron quebrados, y los débiles se ciñeron de poder. Los saciados se alquilaron por pan, y los hambrientos

dejaron de tener hambre; hasta la estéril ha dado a luz siete, y la que tenía muchos hijos languidece. Jehová mata, y Él da vida; Él hace descender al Seol, y hace subir. Jehová empobrece, y Él enriquece; abate, y enaltece. Él levanta del polvo al pobre, y del muladar exalta al menesteroso, para hacerle sentarse con príncipes y heredar un sitio de honor. Porque de Jehová son las columnas de la tierra, y Él afirmó sobre ellas el mundo. Él guarda los pies de sus santos, mas los impíos perecen en tinieblas; porque nadie será fuerte por su propia fuerza. Delante de Jehová serán quebrantados sus adversarios, y sobre ellos tronará desde los cielos; Jehová juzgará los confines de la tierra, dará poder a su Rey, y exaltará el poderío de su Ungido.

A pesar de las diferencias, hay similitudes en esos dos cánticos: en ambos se manifiesta la humildad que el hombre debe observar frente a su Dios, ambos cánticos registran las gestas salvadoras de Yahweh a favor de su pueblo. En ambos cánticos se exalta la providencia divina, por la cual los pobres y menesterosos encuentran sustento, abrigo y cuidado. Ambos poemas encuentran su punto de llegada en la persona del Mesías.

El *Magníficat*, entonces, es un cántico de gratitud, de alabanza y de adoración, en donde se registran las gestas salvadoras de Dios, además, manifiesta la providencia de Dios y expresa la salvación que Dios trae a su pueblo, a través del Mesías. En este sentido esta pieza litúrgica se constituye en un modelo de oración para todo aquel que se acerca piadosamente a Dios.

MISERERE MEI, Sal 51. La razón por la cual a esta magnífica oración se le ha dado este nombre se debe a que la traducción que se hizo del Texto Masorético al latín, recogido en la Vulgata Latina, se inicia de la siguiente manera: "*Miserere mei Deus secundum magnam misericordiam tuam*". La riqueza de este salmo se puede evidenciar observando la estructura del mismo:

(1) Petición de clemencia, vs 1 y 2: "Ten piedad de mí, oh Dios, conforme a tu misericordia; conforme a la multitud de tus piedades borra mis rebeliones. Lávame más y más de mi maldad, y límpiame de mi pecado".

(2) Reconocimiento y confesión de pecados, vs 3-5: "Porque yo reconozco mis rebeliones, y mi pecado está siempre delante de mí. Contra ti, contra ti solo he pecado, y he hecho lo malo delante de tus ojos; para que seas reconocido justo en tu palabra, y tenido por puro en tu juicio. He aquí, en maldad he sido formado, y en pecado me concibió mi madre".

(3) Breve reflexión, v 6: "He aquí, tú amas la verdad en lo íntimo, y en lo secreto me has hecho comprender sabiduría".

(4) Búsqueda de transformación, vs 7-15: "Purifícame con hisopo, y seré limpio; lávame, y seré más blanco que la nieve. Hazme oír gozo y alegría, y se recrearán los huesos que has abatido. Esconde tu rostro de mis pecados, y borra todas mis maldades. Crea en mí, oh Dios, un corazón limpio, y renueva un espíritu recto dentro de mí. No me eches de delante de ti, y no quites de mí tu santo Espíritu. Vuélveme el gozo de tu salvación, y espíritu noble me sustente. Entonces enseñaré a los transgresores tus caminos, y los pecadores se convertirán a ti. Líbrame de homicidios, oh Dios, Dios de mi salvación; cantará mi lengua tu justicia. Señor, abre mis labios, y publicará mi boca tu alabanza".

(5) El verdadero arrepentimiento, vs 16-17: "Porque no quieres sacrificio, que yo lo daría; no quieres holocausto. Los sacrificios de Dios son el espíritu quebrantado; al corazón contrito y humillado no despreciarás tú, oh Dios".

(6) Oración por Sión, vs 18, 19: "Haz bien con tu benevolencia a Sión; edifica los muros de Jerusalén. Entonces te agradarán los sacrificios de justicia, el holocausto u ofrenda del todo quemada; entonces ofrecerán becerros sobre tu altar".

Otra posible estructura la presentan los autores Keil-Delitzsch[4]:

1. Oración de remisión de pecados, vs 1-9.
2. Oración de renovación, vs 10-13.

---

[4] KEIL, C. F. y DELITZSCH, F. *Commentary on the Old Testament in Ten Volumes.* Vol. V. Grand Rapids, William B. Eerdmans, Michigan 1980, p. 134.

3. El voto de los sacrificios espirituales, vs 14-17.
4. La intercesión por toda Jerusalén, vs 18, 19.

Esta oración muestra el alma rendida completamente a Dios, después de la comisión de un severo pecado. El alma del salmista entra en profunda agonía, y experimenta un atroz aniquilamiento. Dada su situación moral, espiritual, emocional y psicológica, prorrumpe en una oración tan sublime, la cual ha llegado a ser una de las oraciones más famosas de toda la Biblia. Después de una terrible caída se entona una oración sublime y profundamente impactante.

BENEDICTUS, Lc 1:67-80. La Vulgata Latina encabeza esta oración de la siguiente manera: *"Benedictus Deus Israhel quia visitavit et fecit redemptionem plebi suae"*. El sacerdote Zacarías estaba en el Santuario a la hora de quemar incienso, cuando se le apareció el arcángel Gabriel para comunicarle que su esposa Elizabeth quedaría embarazada y que a su hijo debían ponerle por nombre Juan[5]. Zacarías mostró su estupefacción por tal noticia. Gabriel le dice que debido a que no creyó sus palabras quedaría mudo desde ese momento hasta cuando naciera el niño.

Zacarías permaneció mudo hasta que nació el infante y se le pidió que explicara por qué el neonato se debía de llamar Juan. En ese momento, recobró el habla y procedió a pronunciar una de las oraciones más impactantes del Nuevo Testamento. Su oración, tipo Acción de Gracias, es catalogada por Lucas como una profecía. El niño recién nacido era su propio hijo, Juan el Bautista; sin embargo, conecta ese nacimiento con la salvación de Israel. Gabriel, efectivamente, conecta a Juan con la Salvación, ya que Juan encarnaría el espíritu de Elías y prepararía el camino para el advenimiento del ministerio mesiánico. Gabriel cita a Mal 4:1-6, especialmente, el versículo 6.

El impacto de tal verdad llevó a invocar una oración profética, tipo Acción de Gracias: "Bendito el Dios de Israel, que ha visitado y redimido a su pueblo" (Lc 1:68). El *Benedictus Deus* es un cántico que se entona por la salvación que Dios ha provisto a su pueblo Israel. Es un cántico constituido por acción de gracias y profecía. Se bendice a Dios

---

[5] El nombre Juan significa "Yahweh es benigno".

(quien es *eulogetós*, εὐλογητός) pues ha traído salvación a su pueblo, salvación simbolizada en el nacimiento de Juan el Bautista. El *Benedictus* es un cántico complejo, pues hace un recuento histórico de la presencia de Dios y de sus promesas de salvación a su pueblo, luego se dirige al neonato Juan y le dice: "Y tú, niño, profeta del Altísimo serás llamado; porque irás delante de la presencia del Señor, para preparar sus caminos; para dar conocimiento de salvación a su pueblo, para perdón de sus pecados, por la entrañable misericordia de nuestro Dios, con que nos visitó desde lo alto la aurora, para dar luz a los que habitan en tinieblas y en sombra de muerte; para encaminar nuestros pies por camino de paz" (Lc 1:76-79).

Este cántico profético doxológico hace uso de las Escrituras como sustrato profético. Es digno de mención el hecho de que esta pieza literaria está compuesta por una serie de citas extraídas del AT, así: el v 69 cita al Sal 18:2. El v 71 cita al Sal 106:10, el v 72 cita al Sal 106:45-46, el v 73 cita: Sal 106:8-9, Gen 17:7, los vs 73-74 citan Gen 22:17, 17. El v 76 cita a Mal 3:1, el v 78 cita a Mal 4:2, los vs 78-79 citan a Is 9:2; 58:8; 60:1, 2. Como se puede observar, este cántico se pasea por la profecía del AT para exaltar a Dios por la salvación que ha traído a su pueblo. El *Benedictus* no contiene ningún tipo de peticiones. Está constituido fundamentalmente por: a) acción de gracias, b) alabanza y c) profecía.

En conclusión, el *Benedictus* es una doxología profética, en la cual se presenta, de una manera sencilla, una especie de teología resumida de la salvación. Aquí no hay petición, ni ruego, sino alabanza y un recorrido por las Escrituras para demostrar que el nacimiento de Juan era uno de los cumplimientos de las profecías mesiánicas. Este tipo de oración debe ser emulado por la Iglesia de Jesucristo: deberíamos acudir con cierta frecuencia a este tipo de oración, es decir, orar las Sagradas Escrituras.

NUNC DIMITTIS, de Simeón, Lc 2:28-32. La oración de Simeón en la Vulgata Latina comienza de la siguiente manera: *"Nunc dimittis servum tuum Domine secundum verbum tuum in pace"*, por esta razón se le ha denominado *Nunc Dimittis*. Ésta es otra de las oraciones clásicas que encontramos en las Sagradas Escrituras. Leamos el texto: "Ahora, Señor, despides a tu siervo en paz, conforme a tu palabra; porque han visto mis ojos tu salvación, la cual has preparado en presencia de todos los pueblos; luz para revelación a los gentiles, y gloria de tu pueblo Israel".

Una vez terminados los ritos de purificación, José y María llevaron al niño Jesús para ser presentado en el Templo, cumpliéndose así lo prescrito en la Ley de Moisés (Ex 13:2, 12; Lv 12:6-8), entre tanto el Espíritu Santo había llevado a Simeón al Templo (2:27) para contemplar la promesa a Israel, el advenimiento del Mesías. Simeón tomó al Niño en sus brazos y bendijo a Dios, de la manera que ya hemos leído en el texto bíblico. La oración de Simeón es una bendición (*eulogía*, εὐλογία) más que una petición. ¿Quién era Simeón? Al respecto, R. E. Nixon, escribe lo siguiente:

> Un hombre que vivió en Jerusalén, que era justo y piadoso y "esperaba la consolación de Israel" (Lc 2.25–35)… Fue uno de los integrantes del remanente fiel que anhelaba la venida del Mesías, y había recibido una revelación directa de que no había de morir hasta que hubiese visto con sus propios ojos al Mesías. Cuando estaba a punto de realizarse la presentación de Jesús, fue guiado por el Espíritu para entrar en el templo. Al ver a Jesús, pronunció el himno de alabanza conocido como el *Nunc Dimittis*. Percibió que el Mesías había de reivindicar a Israel ante la vista de los gentiles. Luego siguió hablando a la asombrada María acerca del papel de Cristo en el seno de Israel. Habría de ser como una piedra que sería causa de caída para unos y de levantamiento para otros. Habría de ser una señal que no sería atendida sino que más bien sería contradicha (34). El sufrimiento de María ante la contemplación de la vida y muerte de Él habrían de ser como una espada que traspasaría su propia alma, y Él habría de revelar los pensamientos más íntimos de los hombres (35). Habiendo dado su testimonio respecto al Cristo, Simeón desaparece silenciosamente de la escena.[6]

---

[6] NIXON, R. E., "Simeón", en DOUGLAS, J. D., (Dir.) *Nuevo Diccionario Bíblico*. Certeza, Buenos Aires 1991, p. 1300.

El v 29 es una alusión a una profecía que recibió en Lc 2:26: "Y le había sido revelado por el Espíritu Santo, que no vería la muerte antes de que viese al Ungido del Señor". El v 30 está retrotrayendo el Sal 119:166, 174, e Is 52:10. El v 32 es una alusión a Is 9:2; 42:6; 49:6; 60:1-3.

Así entonces el *Nunc Dimittis* es una alabanza a Dios por la bendición que ha dado a Israel al enviar al Mesías. Observemos que éstas son oraciones muy cortas pero profundamente significativas.

PATER NOSTER, Mt 6:9-15 (Lc 11:2-4). La oración que Jesús enseñó a sus discípulos comienza, en la Vulgata Latina, de la siguiente manera: *"Pater noster qui in caelis es sanctificetur nomen tuum"*, por esta razón se le ha denominado *Pater Noster*. Esta pieza es catalogada por Pink como *Oración Familiar*. "Las primeras palabras del Padre Nuestro: Padre nuestro que estás en los cielos reconoce nuestra dependencia en Dios como Padre amante y sabio, y también reconoce que Él lo gobierna todo desde su trono celestial".[7]

El Padre Nuestro refleja nuestra relación filial con Dios, quien es nuestro Padre Celestial. Nos dirigimos a Él como nuestro Padre. Jesús enseñó que Dios es nuestro Padre y como a tal debemos dirigirnos todos los días. Respecto a esta oración Sabugal escribe lo siguiente: "El padrenuestro es la más *sublime plegaria de todos los tiempos*, la más bella oración de todas las religiones, *la plegaria paradigmática del cristianismo*, enseñada hace veinte centurias por Jesús de Nazaret a sus discípulos…, fue también la guía, con la que la primitiva y hodierna[8] Iglesia inició e inicia en la práctica de la oración a los catecúmenos o aspirantes a la regeneración bautismal, quienes, tras devenir hijos de Dios, por vez primera y en alta voz la recitaban y recitan durante su primera eucaristía, como inmediata preparación a la comunión".[9]

El Padre Nuestro, como modelo de oración, registra nuestra filiación con Dios: Él es nuestro Padre, quien habita en su lugar natural: los cielos. Después de ubicar esa filiación expresa el profundo anhelo del

---

[7] GRUDEM, Wayne. *Op. cit.*, p. 394.

[8] Relativo al día de hoy, o al tiempo presente.

[9] SABUGAL, Santos. *El Padre Nuestro en la interpretación catequética antigua y moderna*. Sígueme, Salamanca 2006, p. 13.

alma piadosa de santificar (*jagiádsein*, ἁγιάζειν) el nombre de Dios, el cual no sólo debe ser respetado, sino también venerado. Cuando Jesús habla del nombre de Dios, ¿a qué se está refiriendo? En mi libro *Utopía, ética y esperanza: ciudadanía y Reino de Dios*, trato de dilucidar la frase paulina "y le dio un nombre que es sobre todo nombre" (Fil 2:9b). La explicación que doy y que se puede aplicar a esta frase del Padre Nuestro es la siguiente:

> Cuando Pablo afirma que Dios le dio a Cristo un nombre que es sobre todo nombre, no se está refiriendo al sonido de las letras *Iesus*. Aquí estamos frente a un hebraísmo, según el cual el nombre es la expresión de la esencia de la persona evocada. De manera que, en este pasaje, nombre se está refiriendo a la persona misma y a su dignidad. Jesús es la persona más exaltada, a quien Dios ha dado el privilegio de ostentar un nombre excelso. Carlos R. Erdman entiende que la expresión "se refiere a la dignidad, gloria, poder redentor, supremacía divina, concedida a Cristo como consecuencia de su obra satisfactoria y como expresión natural de su naturaleza divina".[10] A conclusión similar llega Karl Staab al afirmar: "A Cristo glorificado se le otorga un nombre nuevo, un nombre 'que está sobre todo nombre', es decir, una posición y una dignidad superiores a las de todos los demás seres del mundo. El nombre expresa y notifica la naturaleza y dignidad de quien lo lleva".[11] Oscar Cullmann[12] explica este nombre afirmando que es el nombre soberano de Dios: *Adonai*. El nombre de Cristo es tan sublime que todos los seres creados tanto en la eternidad como en el tiempo deben someterse y prosternarse ante él.[13]

Todo ser humano, todo ser creado, es invitado a venerar a Dios (Sal 150:6). Dios, como Padre, como Creador y como Redentor, debe ser santificado por todas sus criaturas, especialmente, por el ser humano. Luego, Jesús conecta la santificación del nombre de Dios con el adve-

---

[10] ERDMAN, Charles R. *La Epístola a los Filipenses*. Trad. José María Blanch. Jenison, T. E. L. L., Miami 1994, p. 81.

[11] STAAB, Karl y BROX, Norbert. *Op. cit.*, p. 270.

[12] CULLMANN, Oscar. *Cristo y el tiempo*. Estela, Barcelona 1967, p. 164.

[13] MOSQUERA BRAND, Fernando A. y UHIA, Juan Carlos. *Utopía, ética y esperanza: ciudadanía y Reino de Dios*. CLIE, Barcelona 2006, p. 140.

nimiento de su Reino y con hacer la voluntad de Dios en la tierra, entre los hombres, de la misma manera como se hace en el cielo. Es pertinente en esta parte registrar las palabras de Keener:

> Una clásica oración judía de ese tiempo (el kadish) proclamaba: "Exaltado y santificado sea su... nombre... y venga su reino rápidamente y pronto". Las oraciones judías reconocían que el nombre de Dios sería "santificado", "tenido por santo", en el tiempo del fin, cuando su reino viniera, como también la Biblia decía (Is 5:16; 29:23; Ez 36:23; 38:23; 39:7, 27). En el presente, el pueblo de Dios podía santificar su nombre viviendo de manera correcta; si vivían equivocadamente, "profanarían" su nombre, o lo denigrarían entre las naciones... Estaba entendido que después de que su reino viniera, la voluntad de Dios sería hecha en la tierra como en el cielo.[14]

La primera parte del Padre Nuestro (vs 9, 10) está dirigida a identificar nuestra filiación con Dios, a santificar su nombre y a desear tanto el advenimiento de su reino como que se cumpla la voluntad perfecta de Dios en la tierra. La segunda parte alude a lo cotidiano, a la manutención, con lo cual se muestra otro carácter de Dios: la providencia. Dios es providente y todo lo que tenemos es una dádiva de Él, por esa razón le pedimos nos nutra con los alimentos que nos ha prodigado. La tercera parte se refiere a la limpieza de nuestra vida y a ser liberados del pecado: "Perdónanos nuestras ofensas". El perdón de Dios es necesario para mantener activa nuestra comunión con Él. También se refiere a que nos guarde de las tentaciones (*peirasmón*, πειρασμός[15]).

El final del Padre Nuestro que Mateo registra no se encuentra en Lucas 11:2-4: "Porque tuyo es el reino, y el poder, y la gloria, por todos los siglos. Amén". La lectura comparativa de ambas versiones nos permite observar esa diferencia:

---

[14] KEENER, Craig S. *Comentario del contexto cultural de la Biblia, Nuevo Testamento: el trasfondo cultural de cada versículo del Nuevo Testamento*. Trad. Nelda Bedford de Gaydou, *et ál.* Mundo Hispano, El Paso, Texas 2005, p. 55.

[15] *Peirasmós* significa: prueba, ensayo, tentación, período o proceso de prueba, incitación.

MATEO 6:9-13	LUCAS 11:2-4
Padre nuestro que estás en los cielos, santificado sea tu nombre. Venga tu reino. Hágase tu voluntad, como en el cielo, así también en la tierra. El pan nuestro de cada día, dánoslo hoy. Y perdónanos nuestras deudas, como también nosotros perdonamos a nuestros deudores. Y no nos metas en tentación, mas líbranos del mal; *porque tuyo es el reino, y el poder, y la gloria, por todos los siglos. Amén.*	Padre nuestro que estás en los cielos, santificado sea tu nombre. Venga tu reino. Hágase tu voluntad, como en el cielo, así también en la tierra. El pan nuestro de cada día, dánoslo hoy. Y perdónanos nuestros pecados, porque también nosotros perdonamos a todos los que nos deben. Y no nos metas en tentación, mas líbranos del mal.

Como se puede observar, el texto de Mateo está expandido, en cambio, el de Lucas no. ¿A qué se debe ese fenómeno? ¿Por qué Lucas omite la última parte, o por qué Mateo inserta esa parte? Para responder a esta pregunta se deben hacer las siguientes consideraciones:

Bruce M. Metzger informa que dicha expansión ocurre también en la Oración del Señor utilizada en la liturgia que tradicionalmente se atribuye a San Juan Crisóstomo, y que al no ser incluida en textos como el Alejandrino, el Western y los textos Cesareanos ni en los comentarios patrísticos como en Tertuliano, Orígenes y Cipriano, sugiere que esa inclusión fue compuesta, quizás sobre la base de 1 Cron 29:11-13, para ser adoptada en la oración litúrgica de la temprana Iglesia.[16]

La adición de Mateo se encuentra en los siguientes manuscritos: *Didaché,* o *Doctrina de los Doce Apóstoles*[17] (cap. VIII), en el Texto Parisino (L) que data del siglo VIII, en el Texto Washingtoniano (W), procedente del siglo V; en el Texto St. Gallen (Δ), que data del siglo IX, en el Texto Tbisili (Θ), fechado en el siglo IX; el Texto Sinaítico (א), que viene del siglo IV, ubicado en Londres; el Vaticanus (B), el

---

[16] METZGER, Bruce M. *A Textual Commentary on the Greek New Testament.* United Bible Societies, London 1971, pp. 16, 17.

[17] Teodoro H. Martin en *Textos cristianos primitivos: documentos-martirios,* al escribir la introducción a la versión castellana, expresó lo siguiente sobre la *Didaché:* "Se han hecho conjeturas sobre el lugar de su composición: Siria, Palestina, Egipto. Hay razones para cada teoría sin que nada pueda darse por seguro ni se conozca al autor. Pero todos coinciden en el tiempo de su composición: entre los años 70 al 90. Por consiguiente, anterior a algunos escritos del apóstol san Juan. Por tanto, la *Didajé* es un testimonio valiosísimo sobre la fe en la vida y costumbres de la primitiva comunidad".

Claromontanus (D), ubicado en París y procedente del siglo VI; y el de Dublín (Z), ubicado en Dublín y procedente del siglo VI, contienen esta adición, por tal motivo, el Comité encargado de trabajar estos textos hizo la inserción de esta expansión con toda certeza, indicándolo así en el Aparato Crítico {A}. Pero otros manuscritos omiten o toda la adición o parte de ella.

El *Textus Receptus*, que sirve de base para nuestra traducción griega, incorpora esa expansión en el libro de Mateo, mas no en el de Lucas. Por lo anterior, se puede deducir que existe un altísimo grado de posibilidad de que la cláusula en cuestión formó parte integral del *Pater Noster* y que sólo Mateo la incluyó, en cambio, Lucas la omitió.

PATER VENIT HORA (Jn 17). El contexto de esta oración es la Cena que Jesús comparte con los doce (Jn 13). En medio de la celebración litúrgica, Jesús instaura la ceremonia del lavamiento de los pies, como símbolo de humildad y servicio, una lección que sus discípulos debían aprender. En este ambiente "familiar", eclesial y definitivo, Jesús pronuncia varios discursos a través de los cuales instruye a sus discípulos, a la vez que los previene de los sufrimientos que ellos padecerán; además, les anuncia que ellos tendrán para siempre al *Parakletos*, quien los guiará a toda la verdad. Este momento de comunión eclesial y familiar es sellado por la oración que Jesús eleva al Padre, en presencia de los once discípulos (Judas Iscariote ya había salido del recinto).

A Jesús le quedaba por hacer algo más antes de la llegada de la hora decisiva: elevar la oración pascual a favor de su Iglesia universal. Las próximas líneas estarán dedicadas a examinar con mayor detalle esa oración. Esta significativa plegaria tiene la siguiente estructura:

1. Ha llegado la hora de la glorificación del Hijo y del Padre. Vs 1-5. Según la Vulgata Latina, Jesús inicia su oración de la siguiente manera: *"Pater venit hora clarifica Filium tuum ut Filius tuus clarificet te"*. "Padre, la hora ha llegado". ¿A qué hora se refiere? El capítulo 13, versículo 1, lo explica: "Antes de la fiesta de la pascua, sabiendo Jesús que su hora había llegado para que pasase de este mundo al Padre...".

La hora más significativa de la historia tanto de la salvación como de la humanidad había llegado. Una hora (*jôra*, ὥρα[18]) que hacía coincidir ambas historias, una hora que se convertiría en el punto de intersección de ambas dimensiones históricas: la intersección entre la eternidad y el tiempo, el encuentro consumatorio y salvífico entre Dios y el hombre, a través de la muerte y la resurrección del Dios-Hombre. Es la hora límite, definitiva, decisiva. Es la hora en que la eternidad se encuentra con lo finito a través de la Cruz. Es la hora radical en la cual Dios-Hijo dejaría físicamente este mundo donde había instalado su tienda (ὁ λόγος σὰρξ ἐγένετο καὶ ἐσκήνωσεν[19] ἐν ἡμῖν, Jn 1:14) para volver a la eternidad. La hora de la redención, la hora escatológica largamente esperada por los profetas y por la comunidad mesiánica, había llegado.

El texto griego literalmente se puede traducir así: "Sabiendo Jesús que le había llegado la hora para partir de este mundo al Padre" (Jn 13:1). Ésa era la hora de la muerte de Cristo. Pero el asunto no se limita a la muerte de Cristo. Todo el *Misterium Christie* está en acción: su muerte vicaria, su resurrección, su glorificación, la redención del hombre, el inicio del fin, la redención del universo, la derrota estruendosa y espantosa de las Fuerzas del Averno (Col 2:15), la libertad del hombre y la concreción de la esperanza del pueblo de Dios. La hora en que todos estos acontecimientos tendrían lugar había llegado. Esta hora partiría la historia de la redención en dos momentos.

Aunque la hora de la muerte de Cristo había llegado, el texto no lo registra de esa manera. No es una hora luctuosa, como podría esperarse; por el contrario, es una hora extraña de: muerte, tránsito a la excelsitud y glorificación. La muerte como acontecimiento necesario que abre el cielo para que Jesús pase a la presencia del Padre y para que Él sea glorificado por el Padre y para Él glorificar al Padre. Es la hora de muerte y glorificación. Ésta es la definición de esa hora.

Jesús pide al Padre que lo glorifique. Juan en su prólogo afirma: "Y vimos su gloria, gloria como del unigénito del Padre" (Jn 1:14b). Jesús vivió en medio de sus discípulos "lleno de gracia y de verdad", como la imagen del Dios invisible (Col 1:15), en quien habitaba "corporalmente

---

[18] Momento, instante, ocasión, período de tiempo corto.

[19] Este aoristo indicativo procede del verbo *skenóo*, σκηνόω que significa: acampar, residir, vivir, habitar en tienda de campaña.

toda la plenitud de la Deidad" (Col 2:9). Jesús, de acuerdo con el autor de la Epístola a los Hebreos, es "el resplandor de su gloria, y la imagen misma de su sustancia..." (Heb 1:3a). La gloria de la cual habla Juan en su prólogo está referida a la presencia activa de Dios en la vida de Jesús, quien siempre reflejó la gloria de su Padre; sin embargo, ahora le pide a su Padre que lo glorifique. El momento decisivo del ministerio de Jesús lo constituye la cruz, la cual simboliza su muerte y resurrección, como máxima expresión de la obediencia de Cristo. Ambos eventos son factores contribuyentes para la exaltación de Jesús (Fil 2:5-11). La muerte y resurrección glorifican a Jesús Cristo. A su vez, Dios es glorificado a través de la muerte y resurrección de su Amado Hijo. Glorificar, en este contexto, no implica llenar de esplendor o de luz radiante y multicolor, sino que identifica el paso de obediencia a través de la muerte y resurrección. Así que su muerte y resurrección son entendidas por Jesús como glorificación a Dios y a sí mismo.

¿De dónde sale la idea de que Dios glorificará a Jesús a través de la cruz? La idea sale del mismo evangelio de Juan. En 12:23-25 Jesús expresó, a raíz de la visita de unos judíos griegos: "Ha llegado la hora para que el Hijo del Hombre sea glorificado. De cierto, de cierto os digo, que si el grano de trigo no cae en la tierra y muere, queda solo; pero si muere, lleva mucho fruto. El que ama su vida, la perderá; y el que aborrece su vida en este mundo, para vida eterna la guardará". La misma idea se encuentra en 13:31; pero el pasaje donde más claramente se encuentra la idea expresada está en Jn 21:18, 19: "'De cierto, de cierto te digo: cuando eras más joven te ceñías, e ibas a donde querías; mas cuando ya seas viejo, extenderás tus manos, y te ceñirá otro, y te llevará a donde no quieras'. Esto dijo, dando a entender con qué muerte había de glorificar a Dios. Y dicho esto, añadió: 'Sígueme'".

Esta primera cláusula de la oración de Jesús está orientada hacia el misterio de la redención: la muerte de Dios-Hombre.

2. Intercesión a favor de los discípulos. Vs 6-19. La intercesión a favor de los discípulos se inicia con una especie de balance ministerial de Jesús (vs 6-8), quien declara: "He manifestado tu nombre a los hombres que del mundo me diste; tuyos eran, y me los diste, y han guardado tu palabra" (v 6). En cierta ocasión en casa de Zaqueo Jesús declaró lo siguiente: "Porque el Hijo del Hombre vino a buscar y a salvar lo que se había perdido" (Lc 19:10). Esa búsqueda y salvación comienza con la selección de los doce, a quienes les dio a conocer el consejo (*boulé*, βουλή) de Dios. El gran misterio soteriológico fue dado a conocer a los discípulos por el Señor Jesús, quien reveló al Padre. En una de las pláticas que Jesús solía tener con sus discípulos, uno de ellos, Felipe, le dijo: "Señor, muéstranos al Padre, y nos basta" (Jn 14:8). Jesús le respondió: "¿Tanto tiempo hace que estoy con vosotros, y no me has conocido, Felipe? El que me ha visto a mí, ha visto al Padre; ¿cómo, pues, dices tú: muéstranos el Padre? ¿No crees que yo soy en el Padre, y el Padre en mí? Las palabras que yo os hablo, no las hablo por mi propia cuenta, sino que el Padre que mora en mí, Él hace las obras. Creedme que yo soy en el Padre, y el Padre en mí; de otra manera, creedme por las mismas obras" (Jn 14:9-11). Y en Jn 10:30 Jesús expresó: "Yo y el Padre uno somos". Éstos y otros versículos indican la forma en que Jesús dio a conocer al Padre.

Revelar al Padre tenía relación con el siguiente procedimiento: discurso, autoentrega (vida consagrada) y relación cotidiana. Es cierto que Jesús pronunció discursos que ni los más connotados maestros de retórica de su tiempo ni los más eximios oradores lograron elaborar con tal profundidad, sabiduría, conocimiento y poder. Sin embargo, esos extraordinarios discursos de Jesús eran sólo una vía epistemológica para conocer intelectual y racionalmente al Padre. Los discursos eran un primer estadio de conocimiento. Esto lo sabía Jesús. Había otro estadio mayor y más excelente: el conocimiento relacional, personal e íntimo, pletórico de amor y de entrega. Esto también lo conocía Cristo. Por esta razón, Jesús encarnó el carácter y el ser del Padre. Tal verdad llevó a Pablo a expresar: "Él es la imagen del Dios invisible, el primogénito de toda creación" (Col 1:15). Él como Dios encarnado, Él como el Primogénito de toda creación, Él como quien encarnó el carácter sacrosanto de Dios, Él y sólo Él podía revelar al Padre en sí mismo, no sólo a través de palabras.

Jesús declara en esta oración: "He manifestado tu nombre". Puesto que "nombre" hace referencia a "persona", Jesús está afirmando que Él en sí mismo ha dado a conocer al Padre. Nótese que el *hagiógrafo* no está utilizando el verbo griego *apokalúpto* (ἀποκαλύπτω) sino que usa el verbo *faneróo* (φανερόω), que significa "hacer visible, dar a conocer y manifestar". El conocimiento de Dios hace implícita la obediencia, consecuentemente, quien conoce a Dios lo obedece y honra su Palabra. Así los discípulos al conocer a Dios guardaron su Palabra.

La intercesión de Jesús a favor de sus discípulos gira en torno a cinco tópicos fundamentales de la vida cristiana:

a) Ser y conducta
b) Protección y cuidado
c) Unidad
d) Santificación
e) Comunión con Jesús

Los cinco tópicos son muy importantes, sobre todo la unidad corporativa y orgánica del pueblo de Dios. Tal importancia se vislumbra a través del marcado énfasis que Jesús hace sobre ella. Pablo sienta cátedra sobre la unidad (Ef 4), todo el cristianismo la defiende. Por ejemplo, Ireneo le escribió a Policarpo, obispo de la Iglesia de Esmirna lo siguiente: "Cuida de que haya unidad pues no hay cosa mejor".[20]

3. Intercesión a favor de la Iglesia. Vs 20-26. La tercera sección de la oración pascual de Jesús está relacionada con la Iglesia universal del Señor Jesucristo. Este segmento está permeado por tres tópicos: ser, amor y unidad. Nótese que en este aparte de la oración, Jesús enfatiza y reitera la unidad como una vía que manifiesta la morada de Dios en medio de su pueblo y como una forma de acercar al increyente a los pies del Maestro.

La estructura de esta oración está transversada por una tendencia evaluadora. En esta joya de la espiritualidad, con frecuencia Jesús hace un balance de su ministerio. En el verso 4 examina dos áreas fundamentales de su misión mesiánica: glorificar al Padre y realizar la misión, la cual se encuentra configurada en diferentes partes del AT. Donde más escuetamente se plantea la misión del Mesías es en Is 61:1-3:

---

[20] "Carta de Ignacio a Policarpo I: 2" en MARTIN, Teodoro H. *Textos cristianos primitivos: documentos-martirios*. Sígueme, Salamanca 1991, p. 112.

El Espíritu de Jehová el Señor está sobre mí, porque me ungió Jehová; me ha enviado a predicar buenas nuevas a los abatidos, a vendar a los quebrantados de corazón, a publicar libertad a los cautivos, y a los presos apertura de la cárcel; a proclamar el año de la buena voluntad de Jehová, y el día de venganza del Dios nuestro; a consolar a todos los enlutados; a ordenar que a los afligidos de Sion se les dé gloria en lugar de ceniza, óleo de gozo en lugar de luto, manto de alegría en lugar de espíritu angustiado; y serán llamados árboles de justicia, plantío de Jehová, para gloria suya.

En una sinagoga de Nazaret, Jesús reveló el cumplimiento de ese pasaje, cuando el ayudante (*juperétes*, ὑπηρέτης) le entregó a Jesús el Rollo de Isaías. Lucas (4:16-30) narra este episodio, en el cual Jesús traza la agenda de su propio ministerio.

El contenido mesiánico de Lc 4:18, 19 es tan contundente que constituye el derrotero ministerial de Jesús. Todos los ítems que se presentan en este poema los cumplió Jesús en su ministerio: en Is 61:2 se declara que el Mesías vendrá a "proclamar el año de la buena voluntad de Jehová". Pero también e inmediatamente se dice que proclamará "el día de venganza del Dios nuestro". A partir del evento de la pasión, podemos hablar de un Cristo pre-pascual, pascual y post-pascual. Tomando en cuenta esa identificación, podríamos mirar los dos asuntos ya referidos: el Mesías pre-pascual trajo como énfasis *kerygmático* la buena voluntad de su Padre. En ese sentido no anunció el día de la venganza, ya que traía la buena noticia de la redención del ser humano.

El Mesías post-pascual, es decir, el Cristo ascendido al cielo, anuncia tanto a su Iglesia como a las naciones el juicio de Dios que vendrá sobre la tierra debido a la desobediencia y al rechazo del cual es objeto. Este anuncio se encarga de hacerlo el libro del Apocalipsis. De acuerdo con Apocalipsis, Jesús ejecuta los juicios de Dios sobre la tierra. Los cuales se presentan debido a que el hombre se alinea a las filas de las fuerzas de la oscuridad. Así que Dios toma venganza de aquellos hombres. De manera que el "día de venganza del Dios nuestro" es proclamado por el Mesías, pero desde el Apocalipsis, no desde su ministerio pre-pascual.

Jesús ha glorificado al Padre y ha realizado la obra para la cual fue comisionado. La misión ha sido cumplida. Este carácter de cumplimiento de la misión lo ratifica en el verso 6 (Juan 17).

Los versículos 7, 8, 14 y 25 muestran otra área de su evaluación: los discípulos tienen un conocimiento más apropiado de quién es Dios y quién es el Mesías. Este nivel de conocimiento fue mediatizado por la Palabra de Dios que Cristo les anunció.

El verso 12 devela otra función del Mesías: proteger a su pueblo. Jesús guardó[21] en el nombre de Dios a sus discípulos. Los guardó del mal y los guardó de la influencia del infierno. Jesús transparenta este carácter protector en Mt 23:37, donde expresa que quiso proteger Jerusalén, como una gallina cuida a sus polluelos. Esa protección que Jerusalén rechazó, Él se la prodigó a sus discípulos.

Los versículos 18 y 22 reiteran la importancia de la misión y de la gloria de Dios. Los discípulos fueron comisionados para continuar con la misión evangelizadora del mundo, para lo cual les transfiere la gloria de Dios.

---

[21] El verbo *teréo* (τηρέω) utilizado por Juan tiene los siguientes significados: guardar, observar, obedecer, prestar atención, cuidar, guardar en custodia, reservar, mantener, guardar firme.

EXPLORACIÓN DEL CAMPO SEMÁNTICO NEOTESTAMENTARIO

El NT es rico en vocablos que identifican tanto la acción de orar como la oración misma. El vocabulario tan amplio referido a la oración muestra la importancia que esa realidad tiene en las Sagradas Escrituras. Aproximémonos al campo semántico:

ORACIÓN (*PROSÉUJOMAI*)

Proséujomai (προσεύχομαι) significa orar, rogar, suplicar, pedir, adorar; *proskynéo* (προσκυνέω), saludar prosternándose, adorar arrodillándose, rogar, conjurar arrodillándose, arrodillarse, hacer reverencia, caer a los pies de otro; *proseujé* (προσευχή), plegaria, oración y lugar de oración.

Proséujomai es el verbo más utilizado en el NT para referirse a la oración. Aparece con la siguiente frecuencia: 16 veces en Mateo, 11 veces en Marcos, 19 veces en Lucas, Juan no lo utiliza, 16 veces en Hechos, una vez en Romanos, 8 veces en 1 Corintios, no aparece en 2 Corintios, una vez en Efesios, una vez en Filipenses, tres veces en Colosenses, dos veces en 1 Tesalonicenses, dos veces en 2 Tesalonicenses, una vez en 1 Timoteo, en 2 Timoteo no aparece, una vez en Hebreos, cinco veces en Santiago y una vez en Judas.

El sustantivo *proseujé* aparece de la siguiente manera: tres veces en Mateo, dos veces en Marcos, tres veces en Lucas, nueve veces en Hechos, tres veces en Romanos, una vez en 1 Corintios, dos veces en Efesios, una vez en Filipenses, dos veces en Colosenses, una vez en 1 Tesalonicenses, dos veces en 1 Timoteo, dos veces en Filemón, una vez en Santiago, dos veces en 1 Pedro y tres veces en Apocalipsis.

Podemos afirmar inequívocamente que *proséujomai* y *proseujé* aluden al acto genérico de orar. Se refieren a orar y a la oración en términos generales. Tanto del verbo como del sustantivo se desprenden los actos particulares de orar y de oración. Ejemplo: orar es: dar acción de gracias *(eujaritía)*, pedir *(aitéo)*, buscar *(dzeteo)*, llamar *(kroúo)*, pedir de rodillas *(gonupetéo)*, suplicar *(déomai, eújomai)*, rogar y preguntar *(erotáo)*, interceder *(entínjano)*. Estas formas particulares de orar y de oración son englobadas por el verbo *proséujomai* y por el sustantivo *proseujé*. Más adelante veremos uno a uno estos vocablos.

El verbo *proséujomai* muchas veces va seguido del verbo *proskynéo*, el cual aparece 60 veces en el NT y se traduce "adorar".

Proséujomai y *proskynéo* expresan la idea de humillación y de adoración a Dios. El orante acude en oración a Dios reconociendo la grandeza divina y la pequeñez humana, por lo cual, el piadoso frente a la Majestad Divina lo único que tiene que hacer es prosternarse delante de Dios, exaltar su nombre y rendirle adoración. Se ora entonces, no desde la fortaleza humana, sino desde la debilidad y desde la dependencia. Ésta es la connotación que tienen estos vocablos.

Proséujomai y *proseujé* aluden al acto de orar. Podemos afirmar que se refieren al acto genérico de orar. Permítanme ilustrarlo de la siguiente manera: *proséujomai* es el acto de orar y *proseujé* es la oración en sí. Tanto el acto de orar como la oración misma (humillación, ruego y súplica) se clasifican de la siguiente manera:

Acción de gracias, *eujaristía.*[1] El verbo que da existencia a este sustantivo es *eujaristéo* (εὐχαριστέω), "agradecer, dar gracias, estar agradecido". Este verbo aparece 39 veces en el NT. El sustantivo *eujaristía* aparece 15 veces en el NT, así:

- Hch 24:3: "Oh excelentísimo Félix, lo recibimos en todo tiempo y en todo lugar con toda gratitud".

- 1 Cor 14:16: "Porque si bendices sólo con el espíritu, el que ocupa lugar de simple oyente, ¿cómo dirá el Amén a tu acción de gracias? Pues no sabe lo que has dicho".

---

[1] *Eujaristía*, εὐχαριστία, acción de gracias, gratitud, agradecimiento.

- 2 Cor 4:15: "Porque todas estas cosas padecemos por amor a vosotros, para que abundando la gracia por medio de muchos, la acción de gracias sobreabunde para gloria de Dios".

- Ef 5:4: "Ni palabras deshonestas, ni necedades, ni truhanerías, que no convienen, sino antes bien acciones de gracias".

- Fil 4:6: "Por nada estéis afanosos, sino sean conocidas vuestras peticiones (αἰτήματα) delante de Dios en toda oración (προσευχῇ) y ruego (δεήσις), con acción de gracias (εὐχαριστία)".

- Col 2:7: "Arraigados y sobreedificados en él, y confirmados en la fe, así como habéis sido enseñados, abundando en acciones de gracias".

- Col 4:2: "Perseverad en la oración (προσευχῇ), velando en ella con acción de gracia (εὐχαριστία)".

- 1 Tim 2:1: "Exhorto ante todo, a que se hagan rogativas (δεήσις), oraciones (προσευχὰς), peticiones (ἐντεύξεις) y acciones de gracias (εὐχαριστίας), por todos los hombres".

- Apoc 4:9: "Y siempre que aquellos seres vivientes dan gloria (δόξα) y honra (τιμή) y acción de gracias (εὐχαριστία) al que está sentado en el trono, al que vive por los siglos de los siglos".

- Apoc 7:12: "Diciendo: Amén. La bendición (ἡ εὐλογία) y la gloria (ἡ δόξα) y la sabiduría (ἡ σοφία) y la acción de gracias (ἡ εὐχαριστία) y la honra (ἡ τιμή) y el poder (ἡ δύναμις) y la fortaleza (ἡ ἰσχὺς), sean a nuestro Dios por los siglos de los siglos. Amén".

Tanto del verbo como del sustantivo se desprende el adjetivo εὐχάριστος, que significa: agradecido, gracioso, agradable; aparece una sola vez en el NT: Col 3:15: "Sed agradecidos".

Petición, *aiteo, aitema, aitesis, aitía* (αἰτέω, αἴτημα, αἴτησις, αἰτία). Este grupo de palabras tenía un uso eminentemente secular en el griego corriente. Se utilizaba para inquirir sobre las explicaciones de un determinado acontecimiento o fenómeno. Los filósofos griegos inquirieron sobre el *arjé* (el principio) del cosmos y al emprender la búsqueda y al formular la pregunta orientadora de la indagación, encontraron que el elemento primigenio del universo para uno era el aire, para otro el agua, hubo quien pensó en el *to ápeiron*, el fuego fue una sugerencia propuesta por uno de los indagadores, otro sugirió la tierra, etc.

Cuando un hecho se producía, se buscaba el principio generador del mismo. A cada hecho, a cada suceso, a cada elemento había que encontrarle la razón de ser. Este grupo de palabras identificaba esa búsqueda. La razón primordial obedece a que estas palabras implicaban la pregunta problematizadora de una investigación, es decir, conducían al planteamiento de un problema que generaría una indagación conducente a un tipo de saber. Así, entonces, el grupo de palabras comportaba la génesis de un tipo de *episteme* en el griego secular.

El sustantivo *aitía* (αἰτία) en el griego secular tenía los siguientes significados: razón, causa, acusación, cargo, delito, relación, caso, motivo, fundamento. Generalmente cuando se acudía a él se hacía para determinar la causalidad de un determinado fenómeno o acontecimiento. En efecto, se utilizaba para inquirir sobre la causa de algo o para solicitar explicaciones. Acerca de este vocablo, Adolphe Gesche afirma lo siguiente: "La palabra griega *aitía* (y *aitiaomai*) es extraordinaria en su polisemia. Ciertamente en su sentido primero significa causa, razón (determinar la causa, dar razón) —e incluso: acusación (acusar)— y en ciertos casos puede significar la reputación (la *aitía*) de alguien".[2] En el ámbito bíblico, este campo semántico es muy importante, ya que se refiere al área de la relación interpersonal, donde se origina un conocimiento adecuado entre las partes que entran en relación. Ese conocimiento es tan transformador y dinámico, que las partes comprometidas se pueden requerir una a la otra, se pueden exigir recíprocamente y se pueden solicitar favores (αἰτέω); ambas partes pueden elevar súplicas o hacer demandas (αἴτημα-αἴτησις); pueden buscar las causas o el origen de algo (αἴτιος), se pueden acusar recíprocamente (αἰτίωμα); se pueden inculpar o exponer razones (αἴτιον); o pueden cometer delitos unos contra otros (αἰτία). Estos vocablos denotan la súplica, petición o

---

[2] GESCHE, Adolphe. *Dios para pensar II: Dios-el cosmos*. Trad. María Aguirre. Sígueme, Ṣalamanca 1997, p. 190.

ruego que un necesitado hace a una persona que, según él, está en condiciones de socorrerlo. El significado básico del verbo *aiteo* es "querer algo o demandar algo", así que significa "buscar, demandar, pedir".[3] Del verbo se desprenden los vocablos que ya hemos indicado. En el caso de la oración, el creyente, necesitado del favor divino, clama por su ayuda, con lo cual está manifestando que Dios es autosuficiente y es su voluntad venir en ayuda del orante.

La importancia del verbo (*aitéo*, αἰτέω) se puede apreciar por la recurrencia con que aparece en el NT. Lo encontramos 70 veces. El mayor uso del término se halla en los evangelios. Quien más utiliza este vocablo es Jesucristo, para enseñar a sus discípulos que a Dios, como buen Padre, hay que pedirle. Textos como Mt 7:7-10 ("Pedid, y se os dará; buscad, y hallaréis; llamad, y se os abrirá. Porque todo aquel que pide, recibe; y el que busca, halla; y al que llama, se le abrirá. ¿Qué hombre hay de vosotros, que si su hijo le pide pan, le dará una piedra? ¿O si le pide un pescado, le dará una serpiente? Pues si vosotros, siendo malos, sabéis dar buenas dádivas a vuestros hijos, ¿cuánto más vuestro Padre que está en los cielos dará buenas cosas a los que le pidan?"); Mr 11:24; Jn 14:13, 14; 15:7, 16; 16:23, 24, 26 ilustran la disposición que Dios tiene para escuchar nuestras peticiones.

La actitud paternal de Dios Padre brinda confianza a sus hijos para que nos acerquemos confiadamente al Trono de la Gracia para elevarle nuestras peticiones, con la certeza de que no sólo nos escuchará sino que responderá a nuestras peticiones:

> ¿No crees que yo soy en el Padre, y el Padre en mí? Las palabras que yo os hablo, no las hablo por mi propia cuenta, sino que el Padre que mora en mí, Él hace las obra. Creedme que yo soy en el Padre, y el Padre en mí; de otra manera, creedme por las mismas obras. De cierto, de cierto os digo: el que en mí cree, las obras que yo hago, él las hará también; y aun mayores hará, porque yo voy al Padre. Y todo lo que pidiereis al Padre en mi nombre, lo haré, para que el Padre sea glorificado en el Hijo. Si algo pidiereis en mi nombre, yo lo haré (Jn 14: 10-14).

---

[3] SCHÖNWEISS, H. Prayer. En BROWN, Colin. *New International Dictionary of New Testament Theology.* Vol. 2. Paternoster, Carlisle, Cumbria, U. K. 1986, p. 855.

El grupo de vocablos visto en este ítem sirve de trasfondo para la oración petitoria a Dios.

Orar de rodillas, *gonypetéo*, γονυπετέω, "caer de rodillas, arrodillarse". El verbo *gonypetéo* aparece sólo en Mateo 17:14; 27:29: "Y pusieron sobre su cabeza una corona tejida de espinas, y una caña en su mano derecha; e hincando la rodilla delante de Él, le escarnecían, diciendo: ¡Salve, Rey de los judíos!" y en Marcos 1:40; 10:17. Este verbo y el sustantivo *góny* (γόνυ), "rodilla", aluden a la oración-adoración. De las doce veces que *góny* aparece en el NT, once veces (Mr 15:19; Lc 5:8; 22:41; Hch 7:60; 9:40; 20:36; 21:5; Ro 11:4; 14:11; Ef 3:14 y Fil 2:10) alude a orar de rodillas, y una vez (Heb 12:12) se refiere a parálisis de toda acción. Se refiere a la oración en la cual hay prosternación delante de Dios Padre.

"Pedir", *deomai*, δέομαι, "pedir, suplicar, orar". Este verbo tiene dos campos semánticos diferentes:

a) atar, sujetar, encarcelar, amarrar, encadenar, sujetar en sí o para sí; obligar, impedir, apartar.

b) tener falta, estar necesitado, carecer, faltar; necesitar, requerir, desear, pretender, rogar, pedir, suplicar.

En el NT, donde aparece 22 veces, se le traduce de la siguiente manera: rogar, orar y pedir. Este verbo identifica la oración del suplicante pidiendo un favor divino. El suplicante es un ser necesitado de Dios, a quien acude buscando su ayuda y asistencia. En la angustia, en la desesperación y necesidad, el orante encuentra en Dios su refugio y broquel.

"Súplica", *eujomai*, εὔχομαι, "orar, desear, ansiar, suplicar"; *eujé* (εὐχή), "voto, juramento, súplica, ruego, invocación, oración, promesa, deseo, imprecación, maldición". *Eujé* aparece sólo tres veces en el NT, así: Hch 18:18; 21:23; Stg 5:15. Su uso en el NT está relacionado solamente con el voto[4] religioso y con la oración de fe.

---

[4] Un voto es entendido como: a) una promesa de carácter religioso que envuelve un sacrificio, b) ruego con que se pide a Dios un favor, c) ofrenda dedicada a Dios por un beneficio recibido.

Eujomai aparece siete veces en el NT: Hch 26:29; 27:29; Ro 9:3; 2 Cor 13:7, 9; Stg 5:16, y 3 Jn 2. Los significados adjudicados en el NT (Reina Valera 1960) son: querer, ansiar, desear y orar. Este verbo expresa los más profundos anhelos del orante piadoso.

"Rogar", *erotáo*, ἐρωτάω, "preguntar, interrogar, pedir, suplicar, rogar, solicitar, instar"; *eperotáo*, ἐπερωτάω, "preguntar, pedir". *Erotáo* aparece 65 veces en el NT, de las cuales aparece 50 veces en los evangelios. En el NT tiene tres significados: rogar, preguntar y pedir (1 Jn 5:16). *Eperotáo* se encuentra 60 veces en el NT, de las cuales se encuentra 55 veces en los evangelios.

La connotación de este campo semántico es la súplica que alguien hace a otro que está en posición de socorrer, también se refiere a las preguntas que se hacen para obtener respuestas de alguien. En este contexto, Jesús exclama: "Yo rogaré al Padre y os dará otro Consolador" (Jn 14:16); "Yo rogaré al Padre por vosotros" (Jn 16:26), "Yo ruego por ellos, no ruego por el mundo" (Jn 17:9), "No ruego que los quites del mundo…" (Jn 17:15), "No ruego solamente por éstos" (Jn 17:20). Jesús se dirige al Padre en ruego y súplica como alguien que necesita la ayuda y comunión de Dios.

"Llamar", *krouo*, κρούω, "golpear, pegar, chocar, echarse sobre, acometer con cólera, aplaudir, hacer retroceder un navío, llamar, tocar (la puerta)". En Mt 7:7, 8 el verbo *aitéo* (pedir) se conecta con el verbo *dídomi* (δίδωμι, dar), el verbo *kroúo* se conecta con el verbo *anoigo* (ἀνοίγω, abrir). El verbo *dzeteo* (ζητέω, buscar), se conecta con el verbo *jeurisko* (εὑρίσκω, hallar); los segundos son efectos de los primeros. Con estas tres metáforas Jesús quiere ilustrar lo que pasa cuando el cristiano ora: pide, Dios le da; llama, Dios le abre; busca y encuentra lo que anhela. Es decir, la oración del cristiano es respondida por Dios, quien muy diligente y eficientemente escucha y responde a sus hijos, cuando sus oraciones se hacen dentro de su voluntad.

El diagrama de la página siguiente ilustra la relación que existe entre los diferentes actos de oración. El verbo del centro *(proséujomai)* constituye el acto genérico de orar, del cual se desprenden los diferentes tipos de oración. En efecto de *proséujomai* se desprenden los siguientes verbos: *eujaristéo*, *aitéo*, *gonypetéo*, *déomai*, *eújomai*, *erotáo*, *kroúo*.

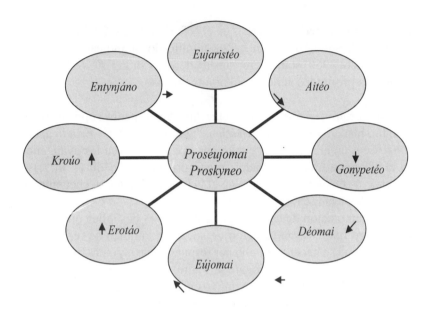

ORACIÓN DE INTERCESIÓN

Hay dos verbos en el griego del Nuevo Testamento alusivos al acto de interceder. Ellos son:

ENTYNJANO, ἐντυγχάνω.[5] Este verbo aparece cinco veces en el NT, así:

Hch 25:24: "Entonces Festo dijo: 'Rey Agripa, y todos los varones que estáis aquí juntos con nosotros, aquí tenéis a este hombre, respecto del cual toda la multitud de los judíos me ha demandado en Jerusalén y aquí, dando voces que no debe vivir más'". En este versículo el verbo *entynjáno*[6] es traducido por la RV60 como "me ha demandado". En este pasaje el verbo está referido a una petición de tipo político. De acuerdo con Festo, los judíos le hicieron una fuerte presión para que Pablo muriera.

---

[5] Este vocablo significa: rogar, interceder, recurrir a, apelar, encontrar, hallar en su camino, entrevistarse, pedir a, dirigirse a.

[6] Este verbo se encuentra en aoristo indicativo activo (*enétyjon*, ἐνέτυχόν).

Según Ro 8:27 y 34 tanto el Espíritu Santo como Cristo interceden a favor de los santos, convirtiéndose así en el paradigma de intercesión. El autor de la Epístola a los Hebreos ve la intercesión a favor de los santos como una de las funciones sacerdotales de Jesucristo (Heb 7:25). Ro 11:2, 3, el verbo *entynjáno* (en su forma *entunjánei*, ἐντυγχάνει) presenta la idea de elevar una queja o una denuncia en contra de alguien (esto se desprende de la construcción ὡς ἐντυγχάνει τῷ θεῷ κατὰ τοῦ Ἰσραήλ): "No ha desechado Dios a su pueblo, al cual desde antes conoció. ¿O no sabéis qué dice de Elías la Escritura, cómo invoca a Dios contra Israel, diciendo: Señor, a tus profetas han dado muerte, y tus altares han derribado; y sólo yo he quedado, y procuran matarme?". *Entynjáno* es traducido por la RV60 como "invoca".

HUPERENTYNJANO, ὑπερεντυγχάνω.[7] Este verbo *(hápax[8] legómena)* aparece una sola vez en el NT: Ro 8:26: "Y de igual manera el Espíritu nos ayuda en nuestra debilidad; pues qué hemos de pedir como conviene, no lo sabemos, pero el Espíritu mismo intercede por nosotros con gemidos indecibles".

De acuerdo con el Apóstol Pablo, Dios se constituye en el intercesor por excelencia, toda vez que Él mismo, a través de su Amado Hijo y de su Santo Espíritu, intercede ante Él mismo a favor de los herederos de la Gracia. Dado el carácter intercesor de Dios, Él nos ordena a interceder ante Él por los hombres, especialmente por los santos.

La intercesión tiene un lugar honroso en las Sagradas Escrituras, toda vez que es la voluntad de Dios que sus siervos intercedan por los hombres ante Él. Consecuentemente, cada ser humano debería tener a alguien que interceda por él ante el Trono de Gracia. La oración mediadora se justifica a sí misma dado que el hombre es un ser débil y, por tanto, necesitado del favor, perdón, misericordia, gracia y amor de Dios. Por otro lado, se hace necesaria debido a que el Reino de las Tinieblas se cierne sobre el hombre, el cual se encuentra indefenso frente a los fieros y despiadados embates de las Fuerzas del Averno, por lo cual sólo la ayuda de Dios lo puede librar de tal fiereza. Esto se puede

---

[7] Interceder.

[8] Gr. *Hápax*, ἅπαξ y significa: una vez, una sola vez, de una vez para siempre. *Hápax legómena* se refiere a un vocablo que aparece una sola vez en un documento.

ilustrar con la siguiente cita: "Dijo también el Señor: Simón, Simón, he aquí Satanás os ha pedido para zarandearos como a trigo; pero yo he rogado por ti, que tu fe no falte; y tú, una vez vuelto, confirma a tus hermanos" (Lc 22:31, 32). Jesús intercedió para que la fe de sus discípulos no flaqueara en esos momentos de dura prueba.

Un buen intercesor puede ayudar a inclinar el favor de Dios en beneficio de un individuo o de una comunidad. Este asunto lo veremos más adelante. Por el momento, procedamos a comprender conceptualmente la intercesión.

Básicamente, interceder es "pedir algo a favor de otra persona". La *Enciclopedia Práctica Planeta* define interceder como "intervenir a favor de alguien". Entre tanto la *Enciclopedia Universal Círculo* define interceder así: "Hablar a favor de otro para conseguirle un bien o librarlo de un mal".

El *Diccionario Bíblico Ilustrado Reymo* ofrece la siguiente semblanza de la intercesión:

> Acción y efecto de interceder o mediar a favor de alguien con el fin de conseguirle un bien o librarlo de un mal. En las Sagradas Escrituras, el acto de intercesión es el de orar a Dios por otra persona. Todos los creyentes en Dios deben interceder por los demás: por los propios creyentes, por los débiles, por los enfermos o los oprimidos. Como ejemplo, Jesucristo resucitado es el mediador entre Dios y los hombres, e intercede por los débiles y por los ignorantes (Lucas 22:3, 23:34). También el Espíritu Santo actúa como intercesor: "Viene a socorrer en nuestra debilidad, porque no sabemos qué pedir ni cómo pedir en nuestras oraciones. Pero el propio Espíritu ruega por nosotros, con gemidos y súplicas que no se pueden expresar" (Romanos 8:26).[9]

De las anteriores definiciones se colige que la oración de intercesión es un clamor que hacemos ante Dios a favor de otros que necesitan de nuestras oraciones y del auxilio divino. Dios espera que su pueblo interceda a favor de otros y parece que se disgustara cuando no lo hacemos. Esto se desprende del siguiente pasaje que a continuación examinaremos brevemente: Ez 22:1-31. Leamos a partir del versículo 23:

---

[9] *Diccionario Bíblico Ilustrado Reymo*. Tomo 2, letras E-L. Diorki, México 2005, p. 358.

Vino a mí palabra de Jehová, diciendo: "Hijo de hombre, di a ella: Tú no eres tierra limpia, ni rociada con lluvia en el día del furor. Hay conjuración de sus profetas en medio de ella, como león rugiente que arrebata presa; devoraron almas, tomaron haciendas y honra, multiplicaron sus viudas en medio de ella. Sus sacerdotes violaron mi ley, y contaminaron mis santuarios; entre lo santo y lo profano no hicieron diferencia, ni distinguieron entre inmundo y limpio; y de mis días de reposo apartaron sus ojos, y yo he sido profanado en medio de ellos. Sus príncipes en medio de ella son como lobos que arrebatan presa, derramando sangre, para destruir las almas, para obtener ganancias injustas. Y sus profetas recubrían con lodo suelto, profetizándoles vanidad y adivinándoles mentira, diciendo: Así ha dicho Jehová el Señor; y Jehová no había hablado. El pueblo de la tierra usaba de opresión y cometía robo, al afligido y menesteroso hacía violencia, y al extranjero oprimía sin derecho. Y busqué entre ellos hombre que hiciese vallado y que se pusiese en la brecha delante de mí, a favor de la tierra, para que yo no la destruyese; y no lo hallé. Por tanto, derramé sobre ellos mi ira; con el ardor de mi ira los consumí; hice volver el camino de ellos sobre su propia cabeza, dice Jehová el Señor".

La Biblia, a lo largo y ancho de sus páginas enseña que el pecado constituye tanto una ofensa como una ruptura radical con Dios. Así las cosas, sólo hay dos posibles caminos frente al pecado: o el perdón, precedido por un genuino y sincero arrepentimiento, o el castigo. Cuando el hombre se vuelve contumaz, muchas veces la única salida a los pecados consuetudinarios es el castigo, para desde esa situación de sufrimiento, lograr el arrepentimiento y con él, el perdón. Esto fue lo que le sucedió al pueblo de Judá. Dos siglos atrás, el Reino del Norte había desaparecido como tal, a causa de sus múltiples pecados, y ahora el Reino del Sur estaba a merced del Imperio neobabilonio, debido a sus transgresiones. Dios había enviado profetas para persuadir a su pueblo de que abandonara el pecado, pero no obedeció, por tanto, el castigo era la única salida posible.

El capítulo 22 de Ezequiel constituye una especie de inventario de los pecados que Judá había cometido, y parecía que no tenía intención de arrepentirse de ellos. He aquí parte de la lista que presenta Ezequiel:

el pueblo había cometido asesinatos, idolatría, violación de la Torah, desprecio por los desvalidos, profanación de lo sagrado y de la santidad del sexo (hubo fornicación, adulterio, incesto, etc.); perversión y profanación de los sacerdotes, indignidad de los príncipes, corrupción de los profetas, muchos de los cuales llegaron a ser profetas falsos, depredación social, opresión, robo, violencia, etc.

La santidad de Dios había sido seria y profundamente ofendida por las maldades descritas por Ezequiel. Ahora bien, la gran ofensa demandaba satisfacción por parte del pueblo, para lo cual sólo existían dos posibles caminos: o el arrepentimiento del pueblo y la consecuente petición de perdón, o el castigo procedente de Yahweh. Dada la ausencia de sinceridad espiritual y de arrepentimiento, por parte de Judá, a Yahweh no le quedaba otra salida sino castigar severamente al pueblo, conforme a sus múltiples y variadas transgresiones. Sin embargo, Yahweh quería ofrecer otra oportunidad al pueblo, la cual se ve reflejada en el verso 30.

El reclamo de Dios por la ausencia de intercesores obedece a su gran amor por el hombre, y a que Él no quiere la muerte del impío (Ez 18:23; 33:11).

Según el verso 30 Yahweh anhela que su pueblo se dedique a interceder delante de Él a favor de los hombres: "Y busqué entre ellos hombre que hiciese vallado y que se pusiese en la brecha delante de mí, a favor de la tierra, para que yo no la destruyese; y no lo hallé". El carácter de la intercesión se ve reflejado en las metáforas que aparecen en el texto: "Y busqué entre ellos hombre que hiciese vallado, y que se pusiese en la brecha delante de mí, a favor de la tierra". Examinemos estas sentencias:

Ezequiel afirma que Yahweh buscaba quien reparase la cerca (*goder-gâder*, גָּדֵר-גָּדֵר). La figura del intercesor se plantea a través de la metáfora del albañil o reparador de portillo (*goder*, גָּדֵר, "albañil"). Parte de la tarea del albañil es reparar las cercas, los muros, las paredes, los portillos. El intercesor, como el albañil, se para delante de Dios para interceder por la reparación del mal causado o para clamar el perdón y favor de Dios para el infractor.

Ezequiel utiliza otra metáfora para aludir al intercesor: la figura de la guerra (Ez 13:5; Am 4:3): aquel que cava una brecha para la defensa del pueblo o aquel que repara un portillo caído para fortalecer la defensa de la ciudad. Un portillo puede aludir a: a) una abertura que hay en un muro, b) una puerta pequeña que se hace en un portón, c) punto por donde una cosa puede ser vulnerable y d) camino angosto entre montañas. El ejército enemigo podría utilizar los portillos deteriorados o los caminos angostos desprotegidos para vulnerar la seguridad de la población. Por tanto, era imprescindible fortalecer muy bien tales sitios. El vocablo hebreo *pérez* (פֶּרֶץ) traducido como "brecha" tiene los siguientes significados en el AT: a) separación (Jc 21:15); b) quebrantar (2 Sam 5:20; 1 Cron 13:11; Job 16:14); c) portillo (1 Re 11:27; Neh 6:1; Job 30:14; Is 58:12); d) destrucción (Sal 106:23); e) salida (Sal 144:14); f) grieta (Is 30:13) y g) brecha (Ez 13:5; Am 4:3).

La anterior semblanza del término tiene un carácter analógico frente al intercesor: éste es, justamente, uno que contribuye a reparar las defensas vulnerables de aquel por quien intercede. El intercesor se ubica entre el ofensor y la ira de Dios, para clamar misericordia y perdón a favor del hombre que ha caído en desgracia frente a Dios. Este carácter del intercesor lo encontramos en los siguientes modelos:

a) Abraham intercede por Sodoma y Gomorra: Gen 18:16-33.
b) Moisés intercede por el pueblo hebreo: Nm 14:1-19.
c) Pablo intercede por los santos: Ef 1:15-23.

El impacto de los intercesores es tan fuerte que el mismo Dios le dijo a Jeremías: "Si Moisés y Samuel se pusieran delante de mí, no estaría mi voluntad con este pueblo; échalos de mi presencia, y salgan" (Jer 15:1).

ORACIONES SOLIDARIAS

Hay otro tipo de plegarias en las Sagradas Escrituras que bien podrían ser reputadas como "oraciones solidarias", debido a que el orante se identifica o con un individuo/comunidad o con una situación sin que él haya participado en la comisión del hecho, tal como lo registran los ejemplos siguientes:

ORACIÓN DE DANIEL. Dan 9:1-19.

Esta oración se realizó el año primero del rey Darío, el Medo, hijo de Asuero, lo cual ocurrió en el año 69 de la deportación de Judá a Babilonia. Daniel estaba estudiando atentamente[1] el libro de Jeremías cuando descubrió que los años del cautiverio serían 70 (Jer 25:12; y 29:10). Una vez hecho este descubrimiento, acudió a la presencia del Señor en oración (*tefillah*, תְּפִלָּה), en ruego (*thahanunim*, תַּחֲנוּנִים), en ayuno (*dsum*, צוֹם), en cilicio (*saq*, שַׂק) y en ceniza (*efer*, אֵפֶר) (Dan 9:3). Las cuatro palabras en paralelismo indican quebrantamiento total y humillación absoluta delante de Dios. Ésa fue una búsqueda de la presencia de Dios en una actitud de profundo quebrantamiento, dolor y entrega. Keil[2] interpreta esta oración como una *oración penitencial*, por lo que el profeta reconoce la justicia del castigo que Dios infligió a Israel por causa de sus innumerables pecados, y a la vez, ruega la misericordia de Dios. Además, ora por la restauración de su amada nación y por el santuario.[3]

---

[1] El verbo está en Qal perfecto *binothi*, בִּינֹתִי, el cual a su vez viene del verbo *bin*, בִּין que significa: distinguir, notar, percibir, entender, comprender.

[2] KEIL, C. F. y DELITZSCH, F. *Commentary on the Old Testament in Ten Volumes.* Vol. IX. Grand Rapids, William B. Eerdmans, Michigan 1980, p. 320.

[3] *Ibíd.*, p. 325.

Daniel inicia su oración con una confesión[4]: por un lado alabó a Dios al reconocer su grandeza y misericordia. Este reconocimiento constituye un acto de alabanza y de adoración a Dios: "Ahora, Señor, Dios grande, digno de ser temido, que guardas el pacto y la misericordia con los que te aman y guardan tus mandamientos" (Dan 9:4; cf. 9:7).

La segunda confesión que hace Daniel está relacionada con los pecados que el pueblo había cometido: "Hemos pecado, hemos cometido iniquidad, hemos hecho impíamente, y hemos sido rebeldes, y nos hemos apartado de tus mandamientos y de tus ordenanzas. No hemos obedecido a tus siervos los profetas, que en tu nombre hablaron a nuestros reyes, a nuestros príncipes, a nuestros padres y a todo el pueblo de la tierra" (Dan 9:5, 6). Esta confesión presenta detalles que debemos considerar. Por un lado, Daniel asume el pecado de su pueblo y de la generación anterior a la de él como su propio pecado y los confiesa como si él también hubiese participado de ellos. Ésta es una oración solidaria, la cual refleja el concepto de la "personalidad corporativa". Daniel enumera los tipos de pecados que cometió el pueblo. El profeta muestra dos formas de pecados del pueblo: pecados por comisión/acción y pecado por omisión. Los pecados por comisión son:

- Extravío. El vocablo *jata'* (חטא) indica el extravío, el alejamiento del hombre, es el yerro por causa de estar alejados de Dios. El pueblo al abandonar la Torah, al alejarse de Yahweh, cometió todo tipo de pecados. Este acto de abandono, de alejamiento y de yerro se denomina *jata'*.

- Perversión. El vocablo utilizado por el Texto Masorético es *'avah* (עוה) cuyos significados son: inclinarse, encorvarse, trastornarse, pervertirse, extraviarse, torcer, pecar, obrar mal. Este pecado es una consecuencia lógica del pecado anterior. Cuando el hombre se aleja de Dios, se extravía, tuerce la verdad, tuerce su camino y se pervierte. El pueblo hebreo se pervirtió a causa de su alejamiento de Dios y del abandono de la Torah. Isaías, Oseas, Amós, Miqueas, Jeremías,

---

[4] El verbo hebreo *yadah* (ידה) tiene los siguientes significados: reconocer, agradecer, confesar, alabar y loar. Daniel hizo una doble confesión a Dios.

entre otros profetas, exhortaron al pueblo para que abandonara las injusticias que cometió, para que abandonara la idolatría, para que se apartara de la religiosidad enmascaradora, para que dejara de explotar a los pobres; pero el pueblo no los escuchó.

- Impiedad. Impiedad es carencia de virtud, falta de piedad, ausencia de misericordia y de conmiseración; es el irrespeto que se manifiesta a las cosas sagradas y al mismo Dios, es la falta de reverencia delante de Dios. El vocablo hebreo *rasha'* (רָשָׁע) significa "impiedad, injusticia, maldad, culpabilidad". El impío está en una posición muy delicada y peligrosa delante de Dios. Isaías pronuncia un amenazante "ay" contra el impío (Is 3:11), quien será severamente castigado por su pecado (Is 11:4; 13:11; 14:5; Jer 23:19; 25:31; 30:23). El impío no tendrá paz (Is 48:22; 57:20, 21). Así pues, los profetas pre-exílicos condenaron la impiedad de Israel y le hicieron ver las consecuencias que tendría tal estado y condición espiritual.

- Rebelión. El vocablo hebreo *marad* (מָרַד) significa "rebelión" y "apostasía". El pueblo hebreo cometió tanto rebelión como apostasía. "Rebelión" viene del vocablo latino *bellum* que significa "guerra". Así, desde el punto de vista semántico, rebelión significaría "declararle la guerra a". La rebelión contra Dios consiste en estar en permanente estado de rebeldía y de oposición a Dios. Es estar en permanente guerra contra Dios. Daniel confiesa a Dios la rebelión de su pueblo.

- Finalmente, el pueblo se apartó[5] de los mandamientos de Dios[6] y abandonó el derecho[7] para vivir anómicamente.

Luego Daniel procede a señalar el pecado por omisión que cometió el pueblo del pacto: no obedeció la voz de los profetas. Dios habló a

---

[5] El verbo hebreo *sur*, סור, significa: retirarse, apartarse, ceder, abandonar, degenerar.

[6] El sustantivo hebreo *mitsevah*, מִצְוָה, significa: mandato, orden, disposición.

[7] El vocablo hebreo *mishpat*, מִשְׁפָּט, juicio, sentencia, decisión, justicia, derecho, ley, costumbre, tribunal.

través de los profetas para corregir y enderezar al pueblo, sin embargo, éste no prestó atención al clamor de los siervos de Dios.

Daniel ubica diferentes niveles de responsabilidades por los pecados del pueblo. Son responsables los reyes, los príncipes, los padres (ancianos, sacerdotes y ancestros) y el pueblo en general. Cada uno de ellos tiene un nivel de responsabilidad, por ello, cada uno de ellos debe sufrir su cuota de castigo (9:8), y así lo reconoce Daniel.

En su humillación, Daniel reconoce que el cautiverio es el resultado de la desobediencia a la Palabra de Yahweh (9:9-13). El pueblo pecó, hay que reconocerlo, hay que arrepentirse, hay que confesar el pecado y hay que clamar por el perdón y la restauración (9:15-19). El justo clama por el perdón divino a favor del pueblo que ha pecado y se ha apartado de Yahweh.

La oración de este sabio-profeta es un buen modelo de oraciones solidarias y de intercesión, ya que el orante asume la situación del otro, de su familia, de su comunidad y de su nación como su propia situación, como su propio caso, y con esta concepción se presenta a Dios. Ésa es una identificación empática, filantrópica y amorosa.

AYUNOS VICARIOS: PERCEPCIÓN DEL AYUNO VETEROTESTAMENTARIO

Uno de los peligros que corre la Iglesia está referido a convertir en común lo sagrado, debido al uso continuo que hace de él. Con mucha frecuencia vemos cristianos que han perdido su primer amor y no saben cómo recuperarlo. En este orden de ideas es muy usual constatar la aridez y sequedad espiritual de ministros. Justamente, esa sequedad se debe, en parte, al uso cotidiano que hacemos de lo sagrado. Cuando nos acostumbramos a usar recurrentemente lo sagrado, éste se nos vuelve común y muchas veces insípido. Lo que estoy afirmando parece terrible, pero es una verdad que tenemos frente a nosotros y estamos expuestos a ella.

El anterior aserto se aplica al ayuno. Al explorar este tema en los materiales bíblicos, vemos su importancia y el profundo impacto que causó en el yavismo y en la Iglesia Primitiva. En la comunidad yavista el ayuno no era tan frecuente como lo podríamos imaginar. Sólo se hacía en fechas conmemorativas y en circunstancias muy apremiantes. De acuerdo con la legislación mosaica, el ayuno formaba parte indisoluble de las actividades litúrgicas del *Yom Kippur*, es decir, el Día de Expiación (Lev 16:29-34, cf. 23:27-32). No podemos ni afirmar ni negar que la Iglesia Primitiva ayunara con la regularidad con que las iglesias evangélicas lo hacen hoy día. No obstante, el ayuno es uno de los ejercicios espirituales más poderosos que encontramos en toda la Biblia.

Al recurrir al ayuno, como una disciplina espiritual, debemos hacerlo con una comprensión clara tocante a qué es y para qué lo practicamos. Nunca el ayuno debe programarse para "obligar" a Dios a obrar a favor de nuestras peticiones. En esta discusión me basaré sólo en el AT para ver cómo se presentaba en esa sección escritural.

Identificación del elemento central del ayuno: Am 5:4. Creo que el ayuno gira en torno a la siguiente exhortación: "Buscadme, y viviréis" (Am 5:4). Amós, en el corazón mismo de su libro, exhorta al pueblo a arrepentirse y a buscar a Yahweh. Ahora bien, el hombre en su extravío y en su afán por encontrar sentido a su existencia y a encontrar momentos de sosiego, emprende búsquedas, muchas de las cuales son, no sólo improcedentes, sino inadecuadas e inadmisibles. En muchas ocasiones los israelitas del norte buscaron en la idolatría las respuestas a sus preguntas y la afirmación y seguridad frente a sus inseguridades y a los agudos problemas sociales, políticos y económicos que tenían. Ellos trataron de encontrar en Baal, Astarté, Milcom, la Reina del Cielo y en los ejércitos del cielo solución a sus problemas políticos, económicos, sociales, morales y religiosos. En su búsqueda se extraviaron, abandonaron la Torah y le dieron la espalda a la espiritualidad para refugiarse en la religiosidad que enmascara. En ese proceso pecaron contra Yahweh y despertaron su furia. Amós los exhorta a volver a Yahweh y a buscar su rostro. La única alternativa que ellos tenían en esos aciagos momentos era buscar a Yahweh. Era una alternativa de vida y de seguridad nacional. Amós con voz tronante declaró: "Buscadme y viviréis". La presencia de Dios garantiza la verdadera vida: vida plena, vida realizada, vida gozosa, vida digna de emular. Creo que éste es el propósito, a ultranza, del ayuno: buscar la presencia de Dios para conocerlo y tener profunda comunión con Él.

El ayuno como elemento imprescindible de la espiritualidad vete-rotestamentaria ha tenido un lugar muy destacado no sólo en la liturgia sino en la vida comunitaria israelita. A partir del ayuno se desprenden cánticos, himnos, lamentaciones, entre otros. Hermann Gunkel ve el ayuno como el contexto de las *fiestas de la lamentación*: "El contexto litúrgico del género de la lamentación era el ayuno *(som)*, la gran fiesta de lamentación que la comunidad solía celebrar con motivo de alguna desgracia pública".[8] Gunkel reputa las lamentaciones como fiestas. Las llama "fiestas de lamentación". Según él, "cualquier calamidad pública constituía una buena ocasión para la celebración de estas fiestas: guerra, prisión (exilio), peste, sequía, hambre (1 Re 8, 33ss., 44ss.; 2 Cron 20, 9; Os 7, 14); plagas (Jl 1, 2). Puede tratarse de calamidades presentes o futuras (Dt 9, 25; Jon 3, 9) o cualquier otro tipo de males públicos previsibles (Est 4, 3; Esd 8, 21ss.)".[9]

El concepto de fiesta aquí es diferente al concepto que el hombre contemporáneo tiene, toda vez que no es celebración o jolgorio, donde hay risas, alegrías y esparcimiento. El concepto de fiesta en el contexto del ayuno está referido a que todos, ricos, pobres, niños, adultos, mu-jeres y hombres se reunían para clamar por el perdón, socorro y favor de Yahweh: "Estas prácticas contrastaban enormemente con las fiestas de júbilo y alegría, uno de cuyos elementos más importantes era el ban-quete en el que se consumía lo que había sido ofrecido a Yahweh".[10] El ayuno era proclamado con anterioridad y el pueblo tenía que prepararse para ese día de búsqueda del Señor (1 Re 21; 9, 12; Esd 8:21; Jer 36:9).

Concepto de ayuno. La terminología que usa el Texto Masorético y las prácticas que vemos en la comunidad yavista nos permiten entender que el ayuno es básicamente dos cosas:

a) Es la abstinencia de alimento y bebida, y la supresión temporal de cualquier tipo de labor (*dsom*, צוֹם). Esta abstinencia se podría prolongar por varios días.

---

[8] GUNKEL, Hermann. *Introducción a los Salmos*. Trad. Juan Miguel Díaz. Institución San Jerónimo, Valencia, España 1983, p. 135.

[9] *Ibíd.*, p. 136.

[10] *Ibíd.*, p. 136.

b) La automortificación, aflicción y humillación del alma del piadoso *(anah nefesh)*. En la legislación mosaica no se encuentran las expresiones *dsum* (צום) y *dsom* (צום), términos que en su orden significan "ayunar" y "ayuno". Pero sí se encuentra la expresión *anah nefesh* ("afligir el alma", cf. Lev 16:29-34; 23:23-32).

Estos dos elementos son complementarios. Abstinencia de comida y bebida y humillación del alma se conjugaban en una sola práctica con el propósito de disponerse por entero para entrar en la presencia de Dios. Con esta actitud, los piadosos se apartan de todo para estar delante de Dios. Con esta actitud no había ninguna intención manipuladora, sino la de humillarse y derramar el alma delante de Yahweh. Esto era básicamente el ayuno. Ahora bien, éste podía ser tribal, nacional, familiar, grupal o individual. El ayuno incluía lamentaciones, gemidos, oraciones, llanto, revolcarse en cenizas, raparse la cabeza, prosternación en tierra. Con diversas genuflexiones, acciones y palabras expresaban su tristeza e imploraban el perdón y el favor de Dios.

Tipos de ayunos. No existe en el Antiguo Testamento un modelo de ayuno que pueda ser reputado como paradigmático. Por el contrario, existen diferentes tipos de ayunos en el Antiguo Testamento. Cada uno de ellos respondía a un determinado contexto, circunstancia y propósito. Los tipos más comunes de ayunos en el mundo veterotestamentario son los siguientes:

Los ayunos de las solemnidades. La legislación mosaica regulaba que en el *Yom Kippur*[11] la nación tenía que afligir su alma, esto es, ayunar. El *Yom Kippur* es un día de expiación, por lo que se requería una ceremonia en la cual hubiera ayuno, confesión sacerdotal de todos los pecados, transgresiones y maldades del pueblo (Lev 16:21); expiación, reconciliación (Lev 16:11) y holocausto (Lv 16:24). Estos rituales no tendrían ningún sentido si no estuviesen acompañados de lo prescrito en los vs 29 y 31, donde se expresa: "...En el mes séptimo, a los diez días del

---

[11] *Yom Kipur* significa "Día de la Expiación", que caía el día 10 del mes séptimo, o sea, el mes de Tishrí (entre septiembre y octubre).

mes, afligiréis vuestras almas, y ninguna obra haréis... Día de reposo es para vosotros, y afligiréis vuestras almas; es estatuto perpetuo". Esto se repite en Lv 16:27-32 y en Nm 29:7. Este día de ayuno nacional comenzaba el nueve en la tarde y terminaba el diez en la tarde.

Se puede apreciar que era una convocación congregacional, en la cual había arrepentimiento, confesión sacerdotal de los pecados del pueblo, holocausto, ausencia absoluta de cualquier tipo de trabajo y ayuno. Era una consagración absoluta a Yahweh, era una humillación congregacional delante de Yahweh.

No se comía nada, no se ejecutaba ninguna labor para poderse concentrar en la adoración a Yahweh. Nótese aquí que el ayuno no tenía otro fin que el arrepentimiento y la búsqueda de la presencia de Yahweh. De acuerdo con Zacarías el ayuno de los meses 4to., *Tammuz* (entre junio y julio), 5to., *Ab* (entre julio y agosto), 7mo. y 10mo., *Tebet* (entre diciembre y enero), se debían convertir en gozo, alegría y festividades solemnes (Zac 8:19).

El ayuno como expresión de dolor. Jc 20:26; 1 Sam 31:13; 2 Sam 1:12; Neh 1:4; Est 4:3. En todos estos pasajes el ayuno acompaña el dolor. Presumo que hay dos razones para este acompañamiento:

a) El alma piadosa no sólo encuentra linimento a su dolor en la presencia de Yahweh sino que puede entender la naturaleza de aquél y lo puede dimensionar, además, puede encontrar fortaleza y consuelo en la presencia de Dios. Como quiera que el ayuno es uno de los mecanismos que tiene el piadoso para afligir su alma, acude a él para estar más sensible frente a la sacrosanta presencia de Dios. Su sensibilidad y humillación lo harán comprender mejor la voluntad de Dios.

b) Por otra parte, es una forma de guardar luto y de expresar la gran pérdida que se ha tenido.

El ayuno como penitencia. 1 Sam 7:6; 1 Re 21:27; Neh 9:1, 2; Dan 9:3, 4; Jon 3:5-8. El ayuno también es mirado como una especie de penitencia, como una especie de automortificación, entendida ésta como una cuota personal que se da para la expiación de los pecados. En Neh

9:1, 2 el ayuno va acompañado de la confesión de pecados. Se confiesa el pecado y se acompaña esta confesión con la mortificación corporal, como expresión de arrepentimiento y de sacrificio. Esta misma idea se encuentra en Dan 9:3, 4.

El ayuno como humillación ante Dios. Esd 8:21; Sal 69:10. Este tipo de ayuno no es manipulador, es una forma de afligirse y debilitarse en señal de humillación delante de Dios. En Esd 8:21 leemos lo siguiente: "Y publiqué ayuno allí junto al río Ahava, para afligirnos delante de nuestro Dios, para solicitar de Él camino derecho para nosotros, y para nuestros niños, y para todos nuestros bienes". En este pasaje no sólo se presenta el ayuno como un autoquebrantamiento que conlleva a la humillación delante de Dios, sino que se le ve como un instrumento para buscar la dirección de Dios tanto en la vida personal como en los negocios.

Otros pasajes ratifican la idea del ayuno como instrumento para buscar la ayuda de Dios: "Entonces él tuvo temor; Josafat humilló su rostro para consultar a Jehová, e hizo pregonar ayuno a todo Judá. Y se reunieron los de Judá para pedir socorro a Jehová; y también de todas las ciudades de Judá vinieron a pedir ayuda a Jehová" (2 Cron 20:3-4); 2 Sam 16-23.

En el Sal 69:10 se ve el ayuno como autoaflicción, automortificación y como quebrantamiento: "Lloré afligiendo con ayuno mi alma, y esto me ha sido por afrenta".

El ayuno vicario. Otra modalidad que asume el ayuno en el AT es el ayuno vicario, es decir, se ayuna a causa del pecado o la tragedia de una persona o comunidad. Así, entonces, no sólo existe el ayuno solidario sino también el ayuno que se hace para beneficio de una comunidad o de una persona. La intención de este tipo de ayuno es rogarle a Dios dirija su merced, su gracia, su bondad y su misericordia a favor de la persona por quien se está ayunando.

Este tipo de ayuno ratifica el sentido de pertenencia a una comunidad y el compromiso que se tiene para con ella. Tal es el caso que se registra en Esd 10:6, donde se lee: "Se levantó luego Esdras de delante de la casa de Dios, y se fue a la cámara de Johanán hijo de Eliasib; e ido allá, no comió pan ni bebió agua, porque se entristeció a causa del pecado de los del cautiverio".

El ayuno vicario se puede hacer a favor de una persona, tal como lo requiere Ester: "Y Ester dijo que respondiesen a Mardoqueo: ve y reúne a todos los judíos que se hallan en Susa, y ayunad por mí, y no comáis ni bebáis en tres días, noche y día; yo también con mis doncellas ayunaré igualmente, y entraré a ver al rey, aunque no sea conforme a la ley; y si perezco, que perezca" Est 4:15-16.

El anti-ayuno.[12] Al extremo de la excelencia del ayuno, se ubica el ayuno manipulador, con el cual un individuo o comunidad pretende mover la voluntad de Dios, mediante procedimientos meramente religiosos. En este tipo de ayuno se manifiesta, con toda su tragedia y terribilidad, la religiosidad enmascaradora. En el AT, Isaías ya había advertido contra esta nefasta práctica (Is 1:10-20). En el NT es Santiago quien va a develar esa abyecta práctica, a través de mostrar las características de la verdadera religión: "Si alguno se cree religioso entre vosotros, y no refrena su lengua, sino que engaña su corazón, la religión del tal es vana. La religión pura y sin mácula delante de Dios el Padre es ésta: visitar a los huérfanos y a las viudas en sus tribulaciones, y guardarse sin mancha del mundo" (Stg 1:26, 27).

Isaías registra un reclamo cínico que el pueblo le hace a Dios. Veamos Is 58:1-8. En este reclamo los judíos emplean los dos verbos: (*dsum*, צום) abstenerse de alimentación y de bebida y *anah*, ענה: humillarse, sufrir y mortificarse. El pueblo reclama a Dios el hecho de que su abstención de alimentos y la autoflagelación del alma no fueron consideradas por Él como un sacrificio válido. En respuesta, Yahweh les reprocha el ayuno manipulador y procede a ubicar la naturaleza del ayuno en su perspectiva correcta. Jeremías vuelve a denunciar el ayuno enmascarador y manipulador: "Cuando ayunen, yo no oiré su clamor, y cuando ofrezcan holocausto y ofrenda no lo aceptaré, sino que los consumiré con espada, con hambre y con pestilencia" (Jer 14:12). Zacarías vuelve a hacer el mismo reclamo después del retorno: Zac 7:5-7.

---

[12] Llamo anti-ayuno al ayuno manipulador.

Una de las cosas que me inquietan es descubrir lo que sucede en la persona cuando sale de la presencia de Dios. Recordemos que la presencia de Dios es revitalizadora, interpelante, inquietante, dinamizadora, refrescante, santificante, transfigurante, y así podríamos seguir con la interminable lista. Cuando buscamos el rostro de Dios, algo extraordinario sucede en nuestra vida: una paz acariciadora, envolvente, sosegadora y consoladora inunda nuestro ser; una fuerte convicción de pecado, pero a la vez la certeza del perdón y gracia divinas nos envuelve; se restaura el amor por Dios y por sus negocios, asumimos el ministerio con mayor responsabilidad, abnegación y consagración. La presencia de Dios nos desnuda y muestra nuestra pecaminosidad con toda su crudeza y terribilidad. Ese desvelamiento nos enseña que no somos mejores que los demás y que somos lo que somos por la gracia de Dios. Cuando buscamos el rostro de Dios, la alteridad, es decir nuestro prójimo, adquiere nuevo significado para nosotros, debido a que ese gozo, esa paz y ese efecto santificante se revierten en nuestras relaciones interpersonales y sociales. La presencia de Dios nos enseña que ninguna clase de favoritismo es sano, mucho menos edificante, por el contrario, es altamente lesivo.

La presencia de Dios nos lleva a retornar al otro, a edificar comunidad, a fortalecer las relaciones sociales, a promover la justicia y a buscar la paz. La presencia de Dios nos impele a defender al desvalido y a sentir profunda conmiseración por los necesitados, los pobres, los débiles y los que sufren. La presencia de Dios constituye en nosotros un retorno a nuestro prójimo, retorno éste caracterizado por la contemplación del otro como sujeto y no como objeto, ese retorno está caracterizado, además, por un profundo respeto por el otro, por su ser, por su honra, por sus sentimientos y por sus bienes (cf. Is 58:6-7).

Creo que el ayuno debe provocar estos efectos en cada uno de nosotros.

Es desafortunado descubrir que muchos de los ejercicios espirituales que hacemos, tales como el ayuno, nos vuelven más orgullosos, intolerantes e inquisidores. No sé por qué nos volvemos altivos, arrogantes, soberbios y despectivos después de haber realizado algunos de los ejercicios espirituales; además, de convertirnos en jueces de los que no son o no piensan como nosotros. Estas tendencias son las que hacen inútiles los ayunos y las que los convierten en ayunos enmascaradores.

Estas actitudes fueron severamente condenadas por los profetas Isaías (Is 58:3-5) y Zacarías (7 y 8). Este tipo de actitudes hacen que el ayuno se convierta en "anti-ayuno".

El ayuno sólo es un mecanismo para buscar el rostro de Dios, para humillarnos delante de Él, para acompañar nuestro arrepentimiento, para entrar en profundas intercesiones y para dejarnos moldear por el Espíritu de Dios. Lo que vaya más allá de esto, de mal procede, como en cierta ocasión y en otro contexto sentenciara Cristo.

LA ORACIÓN EN LOS SALMOS

Los salmistas fueron hombres piadosos, quienes expresaron su profunda espiritualidad a través de cánticos, himnos, plegarias, ruegos y otros géneros literarios. Ellos, movidos por su piedad, derramaron su alma a Dios en adoración, alabanza, plegarias y lamentaciones. Estas últimas tienen un lugar muy destacado en el Salterio, no sólo por el gran número de ellas, sino por la teología subyacente en las mismas. En las lamentaciones se presenta a Yahweh como justo, amoroso, providente, poderoso, eterno, y *go'el* del *tsadiq* (redentor del justo). El orante acude, en su angustia, a Yahweh, quien es el único que puede poner fin a las tropelías cometidas por el impío y es quien da la retribución debida a los actos de los pecadores impenitentes. No es de extrañar, entonces, que Hermann Gunkel encuentre en las lamentaciones sálmicas la fundamentación de los Salmos: las "lamentaciones individuales constituyen la base auténtica del salterio. Su mismo número les da ya una cualidad especial. Algunos de estos poemas entraron incluso en la liturgia del templo de Jerusalén… Eran tan apreciados y tenían tal capacidad emotiva que fueron utilizados incluso en las celebraciones litúrgicas reales".[1]

Las plegarias individuales que encontramos en el Salterio muestran la parte humana, frágil, débil y las luchas de los salmistas. Ellas manifiestan desesperación, angustia, miedo, dolor, desesperanzas, incertidumbres, persecución, enfermedad, percepción de la inminente cercanía de la muerte, agonía, confianza en Dios, visión de futuro, fortaleza espiritual y esperanza. La actitud y la piedad del orante sálmico cons-

---

[1] GUNKEL, Hermann. *Op. cit.*, p. 194.

tituye un buen ejemplo para el hombre piadoso contemporáneo, quien puede acercarse confiadamente ante el Trono de la Gracia para elevarle a Dios sus anhelos, fracasos, frustraciones, dolor, angustia, derrotas, proyecciones y esperanzas.

Las plegarias comunitarias o quejas del pueblo tienen varios componentes[2]: palabras dirigidas a Dios y petición de auxilio, queja donde se manifiesta el sufrimiento del pueblo, confesión de confianza, petición de auxilio, petición de intervención de Dios, promesa de alabanza. Estas plegarias son oraciones que se elevan a Dios en tiempos de invasión/derrota, opresión, plaga, sequía y hambre.[3]

SÚPLICAS DEL ORANTE ANGUSTIADO

El orante se dirige a Dios como su *go'el*, como su auxiliador, como aquel que lo puede librar del peligro inminente que lo asedia. Ésta es una nota común a todas las súplicas ya sean individuales o comunitarias que se encuentran en el Salterio. En el Sal 3:1-4 se lee: "¡Oh Jehová, cuántos se han multiplicado mis adversarios! Muchos son los que se levantan contra mí. Muchos son los que dicen de mí: no hay para él salvación en Dios. Mas tú, Jehová, eres escudo alrededor de mí; mi gloria, y el que levanta mi cabeza. Con mi voz clamé a Jehová, y Él me respondió desde su monte santo".

Las súplicas del orante son motivadas por varios elementos adversos, de los cuales aquí se registrarán algunos:

a) LAS ANGUSTIAS DEL ALMA. En todo ser humano, y el justo no es la excepción, el alma pasa por profundas noches oscuras, por inmensos valles tortuosos, por abismos insondables, por momentos terribles de desesperación, de incertidumbres y de desesperanzas. Estas "precipitaciones" anímicas son partes del *"pathos"* y de las dinámicas vitales y existenciales del hombre.

---

[2] SANDORD LASOR, William; *et ál. Panorama del Antiguo Testamento*. Nueva Creación, Buenos Aires 1995, pp. 503, 504.

[3] *Ibíd.*, p. 503.

La angustia es una aflicción y ansiedad que se apodera del sujeto. Esa ansiedad ejerce opresión sobre el estado emocional del individuo, causándole malestar en todo su ser. El *tsadiq* presenta su angustia a Yahweh para encontrar en Él no sólo paliativo sino calma y sosiego. El orante angustiado es consciente de que Yahweh lo escucha y está presto a venir en su socorro, por esa razón derrama delante de Dios su alma y espera su acción divina: "Escucha, oh Jehová, mis palabras; considera mi gemir. Está atento a la voz de mi clamor, rey mío y Dios mío, porque a ti oraré. Oh Jehová de mañana oirás mi voz; de mañana me presentaré delante de ti, y esperaré" (Sal 5:1-3).

En medio de las angustias que experimenta el *tsadiq* él reconoce que puede acudir a Yahweh no sólo para ser escuchado sino para ser rescatado de ese estado en el que se encuentra y para obtener la misericordia divina: "Respóndeme cuando clamo, oh Dios de mi justicia. Cuando estaba en angustia, tú me hiciste ensanchar; ten misericordia de mí, y oye mi oración" (Sal 4:1).

El orante pide respuesta de parte de Dios frente a su angustia (צַר[4] *tsar*). Las aflicciones pueden ser causadas por factores endógenos o exógenos. Por ejemplo, el vocablo hebreo (צַר) que hemos traducido como "angustia" también se traduce como "opresor" y "enemigo". Un enemigo podría ser la causa de la angustia de una persona, una situación opresora también podría ser la causa de la angustia de un individuo. En los salmos encontramos diferentes agentes opresores:

Uno de los agentes opresores más recurrentes en los salmos es el hombre que se torna enemigo[5] del *tsadiq* por causa de la justicia de este último: "¿Hasta cuándo, Jehová? ¿Me olvidarás para siempre? ¿Hasta cuándo pondré consejos en mi alma, con tristezas en mi corazón cada día? ¿Hasta cuándo será enaltecido mi enemigo sobre mí? Mira, respóndeme, oh Jehová Dios mío; alumbra mis ojos, para que no duerma de muerte; para que no diga mi enemigo: lo vencí. Mis enemigos se alegrarían, si yo resbalara. Mas yo en tu misericordia he confiado; mi corazón se alegrará en tu salvación. Cantaré a Jehová, porque me ha hecho bien" (Sal 13:1-6).

---

[4] Estrecho, angosto, estrechez, angustia.

[5] El vocablo hebreo *âyab*, אָיַב, puede significar tanto "odiar" como "enemigo".

El orante en su angustia considera que Dios ha desechado a su pueblo, o lo ha desechado a él. Esta percepción es el fruto de lo que la angustia puede provocar en el individuo: alteración de las percepciones. Veamos algunos salmos donde se ve esta perspectiva:

> Oh Dios, tú nos has desechado, nos quebrantaste; te has airado; ¡vuélvete a nosotros! Hiciste temblar la tierra, la has hendido; sana sus roturas, porque titubea. Has hecho ver a tu pueblo cosas duras; nos hiciste beber vino de aturdimiento. Has dado a los que te temen bandera que alcen por causa de la verdad. Para que se libren tus amados, salva con tu diestra, y óyeme (Sal 60:1-5).

> ¿Por qué, oh Dios, nos has desechado para siempre? ¿Por qué se ha encendido tu furor contra las ovejas de tu prado? Acuérdate de tu congregación, la que adquiriste desde tiempos antiguos, la que redimiste para hacerla la tribu de tu herencia; este monte de Sión, donde has habitado. Dirige tus pasos a los asolamientos eternos, a todo el mal que el enemigo ha hecho en el santuario (Sal 74:1-3).

En los Salmos el orante no oculta la desesperación por la cual atraviesa en un determinado momento. Las muchas vicisitudes de la vida lo llevan a un estado de desesperación, el cual encuentra en Yahweh no sólo su paliativo sino la solución definitiva. El Sal 69:1- 8 es un buen ejemplo:

> Sálvame, oh Dios, porque las aguas han entrado hasta el alma. Estoy hundido en cieno profundo, donde no puedo hacer pie; he venido a abismos de aguas, y la corriente me ha anegado. Cansado estoy de llamar; mi garganta se ha enronquecido; han desfallecido mis ojos esperando a mi Dios. Se han aumentado más que los cabellos de mi cabeza los que me aborrecen sin causa; se han hecho poderosos mis enemigos, los que me destruyen sin tener por qué. ¿Y he de pagar no lo que no robé? Dios, tú conoces mi insensatez, y mis pecados no te son ocultos. No sean avergonzados por causa mía los que en ti confían, oh Señor Jehová de los ejércitos; no sean confundidos por mí los que te buscan, oh Dios de Israel. Porque por amor de ti he sufrido afrenta; confusión ha cubierto mi rostro. Extraño he sido para mis hermanos, y desconocido para los hijos de mi madre (Sal 69:1-8).

Con mi voz clamé a Dios, a Dios clamé, y Él me escuchará. Al Señor busqué en el día de mi angustia; alzaba a Él mis manos de noche, sin descanso; mi alma rehusaba consuelo. Me acordaba de Dios, y me conmovía, me quejaba, y desmayaba mi espíritu. No me dejabas pegar los ojos; estaba yo quebrantado, y no hablaba. Consideraba los días desde el principio, los años de los siglos. Me acordaba de mis cánticos de noche; meditaba en mi corazón, y mi espíritu inquiría: ¿Desechará el Señor para siempre, y no volverá más a sernos propicio? ¿Ha cesado para siempre su misericordia? ¿Se ha acabado perpetuamente su promesa? ¿Ha olvidado Dios el tener misericordia? ¿Ha encerrado con ira sus piedades? (Sal 77:1-9).

b) LA ENFERMEDAD. Otro elemento que subsume al *tsadiq* en la angustia es la enfermedad. El orante, muchas veces, se entiende a sí mismo como un ser débil, mustio, lánguido, marchito, enfermo y sin fuerzas (*umlal*, אֻמְלָל[6]).

El orante clama por la misericordia de Dios frente a la enfermedad y a la turbación. El peticionario no oculta su fragilidad y vulnerabilidad. Por el contrario, las reconoce, las confiesa y clama a Yahweh para ser liberado de sus enemigos, de la angustia, de la enfermedad, de las calamidades y de la muerte. En medio de su languidez, debilidad y enfermedad acude a Yahweh para buscar nuevas fuerzas, vitalidad, lozanía y salud. El piadoso acude a Yahweh, cual médico, para que sane las heridas de su alma y traiga sanidad (*râfâ'*, רֹפֵא) a su cuerpo adolorido: "Jehová, no me reprendas en tu enojo, ni me castigues con tu ira. Ten misericordia de mí, oh Jehová, porque estoy enfermo; sáname, oh Jehová, porque mis huesos se estremecen. Mi alma también está muy turbada; y tú, Jehová, ¿hasta cuándo? Vuélvete, oh Jehová, libra mi alma; sálvame por tu misericordia. Porque en la muerte no hay memoria de ti; en el Seol, ¿quién te alabará?" (Sal 6:1-5; cf. Sal 88:10-12).

El orante sálmico es consciente de cómo la angustia (*dsar*, צַר) debilita (*âshesh*, עָשֵׁשׁ) todo su ser. El dolor se apodera de él y su vida se va marchitando por el suspiro. El Salmo 31 dibuja a un sujeto, quien, *ad portas* del colapso, ve que sólo la intervención oportuna de Yahweh evitará la destrucción de su ser:

---

[6] El verbo hebreo *amal* (אמל), del cual se desprende el adjetivo *umlal* (אֻמְלָל) significa: marchitarse, secarse, languidecer.

Ten misericordia de mí, oh Jehová, porque estoy en angustia; se han consumido de tristezas mis ojos, mi alma también y mi cuerpo. Porque mi vida se va gastando de dolor, y mis años de suspirar; se agotan mis fuerzas a causa de mi iniquidad, y mis huesos se han consumido. De todos mis enemigos soy objeto de oprobio, y de mis vecinos mucho más, y el horror de mis conocidos; los que me ven fuera huyen de mí. He sido olvidado de su corazón como un muerto; he venido a ser como un vaso quebrado. Porque oigo la calumnia de muchos; el miedo me asalta por todas partes, mientras consultan juntos contra mí e idean quitarme la vida" (Sal 31:9-13).

c) LA LEJANÍA DE YAHWEH. En ocasiones el justo describe su percepción de la aparente "lejanía de Dios" cuando ve que el malvado obra impunemente, por tanto, le inquiere a Dios las razones de tal alejamiento. Así se ve en el Sal 10:1: "¿Por qué estás lejos, oh Jehová, y te escondes en el tiempo de la tribulación?".

Frente al peligro que lo acecha, el orante pide la protección divina: "Jehová Dios mío, en ti he confiado; sálvame de todos los que me persiguen, y líbrame, no sea que desgarren mi alma cual león, y me destrocen sin que haya quien me libre" (Sal 7:1-3).

d) EL PODER DEL MALVADO. El orante siempre está siendo asediado por el pecador. Parece ser que, según los Salmos, el malvado tiene tanto poder y hay tanta astucia en su ser que el justo está indefenso delante de él, por eso la única salvación que tiene el justo es la protección de Yahweh: "Oh Dios, sálvame por tu nombre, y con tu poder defiéndeme. Oh Dios, oye mi oración; escucha las razones de mi boca. Porque extraños se han levantado contra mí, y hombres violentos buscan mi vida; no han puesto a Dios delante de sí. He aquí, Dios es el que me ayuda; el Señor está con los que sostienen mi vida. Él devolverá el mal a mis enemigos; córtalos por tu verdad" (Sal 54:1-5).

Escucha, oh Dios, mi oración, y no te escondas de mi súplica. Está atento, y respóndeme; clamo en mi oración, y me conmuevo, a causa de la voz del enemigo, por la opresión del impío; porque sobre mí echaron iniquidad, y con furor me persiguen. Mi corazón está dolorido dentro de mí, y terrores de muerte sobre mí han caído. Temor y temblor vinieron sobre mí, y terror me ha cubierto. Y dije: ¡Quién me diese alas como de palomas! Volaría yo, y descansaría. Ciertamente huiría lejos; moraría en el desierto. Me apresuraría a escapar del viento borrascoso, de la tempestad (Sal 55:1-8).

Es recurrente en los Salmos la idea de la ostentación de fuerza y poder físico del malvado, y la debilidad del justo. El poder de los malos descansa en su astucia, en su malignidad, en la traición, en su obstinación y en el concierto de los malvados para destruir al justo. En los Salmos, el *tsadiq* siempre está en desventaja frente al poder del malvado:

Escucha, oh Dios, la voz de mi queja; guarda mi vida del temor del enemigo. Escóndeme del consejo secreto de los malignos, de la conspiración de los que hacen iniquidad, que afilan como espada su lengua; lanzan cual saeta suya, palabra amarga, para asaetear a escondidas al íntegro; de repente lo asaetean, y no temen. Obstinados en su inicuo designio, tratan de esconder los lazos, y dicen: ¿quién los ha de ver? Inquieren iniquidades, hacen una investigación exacta; y el íntimo pensamiento de cada uno de ellos, así como su corazón, es profundo. Mas Dios los herirá con saeta; de repente serán sus plagas. Sus propias lenguas los harán caer; se espantarán todos los que los vean. Entonces temerán todos los hombres, y anunciarán la obra de Dios, y entenderán sus hechos. Se alegrará el justo en Jehová, y confiará en Él; y se gloriarán todos los rectos de corazón (Sal 64:1-10).

La descripción que de los malvados hacen los Salmos es muy elocuente: son parecidos a la descripción que Job hace del mítico leviatán: sus dientes son filosos y aterradores, de sus bocas sale fuego y su legua es altamente mortífera: "Mi vida está entre leones; estoy echado entre hijos de hombres que vomitan llamas; sus dientes son lanzas y saetas, y su lengua espada aguda. Exaltado seas sobre los cielos, oh Dios; sobre toda la tierra sea tu gloria. Red han armado a mis pasos; se ha abatido mi alma; hoyo han cavado delante de mí; en medio de él han caído ellos mismos" (Sal 57:4-6).

Tal es la fortaleza del malvado y la terrible desventaja en la que se encuentra el justo, que Yahweh tiene que intervenir para que el *tsadiq* no sea devorado vivo por los perversos:

Líbrame de mis enemigos, oh Dios mío; ponme a salvo de los que se levanten contra mí. Líbrame de los que cometen iniquidad, y sálvame de hombres sanguinarios. Porque he aquí está acechando mi vida; se han juntado contra mí poderosos. No por falta mía, ni pecado mío, oh Jehová; sin delito mío corren y se aperciben. Despierta para venir a mi encuentro, y mira. Y tú, Jehová Dios de los ejércitos, Dios de Israel, despierta para castigar a todas las naciones; no tengas misericordia de todos los que se rebelan con iniquidad (Sal 59:1-5).

El orante, en ocasiones, ve a Yahweh como un guerrero presto a pelear la guerra del justo. Por tal razón, le implora a Yahweh que salga en su defensa. Tal es el caso del Sal 35: "Disputa, oh Jehová, con los que contra mí contienden; pelea contra los que me combaten. Echa mano al escudo y al pavés, y levántate en mi ayuda. Saca la lanza, cierra contra mis perseguidores; di a mi alma: yo soy tu salvación" (Sal 35:1-3; cf. Sal 43:1, 2).

YAHWEH EL DEFENSOR DEL *TSADIQ*

El orante tiene un altísimo concepto de Yahweh: Él es refugio contra el turbión, Él es la roca de la salvación, en Él puede confiar el piadoso; Dios libra a sus santos. Varios salmos se apoyan en esta verdad:

Oye, oh Dios, mi clamor; a mi oración atiende. Desde el cabo de la tierra clamaré a ti, cuando mi corazón desmayare. Llévame a la roca que es más alta que yo, porque tú has sido mi refugio, y torre fuerte delante del enemigo. Yo habitaré en tu tabernáculo para siempre; estaré seguro bajo la cubierta de tus alas. Porque tú, oh Dios, has oído mis votos; me has dado la heredad de los que temen tu nombre (Sal 61:1-5).

Dios es nuestro amparo y fortaleza, nuestro pronto auxilio en las tribulaciones. Por tanto, no temeremos, aunque la tierra sea removida, y se traspasen los montes al corazón del mar; aunque bramen y se turben sus aguas, y tiemblen los montes a causa de su braveza (Sal 46:1-3).

Señor, tú nos has sido refugio de generación en generación. Antes de que naciesen los montes y formases la tierra y el mundo, desde el siglo y hasta el siglo, tú eres Dios (Sal 90:1, 2).

PLEGARIAS IMPRECATORIAS

El hombre por ser moral reacciona contra todo aquello que es moralmente inaceptable y que es racionalmente inadmisible. Toda injusticia y cualquier acto lesivo contra el prójimo son moral y racionalmente inadmisibles. Esta reacción moral se encuentra evidenciada en los Salmos Imprecatorios.

LAS IMPRECACIONES COMO REACCIÓN MORAL FRENTE AL MAL. Cuando cualquier acto humano causa angustia, dolor y lesiones a la integridad física, moral, espiritual, psicológica y emocional a un determinado individuo, provoca reacciones morales de rechazo por parte del observador. Todo acto en contra del prójimo despierta o deseo de aplicar justicia o deseo de venganza por parte de la víctima. Muchas veces el deseo de venganza es más fuerte que el sentido de justicia, por lo que el sujeto toma la justicia en sus manos para ejecutar la venganza que ha planeado. Otras veces la ofensa impulsa a buscar la acción de la justicia legal. Entretanto el justo acude a Dios para que tome su causa y lo defienda del agresor. En rigor, es mucho mejor acudir a Dios para encomendarle a Él la defensa del justo y la aplicación del castigo al ofensor que ser doblemente ofendido por la agresión y por la impunidad, además es una actitud sabia encomendar a Dios nuestra causa frente a la posibilidad de tomar la justicia en nuestras propias manos. La venganza genera violencia, y la cadena sin fin de venganza lo único que crea es una espiral de violencia y radicalización de la agresividad.

Muchas veces el individuo reacciona contra un acto que se realiza sobre una tercera persona que no está relacionada afectivamente con él, tal como se ve en el Sal 94:1-6: "Jehová, Dios de las venganzas, muéstrate. Engrandécete, oh Juez de la tierra; da el pago a los soberbios. ¿Hasta cuándo los impíos, hasta cuándo, oh Jehová, se gozarán los impíos? ¿Hasta cuándo pronunciarán, hablarán cosas duras, y se vanagloriarán todos los que hacen iniquidad? A tu pueblo, oh Jehová, quebrantan, y a tu heredad afligen. A la viuda y al extranjero matan, y a los huérfanos quitan la vida". En este caso la imprecación se invoca por causa del mal que se le inflige al desvalido. El orante aquí podría actuar como justiciero, tomar la causa del pobre en sus manos y actuar vengativamente; pero decide acudir a Dios, quien es defensor de la Trilogía Nómica (huérfanos, viudas y extranjeros).

Lo mejor, entonces, es deponer la actitud de venganza y clamar a Dios por justicia, sin intenciones revanchistas, sin odios, sin rencores, sin amarguras. Es en este contexto en el que surgen las imprecaciones sálmicas, las cuales han sido reputadas por algunos moralistas como moralmente inadmisibles, carentes de perdón y de amor.

Las imprecaciones[7] son parte del *ethos* del orante sálmico. La base de estas peticiones imprecatorias se encuentran en las siguientes palabras: "Mía es la venganza y la retribución; a su tiempo su pie resbalará, porque el día de su aflicción está cercano, y lo que les está preparado se apresura" (Dt 32:35; cf. Prov 20:22). El orante prefiere que sea Yahweh quien tome venganza a que él mismo aplique la "Ley del Talión".

RAZONES POR LAS QUE SE ELEVAN LAS ORACIONES IMPRECATORIAS. En los Salmos se encuentran varias razones por las cuales se elevan las oraciones imprecatorias a Yahweh. Algunas de ellas son:

a) El malvado debe ser redimido de su propia maldad. Las oraciones imprecatorias tienen un carácter redentor, en tanto que el malvado, de acuerdo con el orante sálmico, debe apartarse de su maldad, por esta razón se invoca la intervención de Yahweh: "Quebranta tú el brazo del inicuo, y persigue la maldad del malo hasta que no halles ninguna" (Sal 10:15).

b) El principio de la retribución. De acuerdo con los salmistas, los actos de los hombres son retribuidos ya sea por medio de las bendiciones de Yahweh o a través de las acciones punitivas de Él. Este principio obedece a un orden justo establecido por Dios, la justicia retributiva: "No me arrebates juntamente con los malos, y con los que hacen iniquidad, los cuales hablan paz con sus prójimos, pero la mal-

---

[7] Una imprecación es una petición en la que se expresa el deseo de que a alguien le ocurra algo malo. El Nuevo Testamento desaconseja esta actitud y más bien promueve el perdón, el amor y el favorecer a los enemigos (Ro 12:14-21).

dad está en su corazón. Dales conforme a su obra, y conforme a la perversidad de sus hechos; dales su merecido conforme a la obra de sus manos. Por cuanto no atendieron a los hechos de Jehová, ni a la obra de sus manos, Él los derribará, y no los edificará" (Sal 28:3-5).

Dado que la maldad destruye las entrañas de los perversos, ellos deben ser retribuidos conforme a la intensidad y la magnitud de su propia maldad: "Destrúyelos, oh Señor; confunde la lengua de ellos; porque he visto violencia y rencilla en la ciudad... Que la muerte les sorprenda; desciendan vivos al Seol, porque hay maldades en sus moradas, en medio de ellos... Mas tú, oh Dios, harás descender aquéllos al pozo de perdición. Los hombres sanguinarios y engañadores no llegarán a la mitad de sus días; pero yo en ti confiaré" (Sal 55:9, 15, 23).

La maldad de los impíos no es un asunto que se toma a la ligera. Los salmistas muestran la gravedad de la impiedad al solicitarle a Yahweh acciones punitivas tan severas como las que se encuentran en el Sal 109:1-15:

> Oh Dios de mi alabanza, no calles; porque boca de impío y boca de engañador se han abierto contra mí; han hablado de mí con lengua mentirosa; con palabras de odio me han rodeado, y pelearon contra mí sin causa. En pago de mi amor me han sido adversarios; mas yo oraba. Me devuelven mal por bien, y odio por amor. Pon sobre él al impío, y Satanás esté a su diestra. Cuando fuere juzgado, salga culpable; y su oración sea para pecado. Sean sus días pocos; tome otro su oficio. Sean sus hijos huérfanos, y su mujer viuda. Anden sus hijos vagabundos, y mendiguen; y procuren su pan lejos de sus desolados hogares. Que el acreedor se apodere de todo lo que tiene, y extraños saqueen su trabajo. No tenga quien le haga misericordia, ni haya quien tenga compasión de sus huérfanos. Su posteridad sea destruida; en la segunda generación sea borrado su nombre. Venga en memoria ante Jehová la maldad de sus padres, y el pecado de su madre no sea borrado. Estén siempre delante de Jehová, y Él corte de la tierra su memoria.

c) La oración imprecatoria se legitima por causa de la ley de la autopreservación.

Cuando la vida del hombre se encuentra en peligro, éste debe hacer todo lo posible para autopreservarla. Esta autopreservación se puede lograr a través de las autoridades legítimamente constituidas, hay quienes pretenden lograrla mediante la persuasión, otros, por medio de la asociación con otros, hay quienes consideran legítima la autodefensa como vía válida de autopreservación. El *tsadiq* acude a Dios para que lo libere de la acción de los violentos, para lo cual acude a las oraciones imprecatorias: "Sean avergonzados y confundidos los que buscan mi vida; sean vueltos atrás y avergonzados los que mi mal intentan. Sean como el tamo delante del viento, y el ángel de Jehová los acose. Sea su camino tenebroso y resbaladizo, y el ángel de Jehová los persiga... Véngale el quebrantamiento sin que lo sepa, y la red que él escondió lo prenda; con quebrantamiento caiga en ella" (Sal 35:4-8).

d) La reivindicación de los justos. La destrucción del impío constituye una especie de reivindicación del justo, toda vez que dicha destrucción confirma el hecho de que la retribución del mal vendrá tarde o temprano y el justo será manifestado a su debido tiempo: "Oh Dios, quiebra sus dientes en sus bocas; quiebra, oh Jehová, las muelas de los leoncillos. Sean disipados como aguas que corren; cuando disparen sus saetas, sean hechas pedazos. Pasen ellos como el caracol que se deslíe; como el que nace muerto, no vean el sol. Antes que vuestras ollas sientan la llama de los espinos, así vivos, así airados, los arrebatará Él con tempestad. Se alegrará el justo cuando viere la venganza; sus pies lavará en la sangre del impío. Entonces dirá el hombre: ciertamente hay galardón para el justo; ciertamente hay Dios que juzgue en la tierra" (Sal 58:6-11; cf. Sal 64:9, 10).

e) Finalmente, las imprecaciones sálmicas se presentan por causa de la traición de pueblos hermanos, por la indiferencia frente al infortunio y por la sevicia de las acciones, tal como se ve en el siguiente salmo: "Oh Jehová, recuerda contra los hijos de Edom el día de Jerusalén, cuando decían: arrasadla, arrasadla hasta los cimientos. Hija de Babilonia la desolada, bienaventurado el que te diere el pago de lo que tú nos hiciste. Dichoso el que tomare y estrellare tus niños contra la peña" (Sal 137:7-9).

Al leer las plegarias consignadas en los Salmos descubrimos varias verdades muy importantes para la espiritualidad y para el desarrollo del pueblo de Dios:

- Naturaleza y destino de los malos. La maldad subsume al individuo en ella, de tal manera que crea una dependencia de tal proporción que el perverso no puede ni quiere sacudirse de esa malévola tiranía (cf. Ro 8:7). El mal teje una red tan compleja en torno al malo que, a menos que Dios intervenga, el malvado jamás podrá escapar de ella. Por otra parte, la fortaleza del malvado está, justamente, en la maldad (alimentadora del ejercicio de la *bié*, βíη, es decir, de la fuerza bruta). Frente a tal fortaleza el justo está indefenso, por lo que sólo Yahweh puede socorrerlo. El fin del malvado es el Seol, la destrucción, y la ruina (Sal 37).

- Yahweh es el refugio seguro del justo. Yahweh como su *go'el*, como su pariente próximo, como su Redentor, no sólo escucha las plegarias del *tsadiq* (justo) sino que lo defiende, y castiga al malvado.

- El *tsadiq* no está exento de dolor, de angustia, de terror, de persecución y de sentirse solo, desamparado, pobre y arruinado. Él experimenta estas vivencias, pero confía en la proximidad de Yahweh y en su justicia. Yahweh interviene a su favor y retribuirá a los malos su maldad y premiará al justo por su justicia. El justo confía en la justicia retributiva divina.

- El *tsadiq* se mantiene en pie por la gracia de Dios, no por su propia justicia, no por su propia fortaleza y fuerza, sino por la intervención oportuna de Dios.

- El justo puede entrar confiadamente a la presencia de Dios para comunicarle sus cuitas, para pedir protección, para pedir socorro, para clamar por la justicia divina, para que Dios le comunique algo que está oculto, para pedirle su bendición, para pedirle su paz, para alabarlo, para guardar silencio delante de Dios y para escuchar el consejo divino.

Los salmos imprecatorios tienen como finalidad ver la justicia divina implantada en la tierra. Dado que la impunidad es lesiva y ofensiva, los hombres sabrán que hay un Dios que juzga a todos cuando vean la retribución de los malvados. Esto se ve claramente en el Sal 58:10, 11: "Se alegrará el justo cuando viere la venganza; sus pies lavará en la sangre del impío. Entonces dirá el hombre: ciertamente hay galardón para el justo; ciertamente hay Dios que juzgue en la tierra".

Todas estas plegarias constituyen el acervo sálmico sobre el cual se construye no solamente el Salterio sino toda una teología sobre la providencia divina y sobre la cual descansa la teología de la comunidad. En estas plegarias se descubre una fuerza avasalladora de amor hacia Yahweh y hacia la nación hebrea. Estas oraciones estimulaban el amor a Yahweh y el amor a la patria. Este amor a la patria contribuyó a desarrollar una tendencia patriótica en el pueblo hebreo, que fue ampliamente capitalizada por los profetas literarios. Gunkel nos hace ver la importancia de estas plegarias: "El amor patrio de los israelitas era enardecido más por estos poemas individuales que por los poemas públicos. Precisamente por ello la poesía individual alcanzó un desarrollo superior, de tal manera que la piedad popular tomó de ella muchos elementos".[8]

Las plegarias sálmicas son una clara ilustración de la importancia que tuvo la oración en el pueblo de Israel, y no sólo ilustra su importancia sino la forma como contribuyó a forjar una teología de la comunidad y de la responsabilidad que los individuos tenían frente al colectivo social.

---

[8] GUNKEL, Hermann. *Op. cit.*, p. 194.

LA OBEDIENCIA COMO *CONDITIO SINE QUANON* DE LA ORACIÓN

Uno de los distintivos fundamentales de la relación entre Dios y el cristiano se refiere a la obediencia. Desde la suscripción del Pacto entre Yahweh y la nación hebrea, el Señor Dios Todopoderoso ha reclamado obediencia por parte de su Pueblo. En esto Yahweh ha sido reiterativo e inflexible. Como soberano y como Dios exige respeto y obediencia. Esta exigencia la encontramos, una vez más, explicitada en Malaquías: "El hijo honra a su padre, y el siervo a su señor. Si, pues, soy padre, ¿dónde está mi honra? y si soy señor, ¿dónde está mi temor? Dice Jehová de los ejércitos a vosotros, oh sacerdotes, que menospreciáis mi nombre. Y decís: ¿En qué hemos menospreciado tu nombre?" (Mal 1:6).

Una breve mirada a este pasaje nos ubica en las siguientes referencias. En el pacto sinaítico Dios hizo una exigencia a los hijos: "Honra a tu padre y a tu madre" (Ex 20:12). El autor de Proverbios hace la siguiente observación referente a la violación de la honra que se les debe a los padres: "Hay generación que maldice a su padre y a su madre no bendice" (Prov 30:11). Dios coronó este mandamiento con extraordinarias promesas: larga vida y bienestar (Dt 5:16). Aquel que osare violar este mandamiento, y contrario a él, maldijere a sus padres, se hará acreedor de una terrible sentencia: "Todo hombre que maldijere a su padre o a su madre, de cierto morirá; a su padre o a su madre maldijo; su sangre será sobre él" (Lv 20:9). La palabra hebrea utilizada, tanto en Éxodo como en Malaquías, para referirse a honrar es *kabed* (כַּבֵּד[1]). Este vocablo es uno de los utilizados por el AT para expresar la gloria de

---

[1] De este verbo se desprende el sustantivo *kabod,* significa: gloria, pesado, honra, majestad, pompa, fausto, premio.

Dios. Ahora bien, Dios es Padre de Israel tal como lo evidencian estas citas veterotestamentarias: Jer 3:4; 31:9; Mal 2:10, por tanto, exige un trato preferencial, debido a su paternidad. Así las cosas, la paternidad de Dios demanda la honra, la gloria y la obediencia debidas de aquellos que se dicen ser sus hijos. Honrar a Dios, entre otras cosas, implica obedecerlo y adorarlo, consecuentemente, todo aquel que pretende acercarse a Dios debe rendir su vida ante Él en obediencia y adoración.

La segunda exigencia que Dios hace en Malaquías es la honra que se le debe tributar como Señor que Él es. Él pregunta "y si soy señor, ¿dónde está mi temor?". Dios reclama temor. La palabra hebrea *morâ'* (מוֹרָא) significa: temor, terror, reverencia, maravilla y portento. Dios como *adón*, como señor, reclama reverencia, alabanza, respeto y adoración. Él debe ser soberanamente reverenciado por aquellos que están bajo su señorío, por eso demanda tal trato.

Ahora bien, aun cuando Malaquías está entablando esta querella contra los sacerdotes de Judá, las exigencias en ella consignadas no están referidas exclusivamente al clero judío, sino a los príncipes, a los militares, a los comerciantes, a los nobles, y al pueblo en general. El punto central en estas exigencias y reclamos alude a la obediencia al Pacto, el cual demandaba una respuesta de obediencia por parte del pueblo hebreo. El pueblo suscribió con Yahweh las bendiciones que traerían la obediencia al Pacto y las maldiciones que vendrían sobre el pueblo por causa de la violación del mismo (Dt 27, 28).

Hay una parte específica de las implicaciones de la obediencia y de la desobediencia al Pacto que quiero registrar. Se encuentra en Dt 30:1-10:

> Sucederá que cuando hubieren venido sobre ti todas estas cosas, la bendición y la maldición que he puesto delante de ti, y te arrepintieres en medio de todas las naciones adonde te hubiere arrojado Jehová tu Dios, y te convirtieres a Jehová tu Dios, y obedecieres a su voz conforme a todo lo que yo te mando hoy, tú y tus hijos, con todo tu corazón y con toda tu alma, entonces Jehová hará volver a tus cautivos, y tendrá misericordia de ti, y volverá a recogerte de entre todos los pueblos adonde te hubiere esparcido Jehová tu Dios. Aun cuando tus desterrados estuvieren en las partes más lejanas que hay debajo del cielo, de allí te recogerá Jehová, tu Dios, y de allá te to-

mará; y te hará volver Jehová tu Dios a la tierra que heredaron tus
padres, y será tuya; y te hará bien, y te multiplicará más que a tus
padres. Y circuncidará Jehová tu Dios tu corazón, y el corazón de tu
descendencia, para que ames a Jehová tu Dios con todo tu corazón y
con toda tu alma, a fin de que vivas. Y pondrá Jehová tu Dios todas
estas maldiciones sobre tus enemigos, y sobre tus aborrecedores que
te persiguieron. Y tú volverás, y oirás la voz de Jehová, y pondrás
por obra todos sus mandamientos que yo te ordeno hoy. Y te hará
Jehová tu Dios abundar en toda obra de tus manos, en el fruto de tu
vientre, en el fruto de tu bestia, y en el fruto de tu tierra, para bien;
porque Jehová volverá a gozarse sobre tí para bien, de la manera que
se gozó sobre tus padres, cuando obedecieres a la voz de Jehová tu
Dios, para guardar sus mandamientos y sus estatutos escritos en este
libro de la ley; cuando te convirtieres a Jehová tu Dios con todo tu
corazón y con toda tu alma.

Este pasaje describe las consecuencias de la obediencia. Podemos,
a esta altura de nuestra exposición, llegar a una conclusión primaria:
Dios exige obediencia de parte de su pueblo, la cual premia con bendición. La obediencia trae consigo el favor de Dios en beneficio del
obediente. El Señor ha decretado que la obediencia a su Palabra sea
bendecida y la desobediencia sea severamente castigada.

Hay un segundo pasaje que debe ser explorado en este acápite de
nuestra exposición. Se trata de 1 Sam13-15. Pero antes de adentrarnos
en este pasaje, observemos las instrucciones que Yahweh le había dado
al pueblo referente a la monarquía:

Cuando hayas entrado en la tierra que Jehová tu Dios te da, y tomes
posesión de ella y la habites, y digas: pondré un rey sobre mí, como
todas las naciones que están en mis alrededores; ciertamente pondrás
por rey sobre ti al que Jehová tu Dios escogiere; de entre tus hermanos pondrás rey sobre ti; no podrás poner sobre ti a hombre extranjero, que no sea tu hermano. Pero él no aumentará para sí caballos, ni
hará volver al pueblo a Egipto con el fin de aumentar caballos; porque Jehová os ha dicho: no volváis nunca por este camino. Ni tomará
para sí muchas mujeres, para que su corazón no se desvíe; ni plata
ni oro amontonará para sí en abundancia. Y cuando se siente sobre
el trono de su reino, entonces escribirá para sí en un libro una copia
de esta ley, del original que está al cuidado de los sacerdotes levitas;

y lo tendrá consigo, y leerá en él todos los días de su vida, para que aprenda a temer a Jehová su Dios, para guardar todas las palabras de esta ley y estos estatutos, para ponerlos por obra; para que no se eleve su corazón sobre sus hermanos, ni se aparte del mandamiento a diestra ni a siniestra; a fin de que prolongue sus días en su reino, él y sus hijos, en medio de Israel (Dt 17:14-20).

De acuerdo con la prescripción anterior, el futuro rey de Israel tendría que cumplir las siguientes condiciones:

* Sería designado por Yahweh.
* Tenía que ser miembro del pueblo hebreo.
* No podía acumular riquezas.
* No podía tener un harem.
* Tendría un ejemplar de la Torah para su meditación cotidiana.
* Sus actos tenían que ser acordes con las prescripciones de la Torah.
* Debía temer a Yahweh.
* No se podía apartar de la Ley.

Éstas eran las prescripciones que Dios había establecido para los reyes de Israel. La Torah no configura las funciones del rey (sólo describe lo que ya se ha expuesto arriba), pero sí diseña muy bien las funciones sacerdotales y establece las claras distinciones entre la autoridad civil y la autoridad eclesiástica. Nadie, fuera del sacerdote, podía ejercer ninguno de los roles sacerdotales, por más rey que fuera. El *shophet* (juez o líder civil, como Moisés, Josué, Débora, Jefté, etc.) fungiría como *shophet* y el sacerdote como sacerdote. Moisés tenía su deber como *shophet* y Aarón tenía sus funciones como sacerdote. Ninguno de los dos tenía potestad para usurpar las funciones del otro funcionario. Este paradigma sería la clave para la configuración de los tres funcionarios futuros de Israel: profeta, sacerdote y rey.

Ahora sí, volvamos a 1 Samuel 13-15. Estos capítulos registran el desarrollo de dos guerras que libró Saúl, ambas fueron ganadas por él: contra los filisteos en Micmas (caps. 13-14) y contra los amalecitas en el territorio amalecita (cap. 15). En la primera guerra Saúl cometió dos errores: el primero fue la usurpación del fuero sacerdotal, al ofrecer sacrificio a Yahweh con el fin de obtener su gracia y así ganar una guerra terriblemente desigual, desobedeciendo así las prescripciones de la Torah. De esta manera cometió el pecado de transgresión. El segundo error en que incurrió en esa guerra fue prohibir a sus soldados comer hasta que hubieran exterminado a las guarniciones filisteas contra las cuales estaban peleando. En esa guerra contra los filisteos Saúl traspasó los límites, extralimitó sus funciones y desobedeció a Dios. De esta manera, había comenzado a resquebrajar su reinado.

En la guerra contra los amalecitas, Saúl había recibido la orden perentoria por parte de Dios de exterminar totalmente a los amalecitas[2], según 1 Sam 15:3, y que no se apiadara de Amalec. Bajo esa orden, Saúl marcha contra los amalecitas.

¿Por qué razón Dios ordenó el exterminio de Amalec? Retrocedamos a la historia y ubiquémonos en Éxodo 17: cuando Israel subía de Egipto rumbo a Canaán. Los israelitas habían salido del Sinaí y se encontraban en el desierto de Sin y llegaron a Refidim, lugar desértico. Allí tuvieron sed, por lo que murmuraron contra Moisés. Dios le ordenó a Moisés que tomara algunos de los ancianos y se dirigiera a la Peña de Horeb, la golpeara para que saliera agua. Y así sucedió. Aquel lugar recibió dos nombres: Masah (prueba) y Meriba (contienda). En esa situación de debilitamiento físico, Amalec le declaró la guerra a Israel. Los hebreos muy debilitados tuvieron que pelear contra los amalecitas. Dios otorga la victoria a su pueblo, Israel. Luego le da una orden a Moisés: "Escribe en un libro para que sirva de memorial, y haz saber a Josué que yo borraré por completo la memoria de Amalec de debajo del cielo" (Ex 17:14).

Dios, posteriormente, le recuerda a Israel la acción innoble y agresiva de Amalec: "Acuérdate de lo que te hizo Amalec en el camino cuando saliste de Egipto, cómo te salió al encuentro en el camino, y atacó entre los tuyos a todos los agotados en tu retaguardia cuando tú estabas fatigado y cansado; y él no temió a Dios. Por tanto, cuando el Señor te haya dado descanso de todos tus enemigos alrededor, en la tierra que el Señor tu Dios te da en heredad para poseerla, borrarás de debajo del cielo la memoria de Amalec; no lo olvides" (Dt 25:17-19).

---

[2] Saúl tenía que aplicar el principio de la *Jerem*, חֵרֶם: consagrado, consagrado al exterminio, exterminio total, anatema.

El anterior es el trasfondo histórico de la aplicación de la *jerem* a Amalec. Ahora Dios ha elegido a Saúl para que cumpla ese designio divino. Recordemos que ya Saúl había comenzado a agrietar su reinado por la desobediencia a la Ley, según el cap. 13 de 1 Samuel. Saúl destruyó al pueblo, pero dejó con vida a Agag, rey de Amalec y lo mejor de su ganado, cuando la orden era: "Ve, pues, y hiere a Amalec, y destruye todo lo que tiene, y no te apiades de él; mata a hombres, mujeres, niños, y aun los de pecho, vacas, ovejas, camellos y asnos" (1 Sam 15:3). Saúl "cumplió" selectivamente la orden de Dios, pues el cronista registra: "Y Saúl y el pueblo perdonaron a Agag, y a lo mejor de las ovejas y del ganado mayor, de los animales engordados, de los carneros y de todo lo bueno, y no lo quisieron destruir; mas todo lo que era vil y despreciable destruyeron" (1 Sam 15:9).

La acción de Saúl comportaba dos tipos de traiciones: traiciona a sus antepasados y con ellos al sufrimiento que Amalec les causó. Ésta era una traición a la historia. Traiciona y desobedece una orden directa de Dios. Él decide qué obedecer y qué no obedecer. Rompe con la sacralidad de la *jerem* y se comporta como un soberano independiente, quien no tiene que obedecer a nadie más, fuera de su propio criterio; además, se comporta como alguien que no tiene que rendirle cuentas a nadie, más que a él mismo.

El cronista sagrado declara que Dios se arrepintió de haber puesto a Saúl como rey de Israel, luego Samuel pronuncia estas famosas palabras: "¿Se complace Jehová tanto en los holocaustos y víctimas, como en que se obedezca a las palabras de Jehová? Ciertamente el obedecer es mejor que los sacrificios, y el prestar atención que la grosura de los carneros. Porque como pecado de adivinación es la rebelión, y como ídolos e idolatría la obstinación. Por cuanto tú desechaste la Palabra de Jehová, Él también te ha desechado para que no seas rey" (1 Sam 15:22, 23). Samuel califica el pecado de Saúl como rebelión[3] contra Dios.

Samuel, en este contexto específico, pronuncia uno de los asertos más universales y profundos de la espiritualidad: la obediencia es superior a los sacrificios, los cuales pueden convertirse en un signo de la religiosidad, en cambio, la obediencia es un signo de la espiritualidad.

---

[3] Heb. *jatta'*, חַטָּא: pecado, yerro, culpa, extravío, alejamiento.

Siglos después de ocurridos estos episodios, encontraremos a Isaías haciendo la siguiente declaración:

> Príncipes de Sodoma, oíd la Palabra de Jehová; escuchad la ley de nuestro Dios, pueblo de Gomorra. ¿Para qué me sirve, dice Jehová, la multitud de vuestros sacrificios? Hastiado estoy de holocaustos de carneros y de sebo de animales gordos; no quiero sangre de bueyes, ni de ovejas, ni de machos cabríos. ¿Quién demanda esto de vuestras manos, cuando venís a presentaros delante de mí para hollar mis atrios? No me traigáis más vana ofrenda; el incienso me es abominación; luna nueva y día de reposo, el convocar asambleas, no lo puedo sufrir; son iniquidad vuestras fiestas solemnes. Vuestras lunas nuevas y vuestras fiestas solemnes las tiene aborrecidas mi alma; me son gravosas; cansado estoy de soportarlas. Cuando extendáis vuestras manos, yo esconderé de vosotros mis ojos; asimismo cuando multipliquéis la oración, yo no oiré; llenas están de sangre vuestras manos. Lavaos y limpiaos; quitad la iniquidad de vuestras obras de delante de mis ojos; dejad de hacer lo malo; aprended a hacer el bien; buscad el juicio, restituid al agraviado, haced justicia al huérfano, amparad a la viuda. Venid luego, dice Jehová, y estemos a cuenta: si vuestros pecados fueren como la grana, como la nieve serán emblanquecidos; si fueren rojos como el carmesí, vendrán a ser como blanca lana (Is 1:10-18).

La religiosidad se preocupa por lo externo de la ley, en cambio lo espiritual se fundamenta en lo profundo, en el espíritu de la ley, en la obediencia, en agradar a Dios, en honrarlo, en tributarle honra y gloria como Dios y Señor. Saúl, abusando de su dignidad real, decide qué obedecer y qué no obedecer. Además, es incapaz de asumir su responsabilidad, pues cuando Samuel lo increpa, le responde de la siguiente manera: "Antes bien he obedecido la voz de Jehová, y fui a la misión que Jehová me envió, y he traído a Agag rey de Amalec, y he destruido a los amalecitas. Mas el pueblo tomó del botín ovejas y vacas, las primicias del anatema (*ha jerem*, הַחֵרֶם), para ofrecer sacrificios a Jehová tu Dios en Gilgal" (1 Sam 15:20, 21). Saúl arguye que el pueblo toma del anatema para sacrificar a Dios, mientras él sólo le perdona la vida a Agag. Débese comprender que Saúl era el responsable de todo lo que sucediera en esa operación, por tres razones: a) Dios le dio una orden directa a él, no al pueblo, por tanto era él quien tenía que responder delante de Yahweh por su cumplimiento o incumplimiento, b) él era el rey de Israel, por tanto, él tenía que corregir cualquier conducta de sus subalternos y c) él era el comandante de esa operación, por tanto, tenía que responder por todo lo que ocurriera en ella. Así que su excusa era inválida; por otro lado, él mismo reconoce que desobedeció a Dios, al perdonarle la vida a Agag. Este solo hecho comportaba en sí una prevaricación, desacato a una ley y transgresión de la ley. Saúl no tenía excusa alguna.

La desobediencia desagrada terriblemente a Dios, mientras que la obediencia constituye una honra sublime y una alabanza profunda a nuestro Dios. Sólo aquel que obedece a Dios puede adorarlo, como dijera Jesús, en espíritu y verdad. De este pasaje que hemos visualizado se puede inferir que la obediencia es *conditio sine qua non* de la oración eficaz.

Ya en el Nuevo Testamento, Jesús muestra cómo la obediencia nace de un corazón que ama a Dios, y, por tanto, relaciona obediencia con amor y amistad: "Éste es mi mandamiento: que os améis unos a otros, como yo os he amado. Nadie tiene mayor amor que éste, que uno ponga su vida por sus amigos. Vosotros sois mis amigos, si hacéis lo que yo os mando. Ya no os llamaré siervos, porque el siervo no sabe lo que hace su señor; pero os he llamado amigos, porque todas las cosas que oí de mi Padre, os las he dado a conocer" (Jn 15:12-15).

La obediencia se da en un contexto de amor, tal como Jesús lo expresa y lo requiere de sus discípulos: hay que amar a Dios y a los hermanos. La obediencia se fundamenta en el amor que el cristiano le tenga a Dios. El amor del discípulo hacia su Gran Maestro debe generar obediencia, así mismo, la amistad que tengamos con Cristo debe generar obediencia: "Vosotros sois mis amigos, si hacéis lo que yo os mando" fue la sentencia del Maestro.

En Juan 15 Jesús muestra que la obediencia a su Palabra produce los frutos que todo buen cristiano quiere y debe tener: "Yo soy la vid, vosotros los pámpanos; el que permanece en mí, y yo en él, éste lleva mucho fruto; porque separados de mí nada podéis hacer. El que en mí no permanece, será echado fuera como pámpano, y se secará; y los recogen, y los echan en el fuego, y arden. Si permanecéis en mí, y mis palabras permanecen en vosotros, pedid todo lo que queréis, y os será hecho" (Jn 15:5-7). La obediencia a Jesús, y la permanencia en comunión continua con Él facilitan la eficacia de la oración. Sólo aquel que tiene profunda relación con Cristo puede elevar al Santuario oraciones profundas y significativas, las cuales serán respondidas por Dios.

ORANDO EN EL ESPÍRITU Y CON EL ENTENDIMIENTO

Para el abordaje de este asunto nos basaremos en 1 Cor 14:14-17:

> Porque si yo oro en lengua desconocida, mi espíritu ora, pero mi entendimiento queda sin fruto. ¿Qué, pues? Oraré con el espíritu, pero oraré también con el entendimiento; cantaré con el espíritu, pero cantaré también con el entendimiento. Porque si bendices sólo con el espíritu, el que ocupa lugar de simple oyente, ¿cómo dirá el Amén a tu acción de gracias? pues no sabe lo que has dicho. Porque tú, a la verdad, bien das gracias; pero el otro no es edificado (1 Cor 14:14-17).

Los capítulos 11-14 de Primera a Corintios son muy interesantes, ya que el Apóstol Pablo muestra, de alguna manera, la vida litúrgica de la Iglesia: el capítulo once lo dedica a explicar la seriedad de la santa Cena y el peligro que el cristiano corre cuando participa de ella de manera indigna. El capítulo doce muestra las diferentes habilidades y capacidades que Dios ha entregado a los santos para la conducción y desarrollo de la Iglesia. En el capítulo trece registra cómo el amor debe permear e irrigar todas las áreas de la vida tanto del creyente como de la Iglesia. Y el capítulo 14 está dedicado a establecer orden dentro de la liturgia, debido al mal uso y abuso del Don de Lenguas y del mal uso y abuso del Don de la Profecía.

Profecía y lenguas son importantes, sin embargo, hay diferencias: la profecía edifica a otros, el que habla en lenguas se edifica a sí mismo. El que profetiza habla a los hombres, el que ora en lenguas habla a Dios. Es muy probable que en el interior de la Iglesia de Corinto se haya presentado rivalidades entre los creyentes que tenían ambos dones, por ello era necesario que los cristianos siguieran el amor para evitar cualquier tipo de conflictos.

Pablo no esconde su preferencia por las profecías, sin demeritar el hablar en lenguas. Quien tiene el don de lenguas necesita de quien tiene el don de interpretar las lenguas para que la comunidad eclesiástica conozca el contenido de la oración de quien habla en lenguas. Si no hay intérprete, el que habla en lenguas debe guardar silencio o hablar quedamente para que la comunicación sea entre él y Dios, aunque su mente quede sin entendimiento: "Porque si yo oro en lengua desconocida, mi espíritu ora, pero mi entendimiento queda sin fruto" (1 Cor 14:14).

Parece que aquí está en juego la contraposición de una comunicación con Dios en un plano semiextático con la comunicación con Dios cuando media la razón (*nous*, νοῦς). La oración de espíritu a Espíritu no es mediatizada por la razón, en cambio la oración "inteligente" encuentra en el entendimiento agente su mediación. Ambos tipos de oración son necesarias en la vida del cristiano. La oración de espíritu a Espíritu tiene lugar, toda vez que el cristiano necesita robustecer su ser interior, sin la mediación del entendimiento, es decir, necesita que su espíritu se agigante. La oración "inteligente" tiene su lugar en el hecho de que el cristiano debe saber qué le está pidiendo a Dios, y en el acto litúrgico la congregación debe saber qué se le está diciendo a Dios.

En este aparte de la exposición debemos formularnos una pregunta: ¿acaso espíritu (*pneuma*) y entendimiento (*nous*) son antitéticos? Debemos reconocer que la razón (y con ella el entendimiento) es una de las facultades del espíritu humano. Si la razón es una de las facultades del espíritu humano, no puede haber contradicción alguna entre espíritu y razón. Dios no hizo al ser humano esquizofrénico. Si esto es así, debemos, entonces, preguntarnos qué quiso decir Pablo cuando afirmó orar en el espíritu, pero también orar con el entendimiento.

Hay facultades del espíritu que no necesariamente consultan la razón, no porque vayan en contra de ella, sino porque no dependen de ella. Por ejemplo, la razón tiene la capacidad de discernir parcialmente las cosas del mundo sensible y puede solamente intuir deficitariamente algo del mundo suprasensible. El espíritu humano, puede discernir, guiado por el Espíritu de Dios, las cosas eminentemente espirituales, que escapan a la comprensión de la razón natural. Esto lo podemos ver en la siguiente cita: "Pero el hombre natural no percibe las cosas que son del Espíritu de Dios, porque para él son locura, y no las puede entender, porque se han de discernir espiritualmente" (1 Cor 2:14).

¿Quién es el hombre natural? Pablo lo designa *psijikós ánthropos* (ψυχικὸς ἄνθρωπος), se refiere al hombre que sólo y exclusivamente cuenta con sus facultades biológicas, naturales e intelectivas. Por tanto su razón no está asistida por el Espíritu de Dios. Este tipo de hombre no ha recibido la gracia salvífica, santificante y perseverante de Dios que lo ayuda a comprender los misterios divinos, revelados al hombre. Así que para él es locura (*moría*, μωρία) el Evangelio de la Gracia.

Otra afirmación muy importante que hace Pablo alude al discernimiento. El verbo que Pablo utiliza en este versículo y que alude a discernimiento[1] es *anakríno* (ἀνακρίνω), el cual se refiere al examen, al juicio y al análisis. Hay dos realidades, las cuales exigen dos tipos de mediaciones diferentes: la realidad sensible demanda como mediación de análisis y de comprensión la razón natural. La realidad suprasensible demanda como mediación la razón espiritual. Ambas están dotadas de sus respectivos instrumentos que les permiten conocer y discernir sus respectivas realidades. La razón natural posee los instrumentos naturales para discernir aquellas cosas que caen bajo su comprensión. La razón espiritual tiene los instrumentos espirituales para discernir lo que cae bajo su comprensión, es decir, las cosas espirituales. Pablo afirma que la razón natural no puede conocer (*ou dynatai gnónai*, οὐ δύναται γνῶναι) las cosas del espíritu porque hay que examinarlas espiritualmente, y la razón natural no tiene los instrumentos espirituales para discernir lo que atañe a las cosas del espíritu.

Hay otra área, en la que el entendimiento humano muestra las limitaciones que tiene para discernir las cosas espirituales, me refiero a la paz que Dios ofrece al cristiano: "Y la paz de Dios, que sobrepasa todo entendimiento, guardará vuestros corazones y vuestros pensamientos en Cristo Jesús" (Fil 4:7). La paz que procede de Dios está por fuera (*jyperéjo*, ὑπερέχω[2]) de la comprensión del entendimiento (*nous*, νοῦς) del ser humano. Es importante notar que Pablo le da una cualidad a la paz de Dios: la expresión griega debe ser traducida como "la que sobre-

---

[1] El sustantivo griego es *anákrisis* (ἀνάκρισις) que significa: investigación, examen, instrucción o preparación de un proceso, audiencia preliminar.

[2] El verbo griego tiene los siguientes significados: tener encima de, tener por encima, levantar por encima de, elevarse sobre, sobresalir, dominar, exceder, sobrepasar, gobernar, tener poder sobre, ser mejor que.

pasa", es decir, no es una simple acción verbal, sino una cualidad permanente. Es un participio que se comporta como adjetivo. Así, entonces la paz tiene la cualidad de sobrepasar la capacidad comprensiva de la razón, ya que es el espíritu humano el que la comprende a profundidad. El entendimiento, sin la iluminación del Espíritu Santo, no puede discernir la paz de Dios ubicada en el corazón, ya que está por encima de su comprensión y discernimiento.

Por todo lo dicho anteriormente, debo advertir que Pablo no está enfrentando espíritu y razón, sino que está diciendo que cuando la razón no ha sido asistida conveniente y coherentemente por el Espíritu de Dios, no tiene los instrumentos espirituales necesarios para conocer y examinar las cosas que son propias del Espíritu de Dios. Sólo la razón que ha sido asistida conveniente y coherentemente por el Espíritu de Dios puede conocer, examinar y comprender las cosas que son propias del Espíritu de Dios. Ésta es una faceta del problema. La otra faceta tiene que ver con la razón espiritual. Examinemos este asunto. Parece que la razón espiritual tiene dos dimensiones:

a) Comprensión de los misterios divinos. Esta comprensión la tiene la razón del cristiano que ha sido dinamizada por el Espíritu de Dios y que le permite discernir espiritualmente las cosas que son propias del Espíritu. Creo que 1 Cor 2:6-16 está apuntando a esta dimensión.

b) Inmersión en las profundidades del Espíritu de Dios. Esta dimensión sobrepasa los límites de la razón espiritual (cf. Col 1:9) y se ubica directamente en el propio espíritu del hombre, el cual se comunica, sin ningún tipo de mediación, con el Espíritu del Señor. Creo que tres pasajes del Nuevo Testamento aluden a esto: 1 Cor 14, Rom 8, especialmente los versículos 16, 26, 27, y Ef 6:18-20. El espíritu del hombre entra a un nivel de comunicación con Dios de tal magnitud que sobrepasa al entendimiento (νοῦς), el cual queda sin fruto (ákarpos, ἄκαρπος) en este tipo de oración. Ojo aquí. El espíritu del hombre está orando y toda la vida del creyente se beneficia inmensamente de ese tipo de oración, sin embargo, su vida consciente, su razón, su entendimiento queda sin comprensión. Pablo no está afirmando que la oración del espíritu deja la vida sin resultados. Está declarando que la razón queda sin comprensión, pero el resto de la vida del cristiano queda enriquecidamente edificada.

Este asunto Pablo lo toca nuevamente en Ef 6:10-20, en la porción dedicada a examinar la lucha que el Pueblo de Dios tiene que librar contra las Fuerzas del Averno y la armadura que Dios diseñó para enfrentar a tales seres. Una parte de esa armadura la constituye la oración: "Orando en todo tiempo con toda oración y súplica en el Espíritu, y velando en ello con toda perseverancia y súplica por todos los santos" (Ef 6:18). Pablo vuelve a hablar de la oración en el Espíritu, sólo que esta vez utiliza la siguiente construcción: "Orando en todo tiempo con toda oración y súplica en el Espíritu". En este pasaje Pablo hace las siguientes afirmaciones:

a) Orando en todo tiempo en el Espíritu (*proseujómenoi en pantí kairó en pneúmati*, προσευχόμενοι ἐν παντὶ καιρῷ ἐν πνεύματι). La palabra "tiempo" no alude al tiempo cronológico (*jrónos*, χρόνος), porque de lo contrario nos estaría urgiendo a orar las 24 horas del día, lo cual es impensable. El vocablo *kairós* se refiere a ocasiones específicas. En todas las ocasiones que se presenten debemos orar en el Espíritu.

b) Estar alerta perseverantemente (*agrypnountes en páse proskarterései*, ἀγρυπνοῦντες ἐν πάσῃ προσκαρτερήσει). En la lucha contra las Fuerzas del Infierno el cristiano debe estar siempre alerta sin descuidar su vida, sin ceder terreno, sin dar ventajas al enemigo. Esto alude a la oración continua, no al acto puntual de oración sino a una actitud permanente de comunión con Dios.

c) El creyente debe orar y suplicar a favor de los santos que están enfrentando las mismas luchas. Esta oración es necesaria para que Dios llene de poder a sus hijos y así venzan a las Fuerzas del Mal.

En Efesios, Pablo sigue insistiendo en la oración profunda del cristiano, como un tipo de oración que llega al trono de la Gracia e inclina la misericordia de Dios a favor de su pueblo y de las personas por quienes se está intercediendo.

De acuerdo con 1 Cor 14:14-17, ¿dónde está la disyuntiva (orar en el espíritu u orar con el entendimiento)? En la liturgia comunitaria es muy conveniente y provechoso orar de manera inteligible, de tal forma que todos entiendan la oración que se está elevando a Dios. Las profecías, igualmente, deben ser inteligibles y examinadas por la congregación para la edificación del cuerpo. En la liturgia congregacional todo lo que se hace debe tener sentido y debe ser entendido por todos los miembros de la comunidad eclesiástica y por todos los asistentes para beneficio del crecimiento armónico del cuerpo de Cristo.

En la devoción personal y solitaria, el creyente debe sumergirse en ambas dimensiones: en la comprensión de los misterios divinos, a través de oraciones conscientes, inteligentes, bien pensadas y examinadas, para que el entendimiento agente quede altamente enriquecido, y por tanto esté en condiciones de dirigir los actos del cristiano; y en la inmersión en las profundidades del Espíritu de Dios, para que su vida se agigante, enriquezca y sea muy fructífera. Debemos recordar que hay cosas concernientes a Dios que sin comprenderlas, las intuimos, las vivenciamos y las experimentamos. A veces decimos: "No sé cómo explicarlo, no lo entiendo, pero lo vivo, lo intuyo, lo sé". Esto nos recuerda la famosa cita de Blas Pascal: "El corazón tiene razones que la razón desconoce". Hay argumentos y vivencias que la razón no puede discernir, ya que son las razones del Espíritu de Dios que se escapan al entendimiento del ser humano, aun del creyente más consagrado a Dios. Aquí se ven los límites de la razón, de los cuales Pascal dijo: "El último paso de la razón es el reconocimiento de que hay una cantidad infinita de cosas que están más allá de ella". Entre las cosas que están más allá de la razón se encuentran no sólo las razones del corazón, de las que habló Pascal, sino las razones del Espíritu de Dios.

Así las cosas, el creyente está llamado a orar en el espíritu, pero también a orar con el entendimiento. Ambos tipos de oración deben ser experimentados a profundidad por cada uno de nosotros. Que Dios nos ayude a orar de esta forma.

La oración como acto puntual y como estilo de vida tiene una finalidad y un punto de llegada. Esa teología podría ser el empoderamiento de la comunidad eclesial para avanzar en la extensión del Reino de Dios, lo cual incluye el afrontamiento con las Fuerzas del Averno; para otros, ese punto de llegada podría ser la adquisición de visión y de los medios para desarrollar la Iglesia local. Otros la ubicarían en la vivencia sociopolítica de la comunidad de los santos. Habría quienes la verían necesaria para desarrollar programas asistenciales y de desarrollo comunitario para mejorar las condiciones de vida de los pobres. Hay quienes la consideran *conditio sine qua non* para conquistar finanzas, espacios políticos, reconocimiento, tener éxitos ministeriales y llevar una vida de prosperidad económica. Ésta es la razón por la cual se inserta la segunda parte de este libro: "Teología de la Prosperidad", la "Oración Fuerte al Espíritu Santo", la "Ley de la siembra y la cosecha" y los "Pactos". Estas tendencias son consecuencias de cierto tipo de oración que se ha privilegiado y aplicado en diversas comunidades eclesiales y cuyo resultado visible es la prosperidad socioeconómica.

SEGUNDA
PARTE

SEGONDA
PARTE

TENDENCIAS CONTEMPORÁNEAS

Es vital hablar del Secularismo y del Humanismo en este aparte de nuestro discurso, toda vez que la idea de pacto, siembra y cosecha, el Movimiento de la Fe (Teología de la Prosperidad) y la confesión positiva, tal como se disciernen en algunos sectores del evangelicalismo popular, hunde sus raíces en esos dos movimientos, cuya irrupción tanto en la historia como en el pensamiento de Occidente ha ejercido fuerte influjo desde el Renacimiento hasta el día de hoy. Algunos discursos de corte religioso y teológico han recibido influencia directa o indirectamente de ellos. Por esta razón juzgo conveniente y altamente ilustrativo insertar aquí una remembranza acerca del origen e influencias ejercidas por ellos en el entorno social y religioso contemporáneos. Habrá quien se pregunte: ¿qué tienen que ver el Evangelio del Éxito, la Confesión Positiva, siembra y cosecha, y pacto con el Secularismo y con el Humanismo? Justamente esta conexión es la que pretende establecer la siguiente discusión.

Todos los fenómenos socio-religiosos se originan en un determinado trasfondo cultural-ideológico, el cual les sirve de marco referencial. Cada contexto está originado por movimientos y tendencias propias de cada época o período histórico. Por ejemplo el Renacimiento, movimiento que creó transformaciones en el mundo, cuyas repercusiones las vive la sociedad contemporánea, fue una época de: cambios, críticas, propuestas, anhelos, retorno a lo clásico y al hombre como colectividad. Fue una época de creatividad, y de inmensa producción arquitectónica, artística, literaria y filosófica. El Renacimiento se constituye en un período de cambios: se transforma el hombre, el arte, la historia, por lo que es "ante todo, un espíritu que transforma no sólo las artes, sino también las ciencias, las letras y formas de pensamiento".[1] Así, entonces, el Renacimiento se presenta como reacción y como retorno. Como reacción, se enfrenta al absolutismo y teocentrismo característicos del medioevo. Con el Renacimiento, el hombre comienza a ocupar un lugar destacado en el universo, tal como lo transparenta el arte, la arquitectura y la literatura renacentistas. Así, ya no será Dios el centro de todo sino que ahora el hombre tomará su lugar; una evidencia de esa tendencia la constituye la recomendación de Feuerbach de que Dios fuera sustituido por la raza humana[2]. Así, los atributos que se habían predicado acerca de Dios continuaban siendo reconocidos, pero como cualidades del hombre. A partir del Renacimiento, pasando por la Modernidad y la Ilustración, se volverá la mirada al hombre como ser que ostenta poderes inherentes a su naturaleza.

La concepción política tradicional, especialmente el Derecho Divino del rey, cederá su lugar a la reconfiguración sociopolítica que hará el mismo hombre. Más tarde y como influjo del Renacimiento, aparecerán los contractualistas modernos: Maquiavelo, Rosseau, Thomas Hobbes y John Locke. La cosa pública *(res publica)* será entendida como consecuencia del Pacto Social y no por designación divina. A partir del Renacimiento, el hombre será dueño de la política, de las ciencias, de las artes, de la naturaleza, y se presentará como la medida de todas las cosas. Con el Renacimiento dominará la estética, con su predilección por lo bello. Francis Bacon contribuirá al anclaje del Secularismo, toda vez que en su propuesta utópica expresada en la *Nova Atlantis*, indicará que los sabios y la ciencia naciente tendrán un lugar destacadísimo en esa nueva sociedad. La ciencia logrará lo que la fe y el dogmatismo medieval no pudieron: mejorar las condiciones de vida de los hombres, según Bacon.

Con el Renacimiento harán su aparición el Secularismo y el Humanismo, los cuales se centrarán en el hombre como punto de partida y

---

[1] DÍEZ DE LA CORTINA, Mónica. *El Renacimiento*. http://www.cibernous.com/crono/historia/renacimiento/rena.html

[2] BEORLEGUI, Carlos. *Lecturas de Antropología Filosófica*. 2.ª ed. Desclée de Brouwer, Bilbao 1995, p. 14.

punto de llegada de la realidad. Se pasará así del teocentrismo al antropocentrismo, de la fe a la razón. Luis Eduardo Haiek ayuda a esclarecer el papel que el Humanismo jugó en el Renacimiento:

> El Humanismo comienza siendo en el Renacimiento una aproximación al hombre y una postura de rechazo al teocentrismo medieval. En el Renacimiento vemos cómo se descubre al hombre en todas sus dimensiones: su anatomía desde el punto de vista científico, y al cuerpo humano como interés estético. El Humanismo del Renacimiento debe ser visto como un interés primordial por el hombre y por todo su quehacer. Es una doctrina, que antepone, frente a cualquier otra instancia, la felicidad y bienestar del hombre en el transcurso de su vida. El término tiene su origen en las corrientes teórico-pragmáticas que durante el Renacimiento europeo se rebelaron contra las limitaciones de tipo moral impuestas por la teología dogmática de la Edad Media.[3]

El Renacimiento generó incipientemente el Secularismo, el cual encuentra en la Modernidad su motor propulsor, al negar lo sobrenatural, para dar lugar a lo natural. Pero es la Ilustración la que va a configurar definitivamente el Secularismo, toda vez que ella proclamará la autonomía del hombre y la madurez intelectual del sujeto humano. El crecimiento intelectual, el ejercicio de la razón, el surgimiento de las ciencias y los métodos positivistas empleados para conocer la realidad, desplazarán las explicaciones religiosas y teológicas que se hacían de los diferentes fenómenos que se suceden en la historia. Es la Ilustración la que va a "arrinconar" la religión para dar paso a la razón teórica y, más tarde, a la razón instrumental, como la denominó, en su tiempo, Horkheimer. A partir del Secularismo, el hombre, y no Dios, será la fuente de todo, el hombre será quien posibilite todo, la razón del hombre será creadora, y con la razón, la palabra del hombre tendrá efectos sobre la realidad circundante. Así, el Renacimiento, la Modernidad y la Ilustración desacralizarán el mundo, la política, la sociedad, al mismo hombre y encontrarán una explicación racional a todo. El mismo Dios será objeto de todo tipo de análisis racional, y es así como surge el ateís-

---

[3] HAIEK, Eduardo Luis. *Humanismo: Thomas Moro.* http://www.monografias.com/trabajos42/humanismo-tomas-moro/humanismo-tomas-moro.shtml

mo teórico bajo la premisa de la imposibilidad racional de demostrar la existencia de Dios.

Emmanuel Kant, de manera elegante, eleva una fuerte crítica a la religiosidad del medioevo, la cual se ocupó de pensar por el sujeto, y de fijarle dogmas de fe para ser creídos y aceptados sin ningún tipo de análisis o de crítica. De acuerdo con Kant ese dogmatismo medieval produjo cierta incapacidad en los sujetos, incapacidad ésta que la Ilustración, por un lado develará y por otro lado conjurará:

> La Ilustración es la liberación del hombre de su culpable incapacidad. La incapacidad significa la imposibilidad de servirse de su inteligencia sin la guía de otro. Esta incapacidad es culpable porque su causa no reside en la falta de inteligencia sino de decisión y valor para servirse por sí mismo de ella sin la tutela de otro... ¡Ten el valor de servirte de tu propia razón!: he aquí el lema de la Ilustración. La pereza y la cobardía son causa de que una tan gran parte de los hombres continúe a gusto en su estado de pupilo, a pesar de que hace tiempo que la Naturaleza los liberó de ajena tutela...; también lo son de que se haga tan fácil para otros erigirse en tutores. Es tan cómodo no estar emancipado![4]

Sin duda alguna, el medioevo convierte a la Iglesia en la gran tutora del saber, por lo que los individuos hacían poco uso de su racionalidad e inteligencia, ya que dependían de las elaboraciones intelectuales que se hacían desde el seno de la *Mater Magistra*. La Ilustración reacciona críticamente contra esa tendencia y dependencia, ésta es una de las razones por la cuales Cassirer hace la siguiente aseveración: "Cuando [...] se intenta una caracterización general de la época de la Ilustración, nada parece más seguro que considerar la actitud crítica y escéptica frente a la religión como una de sus determinaciones esenciales".[5]

Cuando el individuo depone su derecho de hacer uso legítimo de su raciocinio para asumir los pensamientos impuestos por determina-

---

[4] KANT, Emmanuel. *Filosofía de la Historia*. Trad. Eugenio Ímaz. F. C. E., México 1998, p. 25.

[5] CASSIRER, Ernst. *Filosofía de la Ilustración*. Trad. Eugenio Ímaz. F. C. E., Bogotá 1994, p. 156.

do sector, se estanca intelectualmente y, consecuentemente, se detiene cualquier tipo de progreso. Los enciclopedistas franceses sabedores de esto luchan para continuar la emancipación del hombre (acción que había tenido su inicio en el Renacimiento), critican la religión por considerarla obturadora del progreso intelectual e "incapaz de fundar una auténtica moral y un orden político-social justo".[6]

En la Ilustración francesa se hacen ingentes esfuerzos por desacralizar a la sociedad y a la naturaleza. Consecuentemente esta última será entendida como una realidad totalizante, a la vez que el hombre es conceptualizado como "un ser que surge y vive en la naturaleza, y en relación a ella hay que definirlo".[7] Ernst Cassirer recoge un pasaje de Diderot en el que el enciclopedista francés pone en boca de la naturaleza el siguiente discurso parenético dirigido a los hombres:

> Es inútil, ¡oh supersticioso! Que busques tu felicidad más allá de las fronteras del mundo en que te he colocado. Osa liberarte del yugo de la religión, mi orgullosa competidora, que desconoce mis derechos; renuncia a los dioses, que se han arrogado mi poder, y torna a mis leyes. Vuelve otra vez a la naturaleza, de la que has huido; te consolará, espantará de tu corazón todas las angustias que te oprimen y todas las inquietudes que te desazonan. Entrégate a la naturaleza, entrégate a la humanidad, entrégate a ti mismo, y encontrarás, por doquier, flores en el sendero de tu vida".[8]

Las construcciones metafísicas que se habían construido en torno al ser del hombre, comenzaron a derrumbarse a partir del Renacimiento y la Ilustración radicalizó aún más ese derrumbamiento. Así, entonces, el hombre ya no será un ser inmanente/trascendental, sino que se le reducirá a lo meramente inmanente porque, se creía, su ser se consume en el aquí y en el ahora. A partir de esta realidad se buscará el bienestar tanto del individuo como de la sociedad. Ese bienestar podría estar ubicado en el individualismo, el cual privilegia la propiedad privada, o podría estar en la colectividad, la cual inspiraría el nacimiento de las

---

[6] *Ibíd.*, p. 156.
[7] BEORLEGUI, Carlos. *Op. cit.*, p. 14.
[8] CASSIRER, Ernst. *Op. cit.*, p. 157.

teorías socialistas. Ambas tendencias tienen como centro al hombre, ya sea individual o colectivo. De esta manera el mundo comienza a presenciar el nacimiento de una nueva tendencia que caracterizará los siglos siguientes, especialmente el siglo XX y lo que va corrido del siglo XXI: el ateísmo pragmático, es decir, la ausencia de Dios en la sociedad, en las instituciones, en la moral, en las relaciones interpersonales, ya que se le confina a los centros especializados: a los templos, y más específicamente a los procesos litúrgicos. De esta manera, el Secularismo desacraliza todo para darle a la realidad una única dimensión, la temporo-espacial. Aun la misma religión recibe el fuerte impacto de la secularización.

Ahora bien, ¿qué es el secularismo? El vocablo viene del latín *seculare/saeculum*, cuyos significados respectivos son "siglo" y "seglar". Ambos términos están referidos a las cosas temporales, a lo que no es religioso, a la realidad profana. En este orden de ideas, *seculare* alude al mundo material en contraposición al mundo inmaterial.

El Secularismo y su proceso de secularización están referidos a fenómenos, tales como[9]:

* Pérdida de propiedades de la Iglesia y su paso a manos del Estado o de la sociedad civil.

* Progresiva independencia del poder político respecto al poder eclesiástico.

* Pérdida de influencia de la religión en la cultura.

* Designación de la autonomía de la sociedad en general y de sus instituciones frente a organismos religiosos.

* Decadencia de las prácticas y creencias religiosas tal como se observa en las sociedades modernas.

El Secularismo ha ejercido su influencia en todas las esferas de la sociedad, de la cual no se ha escapado la religiosidad. Además, ha per-

---

[9] http://es.wikipedia.org/wiki/Secularizaci%C3%B3n

meado áreas de tipo artístico, social, económico, político, ideológico, psicológico, filosófico, teológico, hermenéutico y religioso; y afecta directa e indirectamente la vida de los individuos y de la sociedad. El Secularismo hace que estas áreas se imbriquen ora de manera ecléctica, ora de manera sincrética para producir un determinado *ethos y/o pathos social*. Así las cosas, tanto el comportamiento individual como el social son determinados por esta macrotendencia.

El Humanismo tiene algunos rasgos distintivos, los cuales podemos sintetizar de la siguiente manera[10]:

* El antropocentrismo o consideración de que todo gira en torno al hombre frente al teocentrismo medieval.

* Ya no se desprecia ni la fama en este mundo, ni el dinero, ni el goce epicúreo de los sentidos.

* Se ve como legítimo el deseo de fama, gloria, prestigio y poder, valores paganos que bonifican al hombre frente a otros que lo reducen al compararlo con Dios y degradan esos valores a la categoría de pecados según la moral cristiana y la escolástica.

* El Optimismo frente al Pesimismo y Milenarismo medievales. Existe fe en el hombre: la idea de que merece la pena pelear por la fama y la gloria en este mundo incita a realizar grandes hazañas y emular las del pasado. La fe se desplaza de Dios al hombre.

* En el centro del universo está el hombre, imagen de Dios, criatura privilegiada, digna sobre todas las cosas de la Tierra (antropocentrismo).

La discusión que se ha presentado tiene como propósito mostrar la forma como el Secularismo y el Humanismo han permeado la sociedad contemporánea en todos los niveles, aun en el religioso. Algunos discursos religiosos y teológicos encuentran su inspiración en estos dos

---

[10] http://es.wikipedia.org/wiki/Humanismo

movimientos. Por ejemplo, el Secularismo posibilitó el advenimiento de la Teología de la Ciencia y de la Teología del Proceso; el comprometido apoyo de la ultraderecha evangélica a partidos políticos y a gobiernos conservadores originó el nacimiento de la Teología Dominionista; la crisis ecológica influyó en la formulación de la Teología Ecológica y Campesina; asimismo, los movimientos de liberación incubaron las teologías Indigenista, Gay, Feminista y Negra. El "capitalismo salvaje", la sociedad de consumo, el libre comercio, el individualismo radical posesivo, el humanismo y el secularismo se han servido de la religiosidad popular para dar origen al Movimiento de la Fe. Este aserto no reduce el origen de este movimiento a lo meramente transaccional, sino que ubica lo económico como uno de los factores concomitantes que posibilitó la generación de este movimiento. Los anteriores agentes se coligan para encontrar en el Movimiento de la Fe su expresión religiosa más significativa y atractiva.

El Humanismo ha inspirado, en el campo religioso, nuevos énfasis homiléticos y nuevas resignificaciones hermenéuticas. La centralidad de la cruz, la piedad, la santidad de la vida y la santidad en las relaciones interpersonales, laborales, sociales, etc., han perdido importancia, ya que nuevos énfasis y preocupaciones han invadido muchos púlpitos del evangelicalismo norteamericano y latinoamericano. Temas como siembra y cosecha, pactos, confesión positiva y prosperidad, entre otros, han invadido las agendas de las exposiciones religiosas. Todos estos énfasis responden a redefiniciones antropológicas implícitas y resignificaciones religiosas, tanto implícitas como explícitas. Por otra parte, el contenido de dichas exposiciones tiene su fundamento en la visión secularista y humanista, si bien se acude a textos bíblicos "probatorios". Así la Biblia se constituye en una excusa para promover, desde la religión, la visión del secularismo económico.

Valga decir que algunas de esas reelaboraciones y reinterpretaciones son generadas no como resultado de una búsqueda intensa en las Sagradas Escrituras, sino por agendas provenientes de diversos movimientos gestados en la sociedad. Si las Escrituras no trazan el camino que debe seguir la hermenéutica dentro de los círculos eclesiales, sino que por el contrario, será una "excusa", los movimientos secularistas generadores de opiniones y de conductas éticas serán los que determinarán la interpretación de las Escrituras.

Ciertas corrientes y énfasis teológicos se nutren de dos consecuencias antropológicas que dejan tanto el Secularismo como el Humanismo, según el desarrollo de nuestro discurso:

a) El hombre es un simple ser inmanente, por consiguiente, lo más importante es buscar la comodidad del individuo aquí y ahora. Su beneficio socioeconómico es imprescindible, ya que su ser se agota en el presente orden de cosas. Si bien los barones de la Teología de la Prosperidad no se atreven a formular la inmanencia radical del hombre, ni niegan la trascendencia del ser humano, con su frenética búsqueda del bienestar del hombre *en el aquí y en el ahora*, y su poca mención de temas como la cruz, santidad, etc., hacen concesiones al Humanismo secularista respecto a la inmanencia del hombre y a su desprecio por la trascendentalidad humana.

b) En segundo lugar, el hombre se constituye en el centro de todo, de toda búsqueda, de toda existencia, de toda significación, al mismo tiempo éste es un ser que tiene poderosas potencialidades: poder interior, palabra generadora de realidades, visualizaciones mentales que producen un *factum*, un hecho, una autosugestión, etc. El marcado énfasis en el antropocentrismo que hacen los barones del Evangelio de Éxito y la adjudicación de poderes en las palabras *(jremai)* del individuo son indicios del gran influjo que sobre ellos ejercen los dos movimientos sobre los que se ha discurrido.

Estas dos consecuencias se pueden ver aplicadas (con ciertas modificaciones para hacerlas compatibles con las Sagradas Escrituras) en diversas corrientes teológicas contemporáneas y en diferentes énfasis kerygmáticos utilizados por teleevangelistas. Expresiones como *"confiésalo y lo recibirás"*, *"visualízalo y lo obtendrás"*, *"recurre a tu yo interior"*, etc., provienen del Humanismo, mas no de las Sagradas Escrituras. Se puede advertir una mezcla de Nueva Era, Humanismo y algo de Biblia en las proclamaciones de movimientos como Evangelio de Éxito y Oración Fuerte al Espíritu Santo, movimientos que abusan tanto de las Escrituras como de la credulidad de las personas para promover la codicia entre sus oyentes y lectores.

Los asertos bíblicos "de Dios es la tierra y su plenitud" (Sal 24:1) y "a Dios le pertenece el oro y la plata" (Hag 2:8) son utilizados en su mayor radicalidad para promover la adquisición del dinero fácil, ahora legitimado por movimientos religiosos. El dinero fácil obtenido por otros medios si no es ilegal, por lo menos es sospechoso. Pero la religiosidad popular cree poder legitimar la consecución de dinero fácil, toda vez que afirma que es el mismo Dios quien lo proporciona, a través de sus bendiciones a aquellos que lo confiesan. En un mundo mercantilizado y monetarizado, según los defensores del Movimiento de la Fe y de la Oración Fuerte al Espíritu Santo, apenas es lógico pensar que una pequeña inversión en Dios hará crecer asombrosamente el capital. Estas transacciones recibirán nombres bíblicos: siembra, cosecha, pacto y bendiciones. Así se legitimará la codicia, el individualismo, caracterizado por su indiferencia social, y la acumulación de riquezas.

La posibilidad de enriquecerse y de salir de una apremiante situación económica, como el profundo deseo de abandonar la condición de marginalidad socioeconómica en la cual se encuentra la mayoría de la población mundial es alimentada por la pretendida "legitimidad" que provee la religiosidad popular. El enriquecimiento ilícito y las riquezas adquiridas sin sustentación alguna son perseguidos y penalizados por las autoridades económicas de los diferentes países. Para estos promotores, la religión podría ser un medio de enriquecimiento "lícito", a través de ofrendas, diezmos, donaciones, primicias, etc. De esta forma pretenden legitimar bienes adquiridos, no provenientes del trabajo sino de ganancias "ocasionales", muchas de las cuales provienen de "*siembras*" que han hecho creyentes incautos.

Estos movimientos religiosos, de alguna manera, hacen uso de la "confesión positiva", según la cual, las palabras son portadoras de una *dynamis* especial que las traducen en acción. Sobre la confesión positiva Martín Ocaña Flores afirma "como observamos, en la confesión positiva se sobredimensiona y se atribuye un poder creativo a la palabra pronunciada. Así la palabra confesada puede lograr *todo lo que desea*: sanidad y riquezas. No existen realmente imposibles, sólo imposibilitados que no saben confesar".[11] La confesión positiva hace posibles

---

[11] OCAÑA FLORES, Martín. *Los banqueros de Dios: una aproximación evangélica a*

aquellas cosas que son invocadas a través de las palabras, según sus defensores, tal como lo hace notar Martín Flores.

Los defensores de la confesión positiva hacen ingentes esfuerzos por transmitir a sus oyentes/lectores la siguiente convicción: lo que se confiesa con los labios vendrá como una recompensa a la fe depositada en la realización de la cosa confesada. Este asunto se puede ver ilustrado en las palabras de uno de sus defensores: "Confiese las siguientes frases: 'Mis riquezas, las de mis hijos y las de mi familia están naciendo hoy', hágalo con fe. Ahí donde está leyendo este libro, levante sus manos al cielo en señal de reverencia al Señor y diga: '*Amado Dios, las riquezas de mis hijos y las de mi familia están naciendo hoy*'".[12]

Joel Osteen en su libro *Su mejor vida ahora: siete pasos para vivir a su máximo potencial*, hace la siguiente declaración: "Nuestras palabras llegan a ser profecías que se cumplen solas. Si permite que sus pensamientos le derroten y después da a luz las ideas negativas a través de sus palabras, sus acciones harán lo mismo. Por eso tenemos que tener muchísimo cuidado con lo que pensamos y especialmente cuidarnos de lo que hablamos. Nuestras palabras tienen enorme poder, y queramos o no, daremos vida a lo que estamos hablando, ya sea bueno o malo".[13]

Los defensores de la confesión positiva alegan que las palabras (*jrémai*, ῥήμαι) tienen poder en sí mismas, por tanto, es necesario pronunciarlas para liberar la fuerza avasalladora que subyace en ellas: "Las palabras son parecidas a las semillas. Al hablarlas en voz alta, son plantadas en nuestra mente subconsciente, y cobran una vida propia; echan raíces, crecen y producen la misma clase de fruta. Si hablamos palabras positivas, nuestras vidas caminarán en esa dirección; igualmente, las palabras negativas producirán malos resultados. No podemos hablar palabras de derrota y fracaso y esperar vivir en victoria. Segaremos precisamente lo que hemos sembrado".[14]

---

la Teología de la Prosperidad. Puma, Lima 2002, p. 78.

[12] JAMOCÓ ÁNGEL, Francisco. *El arte de hacer dinero, un don de Dios*. Tomo 1. Buena Semilla, Bogotá 2006, p. 24.

[13] OSTEEN, Joel. *Su mejor vida ahora: siete pasos para vivir a su máximo potencial*. Trad. Nola J. Theo. Lake Mary, Casa Creación, Florida 2005, pp. 119, 120.

[14] *Ibíd.*, p. 120.

Las palabras producen un impactante efecto sobre el subconsciente, de acuerdo con los defensores de la confesión positiva. El sujeto comenzará a actuar de acuerdo con los pensamientos y palabras que genere: pensamientos y palabras negativas generarán acciones negativas; en cambio, pensamientos y palabras positivas producirán efectos positivos en la conducta: "Al decir algo con suficiente frecuencia, con entusiasmo y pasión, muy pronto su mente subconsciente comienza a actuar sobre lo que está diciendo, haciendo lo necesario para lograr que esas palabras y pensamientos se cumplan".[15]

Generalmente, en la confesión positiva se confunde Palabra de Dios con palabra de hombre, lo cual es un grave error. Se debe recordar que la Palabra de Dios es eminentemente creadora y dinamizadora, por tanto, trae a la existencia lo que no existe; mas no sucede así con la palabra del hombre, la cual muchas veces es errática, carece de sentido, de significado y de profundidad.

La confesión positiva encuentra su base teórica en el Humanismo, según el cual el hombre es dueño de su propio destino, es el gestor de su propia historia y bienestar. Si el hombre "es la medida de todas las cosas, de las que son y de las que no son", entonces sus palabras y acciones determinarán lo que es y lo que no es, lo que debe ser y lo que no debe ser. La confesión positiva es el retorno al antiguo ideal de la razón que proclamó la Modernidad: la razón es altamente determinante, consecuentemente, las palabras son creadoras. Todo cuanto existe en la sociedad encuentra su origen en la razón/palabra. Los defensores de la confesión positiva se escudan en ciertos textos bíblicos para dar fundamentación bíblica a su doctrina, pero lo que no saben es que están vehiculando una de las doctrinas del Humanismo Secular: el poder intrínseco del hombre.

En un artículo titulado *El mundo gozará de una paz religiosa gracias al Secularismo*, Olga Perea Castro muestra el efecto que tiene el Secularismo en la esfera religiosa, según las disquisiciones de Wolfe: "En el futuro, señala Wolfe, el mundo gozará de una paz religiosa gracias al secularismo, que está permitiendo que las propias religiones se adapten y evolucionen en las sociedades en las que se desarrollan. Y

---

[15] *Ibíd.*, p. 120.

aunque no nos libremos nunca del todo de los fanatismos, añade, no hay que olvidar que la sociedad sigue secularizándose, dando lugar a una transformación de las creencias y prácticas religiosas".[16]

Olga Perea cita un estudio realizado por *Pew Global Attitudes Project* en 44 países. Dicho estudio pretendía mostrar la relación existente entre capacidad adquisitiva y respuestas de fe. Los resultados se pueden sintetizar de la siguiente manera[17]:

1. Cuando el individuo ubica en el mismo plano de relación a Dios y al dinero, la balanza se inclina hacia el dinero. El individuo le da prioridad al dinero, pues en su escala de valores se destaca la búsqueda de su bienestar socioeconómico.

2. La prosperidad económica en Europa ha ido desplazando la religiosidad, lo cual confirma la conclusión anterior.

3. La relación entre pobreza y religiosidad se evidencia en países asiáticos, como Indonesia y China: el primero es pobre y muy religioso, el segundo es una nación más rica y menos religiosa.

El artículo de Perea Castro muestra la forma como el Secularismo ha penetrado la conciencia de la sociedad contemporánea y ha ejercido poderoso influjo sobre la religiosidad, especialmente la religiosidad popular. De acuerdo con Wolfe, según Perea Castro "allá donde las religiones están floreciendo, generalmente, también se está dando una evolución de éstas, a menudo de formas que permiten que las creencias religiosas se acoplen con más facilidad a las sociedades seculares, lo que las debilita como fuerzas políticamente destructivas".[18]

En el caso de América Latina ocurre un fenómeno interesante, toda vez que es un subcontinente caracterizado por la pobreza, pero a la vez abierto a diversas expresiones religiosas, en las que la ortodoxia evan-

---

[16] PEREA CASTRO, Olga. *El mundo gozará de una paz religiosa gracias al secularismo.* http://www.tendencias21.net/El-mundo-gozara-de-una-paz-religiosa-gracias-al-secularismo_a2122.html

[17] *Ibíd.*

[18] *Ibíd.*

gélica está perdiendo espacio, mientras que grupos neopentecostales están experimentando inusitado crecimiento numérico, los mismos que ofertan bienestar económico y social, y a la vez provocan una nueva ilusión escatológica entre los pobres: la posibilidad de vivir una especie de utopía económica aquí y ahora, con este propósito hacen uso de prácticas como la confesión positiva, el binomio siembra-cosecha, pactos y doctrina de la prosperidad, las cuales encuentran su inspiración más en el Secularismo que en las Sagradas Escrituras, si bien alegan tener fundamentación bíblica. De alguna manera estas tendencias hacen del hombre el centro de sus búsquedas y Dios queda relegado a una simple excusa y objeto al cual se acude para buscar satisfacción de los más caros anhelos de los individuos.

MOVIMIENTO DE LA FE
(TEOLOGÍA DE LA PROSPERIDAD)

De más estima es el buen nombre que las muchas riquezas, y la buena fama más que la plata y el oro. El rico y el pobre se encuentran; a ambos los hizo Jehová. El avisado ve el mal y se esconde; mas los simples pasan y reciben el daño. Riquezas, honra y vida son la remuneración de la humildad y del temor de Jehová (Prov 22:1-4).

Cuando te sientes a comer con algún señor, considera bien lo que está delante de ti, y pon cuchillo a tu garganta, si tienes gran apetito. No codicies sus manjares delicados, porque es pan engañoso. No te afanes por hacerte rico; sé prudente, y desiste. ¿Has de poner tus ojos en las riquezas, siendo ningunas? Porque se harán alas como alas de águila, y volarán al cielo (Prov 23:1-5).

Cuando una sociedad ha perdido sus ideales y cuando una comunidad llega al desencanto y a la pérdida de esperanza es proclive a aceptar cualquier oferta que se le haga. En el caso del subcontinente latinoamericano, sus habitantes, por vivir un terrible desencanto político-económico, están propensos a abrirse a cualquier alternativa que les brinde una promesa de "redención" socioeconómica. El poder casi omnímodo que ostentan sectores minoritarios, frente a la desprotección y desesperanzas de las inmensas mayorías; el auge de las empresas transnacionales, las economías dependientes, la masificación, el atomismo, el utilitarismo, el funcionalismo, el miedo, la credulidad e ingenuidad y las inseguridades que viven estas sociedades, se constituyen en el "caldo de cultivo" de cualquier movimiento socio-religioso que les prometa bienestar social, político, económico y seguridad, es decir que les plantee un paraíso de ensoñación aquí en la tierra. Éste es el camino abonado que ha encontrado el Movimiento de la Fe (Teología de la Prosperidad) para su expansión y seducción de muchos sectores religiosos.

Se puede advertir la presencia de cierto tipo de hedonismo en este movimiento religioso, toda vez que sus barones sobreenfatizan el bienestar económico. Parecería que para ellos el *súmmum bonum* de la vida fuera la bendición material de Dios para los fieles. Recuérdese que la sociedad contemporánea ha cultivado el neo-hedonismo, el cual privilegia lo efímero, lo tangible, el goce inmediato. Es innegable el inmenso placer que provoca la vida cómoda, la solvencia económica, los lujos. El problema es que este tipo de confort podría estimular en el sujeto que lo experimenta la trivialización de la vida, el afianzamiento del materialismo y la inversión de valores: lo eterno lo podría transmutar por lo transitorio. Recuérdese la observación prudente y la preocupación justificada de Agur, con respecto a la riqueza: "Vanidad y palabra mentirosa aparta de mí; no me des pobreza ni riquezas; manténme del pan necesario; no sea que me sacie, y te niegue, y diga: ¿quién es Jehová? O que siendo pobre, hurte, y blasfeme el nombre de mi Dios" (Prov 30:8, 9). El hedonismo proclamado por los representantes de este Movimiento se imbrica con el hedonismo privilegiado por el postmodernismo. Respecto a las tendencias hedonistas de la sociedad contemporánea, Fernando Cruz afirma que las personas

> desean el goce y el placer inmediato, muy ligado entre otras cosas al consumo de bienes y servicios. Vivir el instante, gozarse el momento, esa parecería ser la consigna. Poco espíritu de sacrificio, pues la vida es algo que debe vivirse en función del placer y del instante presente. En estas condiciones, el subordinado es compelido a vivir una especie de doble vida: dentro de la organización debe comportarse como no hedonista, pues por el contrario la cultura organizacional le exige esfuerzo, sacrificio, generosidad y espíritu de entrega a favor de la organización, mientras por fuera la cultura lo llama al hedonismo, al consumo, a vivir el instante, a no preocuparse por nada sino sólo por el placer del momento y por la comodidad y el confort.[1]

El hedonismo, entonces, se presentará como una de las aspiraciones del hombre, quien buscará el placer transitorio como una de sus máximas aspiraciones. Ese placer lo buscará en la religión, en el sexo, en el alcohol, en una buena lectura, en la lúdica, en la familia, en el

---

[1] CRUZ KRONFLY, Fernando. *La sombrilla planetaria: Modernidad y Postmodernidad en la cultura.* Planeta, Bogotá 1994, p. 45.

trabajo, en el deporte. En fin en todo aquello que lo haga sentir vivo y que le proporcione bienestar individual. En aras de la honradez hay que aclarar que el hedonismo que proclama el Movimiento en referencia, no está orientado a inmoralidades como sexo, alcohol, etc., sino a la vida confortable, a tener posesiones materiales.

Los representantes del Movimiento de la Fe son los siguientes: en los Estados Unidos, Oral Roberts, fundador de la Universidad que lleva su nombre y su hijo Richard, quien actualmente es el presidente de la misma. Kenneth Hagin, director del seminario Rhema; Kenneth y Gloria Copeland, Marilyn Hickey y Frederick Price. Robert Tilton, pastor del *Centro Familiar Palabra de Fe* en Dallas, Texas; Benny Hinn, pastor del *Centro Cristiano de Orlando*, Florida; famoso por sus libros *La Unción y Buenos días Espíritu Santo*.[2] Otros líderes de este movimiento son: Cash Luna, Harold Caballeros y Jorge López.

¿Qué es el Movimiento de la Fe? Se denomina con ese apelativo "a un conjunto no sistematizado de doctrinas cristianas que enseñan que la prosperidad económica y el éxito en los negocios son una evidencia externa del favor de Dios. También es conocida en México como 'Palabra de Fe'o 'Confiésalo y Recíbelo'".[3] Arturo Piedra ubica la Teología de la Prosperidad como un factor de la religiosidad popular.[4]

Además, este Movimiento "establece que Dios quiere que los cristianos sean exitosos en todos sus caminos, especialmente en el área de sus finanzas".[5] En este orden de ideas, "la TP enseña que la prosperidad material es la evidencia mayor de la bendición de Dios; sin embargo, dicha prosperidad no es para todos sino para aquellos que son fieles a Dios y guardan sus leyes espirituales. Asimismo, enseña que la prosperidad material es dada a los cristianos para el disfrute terrenal, pues hay que acostumbrarse en la tierra a un estilo de vida que en el cielo será mayor y eterno".[6]

---

[2] Centro de Investigaciones Religiosas, P. O. Box 846, Montebello, C. A. 90640 EE. UU.

[3] http://es.wikipedia.org/wiki/Teolog%C3%ADa_de_la_prosperidad

[4] PIEDRA, Arturo. "Teología de la gracia y teología de la prosperidad (El desafío permanente de las teologías populares)". Artículo escrito en enero del 2004 en la Universidad Bíblica Latinoamericana. San José, Costa Rica.

[5] *Ibíd.*

[6] OSHIGE, Fernando. "Teólogo peruano analiza avance de la teología de la prospe-

El Movimiento de la Fe, también conocido como Evangelio de Riquezas y Éxito tiene aproximadamente treinta y cinco años de existencia, si bien sus orígenes van mucho más atrás. Rodrigo Díaz ubica el origen del Movimiento de la Fe de la siguiente manera:

> La Teología de la Prosperidad tiene sus orígenes remotos por los años cincuenta, cuando varios evangelistas norteamericanos comenzaron las grandes campañas de sanidad divina, surgiendo al mismo tiempo las presiones económicas, para lo cual se requería un mensaje que se tradujera en nuevos y más jugosos ingresos para la obra de Dios. La configuración de la teología de la prosperidad como tal encuentra en Essek William Kenyon, neoyorquino nacido en 1867, su progenitor, con el acuñamiento del concepto "Confesión Positiva", o "lo que yo afirmo, eso poseo". Sus discípulos más abnegados fueron Keneth Hagin y Keneth Copeland, quienes le dan forma y estructura al movimiento de la Prosperidad.[7]

El Movimiento de la Fe recoge en sí varios movimientos: Confesión Positiva, Oración Fuerte al Espíritu Santo, la ley de la siembra, tendencias neopactistas, fortalecimiento de la fe individual, entre otros. Realmente es una tendencia que es asimilada por diversos grupos y movimientos socio-religiosos.

Una pregunta que adviene a la mente, respecto a este Movimiento, llamado también Teología de la Prosperidad, tiene relación con la validez de su nombre de Teología de la Prosperidad. ¿Es una verdadera teología? ¿Es un discurso teológico? Si no es una verdadera teología, ¿por qué se le denomina así? Si es un discurso teológico, ¿por qué razón no se le llama discurso teológico de la prosperidad? Lo que sí queda claro es que ése es un movimiento socio-religioso, nacido en el interior del Neopentecostalismo, con la finalidad de promover programas e inversiones eclesiales. Este movimiento está asociado con otros, tales como el Neo-apostolado y el Neo-profetismo, transversados todos ellos por la confesión positiva, y por mediaciones de pactos y el binomio siembra-cosecha.

---

ridad". http://www.alcnoticias.org/articulo.asp?artCode=3251&lanCode=2

[7] DÍAZ, Rodrigo. "Importancia del Discipulado en el contexto de la sociedad globalizada del Nuevo Milenio". http://www.monografias.com/

Comencemos afirmando que la teología es un saber. Y es un saber teórico, es un saber práctico, es un saber dialógico. Es una disciplina, y como tal tiene metodología que la caracteriza; como disciplina es responsiva y proyectiva, como disciplina se da en un determinado ambiente y es generadora de una comunidad: comunidad teológica. Una de las características de la Teología es su carácter sistemático: es un saber sistemático y dialógico. En cambio, el Movimiento de la Fe es asistemático, carente de un método que lo caracterice, de él no se puede predicar un carácter dialógico, toda vez que tiene un carácter dogmático. Tiene todas las características de un movimiento, por tanto, tal vez sería preferible denominarlo Movimiento de la Fe o Palabra de Fe y no Teología de la Prosperidad. Así que en este libro se le denominará Movimiento de la Fe.

El Movimiento de la Fe (MF) hace evidente la crisis en la cual se encuentra la teología tradicional. Esa crisis tiene relación con la pertinencia de la teología evangélica para los sectores populares y pobres, y para la realidad política de las naciones. Es cierto que la teología tiene una preocupación última, que en opinión de Paul Tillich "es la traducción abstracta del gran mandamiento: 'El Señor, nuestro Dios, es el único Señor, y amarás al Señor, tu Dios, con todo tu corazón, con toda tu alma, con toda tu mente y con toda tu fuerza'".[8]

La preocupación última de la teología conservadora ha sido la transparentación de la revelación divina con el propósito de cumplir la Gran Comisión y de crear una comunidad eclesiástica sana, dinámica y santa. Se debe reconocer que la teología evangélica conservadora ha hecho ingentes esfuerzos por cumplir con este propósito y que en su afán por promover el Reino de Dios, de llevar a cabo la Gran Comisión, de crear una verdadera comunidad de discípulos de Cristo, ha descuidado la asistencia social a los pobres y marginados. Muchas veces, su discurso ha sido a-temporal y a-espacial, mientras que sus oyentes son seres ubicados en un determinado lugar y tiempo, es decir están ubicados espacial y temporalmente. A los pobres les ha recordado que su verdadera herencia está en el Reino de los Cielos, donde van a obtener el premio a su fidelidad, y lo máximo que ha hecho es prestar ayuda

---

[8] TILLICH, Paul. *Teología Sistemática I: la Razón y la Revelación, el Ser y Dios*. 4.ª ed. Trad. Damián Sánchez Bustamante Páez. Sígueme, Salamanca 2001, p. 26.

asistencial a ciertos casos específicos de pobreza. Esto significa que la teología conservadora evangélica ha dejado un gran vacío en el área social y política.

Diversas teologías han tratado de llenar los vacíos que ha dejado la teología referenciada: Teología de la Liberación, Teología Feminista, Teología Campesina, Teología Negra, Movimiento de la Fe, entre otras. Este último ha fundamentado su discurso en el área socioeconómica, para lo cual se basa en ciertas premisas, las cuales serán abordadas más adelante. Este Movimiento trata de contemporizar y de focalizar la teología, sólo que al hacerlo, reduce el mensaje cristiano a lo meramente económico, mostrando así su carácter secularizado. El Movimiento de la Fe proclama la terrenalidad del *shalom*: éste se vive aquí y ahora y se traduce en bienestar económico y social. Las bendiciones de Dios llueven a granel sobre aquellos que confiesan bienestar y prosperidad económica. Se desprende, entonces, que el *shalom* sólo se activa cuando va acompañado de confesión de fe, de siembra y de pactos. En estas promesas, promulgadas por los promotores de este movimiento, los pobres creen encontrar algo de esperanza en medio de la desesperanza, y se les hace ver la posibilidad de redención económica, siempre y cuando pacten con Dios y siembren de acuerdo con sus posibilidades económicas.

En apariencia, este movimiento estaría dirigido fundamentalmente a los pobres, quienes esperan ser redimidos social y económicamente por un acto milagroso de Dios, y a las personas que sin ser pobres están endeudadas, o quieren aumentar su caudal. Esto le daría un carácter de movimiento sectorial, es decir, estaría dirigido a un determinado sector poblacional y a la esfera de lo socioeconómico. Mientras el "teólogo reivindica la validez universal del mensaje cristiano, a pesar de su carácter concreto y particular",[9] los promotores del Movimiento de la Fe proclaman su carácter sectorial. La verdad, éste es un movimiento que se agota en el aquí y en el ahora, es un mensaje eminentemente temporalizado, es decir, no proyecta a su consumidor a la eternidad, sino que lo ubica en el aquí y en el ahora, ya que todos los esfuerzos están orientados al bienestar terrenal.

---

[9] *Ibíd.*, p. 23.

Pero la verdad es que el Movimiento de la Fe no se preocupa por los pobres, por quienes al parecer, sus promotores sienten cierto desprecio, como algunos pasajes de su discurso parecen indicar. Su acercamiento a los pobres lo hacen a través de la creación de ilusiones: si se siembra, se cosechará proporcionalmente a lo sembrado. Esto pone en desventaja a los pobres, toda vez que mientras más elevado sea el monto de la siembra, mayor será el beneficio obtenido de la cosecha. Si un individuo siembra US 10 cosechará proporcional a esa cantidad, si otro siembra US 10.000 lo cosechado será proporcional a esa cifra. De la transacción anterior se colige que mientras más baja sea la siembra, más baja será la cosecha; y mientras más alta sea la siembra, más alta será la cosecha. En este caso el pobre siempre estará en desventaja frente a aquel que tiene recursos para hacer una generosa "siembra". El dios que está recompensando este tipo de generosidad, al aplicar el principio de la proporcionalidad, está desfavoreciendo al pobre. Así entonces, estamos frente a un dios elitista, quien bendice generosamente la abundancia y bendice parcamente la escasez. Así las cosas, este tipo de discurso no se ocupa de la condición del pobre como tal, en cambio se ocupa de promover la adquisición de bienes contingentes. Al final, el pobre será el gran marginado en este tipo de teología.

Por otra parte, este movimiento ve al cristiano como un hijo del Rey, y si es hijo del Rey, entonces el cristiano es un príncipe. Ahora bien, ese Rey es inmensamente rico, pues toda la riqueza que hay en el mundo le pertenece. Así las cosas, Dios quiere dar en herencia a sus hijos las riquezas que le pertenecen. Por tanto, todo cristiano debe vivir como un príncipe, debe ostentar riquezas y bienestar material en todo el sentido de la palabra.

La siguiente clave ayuda a identificar a la persona que promueve el Movimiento de la Fe: "Estimado hermano, si en tu culto escuchas frases como 'pacta con Dios para que seas prosperado económicamente', 'paga la bendición', 'no participes de ministerios de pobreza, quédate en este ministerio de prosperidad', 'somos hijos del Rey, entonces disfrutemos de las riquezas de Él' y tantas otras frases acuñadas para justificar una predicación que su contexto más profundo difiere mucho de la verdad bíblica, estás frente a la Teología de la Prosperidad".[10] Esta tendencia se deja ver en algunas de las declaraciones de sus líderes:

Jerry Savelle, maestro y autor de varios libros sobre prosperidad: "Dios quiere que sus hijos usen las mejores ropas. Quiere que conduzcan los mejores automóviles y quiere que tengan lo mejor de todo; basta con pedir lo que necesitemos". "Pocas personas saben hoy que pueden escribir su propia 'orden de compra' a Dios".[11]

Kenneth Hagin, maestro y presidente del Seminario Rhema en Oklahoma: "¡Usted tiene derecho a la prosperidad! Jesús trajo y pagó por ella...". "Da $10 y recibirá $1000; da $1000 y recibirá $100.000... cuán grande puede ser una devolución centuplicada". "Dé una casa y recibirá cien casas, o una casa que valga cien veces la que dio. Dé un avión y recibirá cien veces el valor del avión. Dé un carro y la devolución será todos los carros que va a usar durante su vida. En resumen, que Marcos 10:30 es un tremendo negocio".[12]

Paul Yongi Cho: "Quizás alguien que esté mirando a este ministerio en TV. haya prometido una fuerte suma (de dinero) a Dios... pero en efecto no la pagó. Usted está tan cerca de mentirle al Espíritu Santo, que dentro de unos días habrá de morir, a menos que pague el precio que con Dios haya establecido. Espero que todo el mundo esté captando el mensaje... el profeta ha hablado".[13]

Gloria Copeland: "Si la mafia se mueve en un Lincoln Continental, ¿por qué no el muchacho preferido del Rey? Usted puede hablar de mí todo lo que usted quiera mientras yo manejo mi Rolls Royce, el cual está completamente pagado y con el recibo que así lo acredita...".[14]

Javier Gómez Rubio, pastor-director de Amistad Cristiana en Guadalajara, Jalisco: "La prosperidad (económica) es señal de perfección. Es caminar en justicia... es valorar el sacrificio del Hijo de Dios".[15]

---

[10] http://www.adital.org.br/site/noticia.asp?lang=ES&cod=4180

[11] http://www.sectas.org/articulos/movimiento/prosperidad.htm

[12] *Ibíd.*

[13] *Ibíd.*

[14] *Ibíd.*

[15] *Ibíd.*

Carlos Gordillo, apóstol de la Red Ministerial Timoteo en México:

"Lo que usted confiesa tiene poder. Si usted confiesa que es pobre, usted se va a morir pobre. Mas si usted confiesa lo que su corazón cree, usted es un cristiano prosperado. Su confesión va a hacer que se empiece a soltar la prosperidad en el cielo y que usted empiece a vivir en prosperidad".[16]

Ricardo DiRocco: "El dinero no es otra cosa sino vida espiritual".[17]

¿Hay algún tipo de respuesta que, desde las Sagradas Escrituras, podamos darle a este movimiento? ¿Presenta la Biblia otra de perspectiva? Examinemos este asunto:

Pablo recuerda a Timoteo que un soldado está al servicio pleno de la causa de su milicia, por tanto, debe estar concentrado en su tarea como tal. Un soldado no sirve a la milicia y a los negocios particulares de manera simultánea. Escuchemos a Pablo:

> Tú, pues, hijo mío, esfuérzate en la gracia que es en Cristo Jesús. Lo que has oído de mí ante muchos testigos, esto encarga a hombres fieles que sean idóneos para enseñar también a otros. Tú, pues, sufre penalidades como buen soldado de Jesucristo. Ninguno que milita se enreda en los negocios de la vida, a fin de agradar a aquel que lo tomó por soldado. Y también el que lucha como atleta, no es coronado si no lucha legítimamente. El labrador, para participar de los frutos, debe trabajar primero. Considera lo que digo, y el Señor te dé entendimiento en todo (2 Tim 2:1-7).

Pablo urge a Timoteo a esforzarse en la gracia en Cristo Jesús. Dios ha derramado sobre su pueblo la gracia salvadora, la gracia santificante y la gracia perseverante, por tanto, cada hijo de Dios debe permanecer en esa triple gracia, en ello debemos poner todo nuestro empeño para poder agradar a Dios. En la preservación de esa triple gracia, el cristiano como soldado (*stratiótes*, στρατιώτης) de Cristo, contratado para pelear sus batallas, debe estar dispuesto a sufrir todo tipo de penalidades. Pablo, como buen discípulo y soldado de Cristo, había aprendido de su

---

[16] *Ibíd.*
[17] *Ibíd.*

Maestro y Comandante en Jefe que nadie puede servir a dos señores, por tal motivo, escribe a Timoteo que "*ninguno que milita se enreda en los negocios de la vida, a fin de agradar a aquel que lo tomó por soldado*". Es decir, ningún verdadero soldado de Jesucristo se ve envuelto o se mezcla en los negocios del presente orden de cosas; en otras palabras, no se enreda en las prácticas distractoras y desorientadoras de la vida presente (*tais tou biou pragmateíais*, ταῖς του βίου πραγματείαις). Si éstas son las orientaciones que Pablo da a su discípulo amado, Timoteo ¿por qué los neo-maestros, los neo-profetas y los neo-apóstoles de la prosperidad invalidan estas prescripciones, enseñando justamente lo contrario, involucrando a los cristianos en el materialismo enajenante del mundo contemporáneo? ¿Por qué hacen de la codicia la máxima búsqueda de los fieles? ¿Por qué convierten a *Mamón* en una de las finalidades cotidianas del cristiano? ¿Por qué pervierten y vulgarizan de esa manera el Evangelio de Jesucristo?

Los cristianos debemos hacer contracultura (Ro 12:1, 2; Fil 2:14-16) en una sociedad maligna y perversa. Ahora bien, la actual generación pletórica de oscuridad, de malignidad, de inversión de los valores, llena de profundo y preocupante materialismo, está inmersa en una búsqueda insaciable de riqueza, fama y poder, no importa por encima de quién tenga que pasar. En medio de ella estamos llamados a hacer contracultura. Un deber del cristiano consiste en romper radicalmente con el culto al dios Mamón (μαμών) y enseñarles a los hombres que tal culto trae ruina, destrucción y muerte, ya que tal idolatría aparta al hombre de su Hacedor y Redentor "porque raíz de todos los males es el amor al dinero, el cual codiciando algunos, se extraviaron de la fe, y fueron traspasados de muchos dolores" (1 Ti 6:10).

Pablo es enfático y radical al afirmar que el amor al dinero es la raíz de todos los males (*jridza gar pánton ton kakón estin je filarguría*, ῥίζα γὰρ πάντων τῶν κακῶν ἐστιν ἡ φιλαργυρία). El amor al dinero (*je filarguría*, ἡ φιλαργυρία[18]) es una terrible idolatría, ya que tal sentimiento y tendencia es supremamente exigente: exige plena lealtad, toda vez que tal amor subsume al sujeto que lo padece. Dicho amor es

---

[18] *Filarguría* significa: avaricia, codicia, amor o apego al dinero. De este sustantivo se desprende el adjetivo *filárguros*, φιλάργυρος: aficionado y apegado al dinero, avaro, codicioso.

tan excluyente que Jesús declaró: "Ninguno puede servir a dos señores; porque o aborrecerá al uno y amará al otro, o estimará al uno y menospreciará al otro. No podéis servir a Dios y a las riquezas" (Mt 6:24). El amor al dinero se convierte, *per se*, en un tirano que exige lealtad y servidumbre exclusivas.

Respecto a atesorar riquezas, Jesús nos advirtió: "No os hagáis tesoros en la tierra, donde la polilla y el orín corrompen, y donde ladrones minan y hurtan; sino haceos tesoros en el cielo, donde ni la polilla ni el orín corrompen, y donde ladrones no minan ni hurtan. Porque donde esté vuestro tesoro, allí estará también vuestro corazón" (Mt 6:19-21). Es menester prestar atención a las palabras de Jesús. El Maestro está prohibiendo atesorar riquezas. ¡Ojo, con la expresión *"hacer tesoros"*! Las riquezas convertidas en tesoro[19] esclavizan el corazón. Tesoro es entendido como: cantidad grande de dinero, valores reunidos y guardados; erario; abundancia de caudal guardado; persona o cosa de mucho precio o muy dignas de estimación.

Tesoro es lo que tiene gran valor para el ser humano. El individuo puede convertir cualquier elemento contingente en su gran tesoro. Jesús nos enseña, en el Sermón del Monte, que nuestro tesoro debe estar en el Reino de los Cielos, no en la tierra. Los valores del Reino de Dios deben ser nuestro gran tesoro, no las posesiones materiales. Jesús da una explicación muy lógica. Lo que es de gran estima y valor para el individuo cautiva y subyuga su corazón, por tal motivo las apetencias del corazón están ubicadas en el objeto que lo subyuga. Tal objeto esclaviza al hombre: ese elemento esclavizante puede ser la banalidad de la vida, la fama, la riqueza, el sexo, las drogas, el alcohol, la familia, la adquisición de educación y cultura; o por el contrario, la voluntad de Dios. Donde quiera que esté el tesoro del hombre allí está su corazón. Si el tesoro son las riquezas, su corazón estará esclavizado por los movimientos bursátiles y comerciales, por las políticas económicas de los diferentes gobiernos, por las tendencias inversionistas, por la competencia, por las nuevas modalidades de robos, por el temor causado por el auge del secuestro extorsivo, etc. Tal sujeto no tendrá paz y no podrá ver la gloria de Dios. En cambio, si su tesoro está en los valores del Reino, su gozo estará en hacer la voluntad de Dios. El problema funda-

---

[19] Es decir, θησαυρός, cuyos significados son: tesoro, riqueza, cofre, depósito.

mental que aborda Jesús es la conversión de las posesiones materiales en tesoro.

Pablo, siguiendo las directrices de su Maestro, exhortó a los cristianos a no adoptar la forma perversa de esta generación, por el contrario, debemos transformarnos por medio de una mente fresca, renovada, santificada y direccionada hacia Dios y hacia su voluntad. Es imprescindible la ruptura radical del cristiano con el materialismo salvaje y subyugante que circunda el mundo contemporáneo.

La meta del cristiano no es alcanzar las riquezas que el presente orden de cosas ofrece, sino llegar a la Patria Celestial, por tanto, no debe dejarse distraer por distractores temporales que lo hagan desviar de su mirada firme, anhelante y esperanzadora puesta "en Jesús, autor y consumador de la fe" (Heb 12:2). El corazón del cristiano no debe estar puesto en las riquezas, ni en cualquier otro distractor, sino en la piedad, en la fe, en Jesús.

Estos varones del Movimiento de la Fe se equivocan terriblemente, al orientar a su feligresía hacia esa búsqueda aberrante y peligrosa. Ellos están desviando la fe y la piedad de sus seguidores. Están logrando que creyentes sinceros, pero ingenuos e incautos, quiten la mirada de Jesús y la desplacen hacia Mamón.

Estos proclamadores, en lugar de promover entre sus feligreses la búsqueda de la piedad, de la santidad de vida y del señorío de Cristo en sus vidas y en la comunidad eclesial, enseñan justamente todo lo contrario, hacer riquezas aquí en la tierra, llenarse de lujos y de dinero, y descuidar lo fundamental: la profunda comunión con Jesucristo.

Uno de los pasajes favoritos del Movimiento de la Fe es 3 Jn 2: "Amado, yo deseo que tú seas prosperado en todas las cosas, y que tengas salud, así como prospera tu alma". Examinemos este texto. El verbo griego que utiliza Juan es *euodóomai* (εὐοδόομαι), el cual tiene los siguientes significados: conducir por buen camino, dirigir rectamente, encaminarse bien, hacer un viaje feliz, resultar bien, ganar, conseguir, obtener, prosperar, irle bien a uno y ganar dinero. "Prosperar" no es la única traducción posible de este verbo, como se puede apreciar es un vocablo polisémico. ¿Qué tal esta lectura: "Amado, yo oro para que tú seas conducido por buen camino, así como es conducida tu alma"? O ¿"Amado, yo oro para que tú seas dirigido correctamente, así como es dirigida tu alma"? O ¿"Amado, yo ruego para que tú te encamines bien así como se encamina tu alma"? O ¿"Amado, yo oro para que tus cosas resulten bien así como sucede con tu alma"? Cualquiera de estas lecturas es posible.

Respecto a este pasaje, Keener escribe lo siguiente: "Éste era un saludo común en muchas cartas de la antigüedad, que comenzaba muy a menudo con una súplica a favor de la salud del lector, incluyendo frecuentemente la petición de que todos sus asuntos fueran bien (no solamente prosperidad material, como algunas traducciones parecen indicar). Esta salutación podría ser similar a nuestra actual expresión 'espero que estés bien', pero representa una plegaria verdadera a favor de Gayo y sus asuntos".[20]

El verbo *euodóomai* (εὐοδόομαι) se encuentra solamente en tres pasajes del NT. Miremos su uso:

a) Ro 1:10. En este pasaje el Apóstol Pablo expresa su anhelo de visitar a los cristianos de Roma, y en ese empeño ruega a Dios le permita tener un viaje sin ningún inconveniente (*euodothésomai*, εὐοδωθήσομαι), es decir un viaje próspero, tranquilo, sosegado. El verbo *euodóomai* aquí no alude a prosperidad económica sino a la tranquilidad del viaje.

b) 1 Cor 16:2: "Cada primer día de la semana cada uno de vosotros ponga aparte algo, según haya prosperado (*euodótai*, εὐοδῶται[21]), guardándolo, para que cuando yo llegue no se recojan entonces ofrendas". Dios bendice el trabajo honrado y diligente de sus hijos. Lo honra dándole los frutos esperados y necesarios para la manutención de la familia. Del trabajo honrado del creyente se pueden beneficiar los menos favorecidos, por tal razón, la Biblia nos exhorta a trabajar. Veamos varios pasajes:

• "Antes vosotros sabéis que para lo que me ha sido necesario a mí y a los que están conmigo, estas manos me han servido. En todo os he enseñado que, trabajando así, se debe ayudar a los necesitados, y recordar las palabras del Señor Jesús, que dijo: más bienaventurado es dar que recibir" (Hch 20:34, 35).

---

[20] KEENER, Craig S. *Op. cit.*, p. 741.

[21] Presente subjuntivo pasivo singular de *euodóomai*, εὐοδόομαι.

- "El que hurtaba, no hurte más, sino trabaje, haciendo con sus manos lo que es bueno para que tenga qué compartir con el que padece necesidad" (Ef 4:28).

- "Y que procuréis tener tranquilidad, y ocuparos en vuestros negocios, y trabajar con vuestras manos de la manera que os hemos mandado, a fin de que os conduzcáis honradamente para con los de afuera, y no tengáis necesidad de nada" (1 Tes 4:11, 12).

- "Porque también cuando estábamos con vosotros, os ordenábamos esto: si alguno no quiere trabajar, tampoco coma..." (2 Tes 3:10ss.).

Estos pasajes bíblicos muestran la urgencia de trabajar honrada, diligente y arduamente para no sólo sostener a la familia sino para ayudar a los necesitados. Así que el Nuevo Testamento ubica el trabajo dentro de la economía divina como una mediación de amor, altruismo, filantropía y caridad.

En 1 Cor 16:2, el verbo *eudóomai* está referido a la bendición próspera de Dios al esfuerzo honrado y obediente del cristiano, esfuerzo éste patentizado en el trabajo. No es una prosperidad que cae abruptamente del cielo, sino que Dios honra y premia el trabajo semanal de sus hijos. En estos pasajes, la bendición (prosperidad) de Dios sobre sus hijos no tiene la finalidad de acumular riquezas; parte del propósito del trabajo se orienta hacia el servicio a los necesitados y, de esta forma, el cristiano exterioriza el gran amor de Dios y de su pueblo hacia ellos. El Dr. Theo Donner señala parte de la teleología del trabajo de la siguiente manera:

> Dentro del mundo actual podemos destacar dimensiones del trabajo que de pronto no se resaltan de manera especial en la Biblia. El trabajo es, en muchos sentidos, un servicio por medio del cual servimos a la sociedad. No sólo el médico o el maestro, sino también el panadero, el zapatero y el fabricante en general resulta útil o beneficioso a otros. No hablamos aquí sencillamente de una ley de oferta y demanda (el narcotráfico también funciona de acuerdo a esta ley), sino de un deseo de hacer bien a las personas por el producto o el servicio que ofrecemos. Aparte de la ley de oferta y demanda hay siempre

una dimensión ética: al fin y al cabo procuramos que nuestro trabajo sea una expresión de nuestro amor al prójimo.[22]

Tal trabajo diligente y sosegado Dios lo bendice. Como resultado de esa bendición los cristianos de Corinto debían separar parte de las bendiciones recibidas por Dios para enviársela a los necesitados, el primer día de la semana (*katá mían sabbátou*, κατὰ μίαν σαββάτου).

c) 3 Jn 1:2. Si el verbo *euodóomai* estuviera referido a la prosperidad económica, ésta se inscribiría dentro del contexto del trabajo que ya hemos contemplado en las citas anteriores.

Del uso que el NT da al verbo en referencia podemos inferir que la prosperidad tiene varios significados, uno de los cuales alude a la esfera económica. Esta prosperidad económica, según el NT, también está referida al trabajo. Esta prosperidad no es el resultado de ningún tipo de siembra, ni de pactos con Dios, sino del trabajo arduo, diligente y honrado que los hijos de Dios realizan semana tras semana. Esa prosperidad no es la finalidad, sólo es una mediación para que la bendición de Dios se extienda a los necesitados, a través de la generosidad de los cristianos (cf. Gen 12:2, 3). Los desvalidos, desamparados, marginados e indigentes deben experimentar el amor de Dios a través de la *diakonía* de los cristianos. Si Dios bendice el trabajo del cristiano, multiplicando los frutos de la tierra, es para que los comparta con aquellos que están en desventaja socioeconómica, mas no para engrosar la fortuna individual, ni para usufructuarla egoístamente.

La discusión que he estado presentando no constituye, de ninguna manera, fobia o desprecio por la riqueza. La Biblia enseña que toda la creación es de Yahweh (Sal 24:1, 2). Todo cuando existe es de Dios por creación, por posesión y por redención. Además, el profeta postexílico, Hageo, afirma: "Mía es la plata, y mío es el oro, dice Jehová de los ejércitos" (Hag 2:8). Cuando Apocalipsis describe la Nueva Jerusalén, muestra con lujo de detalles y con diversas figuras literarias el esplendor, majestad, belleza e inconmensurable riqueza que hay en

---

[22] DONNER, Theo G. *Fe y postmodernidad: una cosmovisión cristiana para un mundo fragmentado*. CLIE, Barcelona 2004, p. 154.

ella. ¡Dios es infinita e inimaginablemente rico! Así que la Biblia no tiene un mensaje en contra de la riqueza, ni promueve un movimiento anti-riquezas. La riqueza, por el contrario, goza de legitimidad en las Sagradas Escrituras: Dios le entregó a la raza humana, a través de Adán y Eva, una incalculable riqueza: el planeta tierra con todos los recursos tanto renovables como no renovables. ¡Qué inmensa riqueza depositó Dios en las manos de la humanidad! Pero obsérvese que la mediatización para usufructuar esa inconmensurable riqueza es el trabajo.

Abraham era rico. Blomberg señala el sentido y el contexto de la riqueza de Abraham y del resto de los patriarcas: "Las riquezas de los patriarcas, entonces, tienen que ser entendidas claramente dentro de su contexto del pacto. Estas riquezas están atadas directamente al plan de Dios de darle a su pueblo una tierra en especial. En la era cristiana, donde los creyentes no viven en una tierra prometida, debemos tener cuidado al asumir que las riquezas, necesariamente, o aun frecuentemente, representan la bendición de Dios".[23] En este orden de ideas, Yahweh le otorgó una inmensa riqueza a Salomón, Jesús tenía amigos ricos como José de Arimatea, y al parecer Filemón era un hombre rico. De manera que nuestra postura no va en contra de las riquezas, ni más faltaba.

La Biblia condena, con relación a la riqueza, siete cosas: a) convertirla en tesoro, b) la avaricia[24], c) su acumulación a expensas de la pobreza de otros, d) su mal uso, e) la falta de generosidad y solidaridad social de los más pudientes, f) el permitir que ellas desplacen a Dios y al prójimo del verdadero y legítimo sitio que deben ocupar en la vida del individuo, y g) la riqueza mal habida, proveniente de negocios ilícitos, como por ejemplo la simonía, el fraude, la explotación, el robo, el despojo de la tierra, la apropiación indebida de los bienes dados en empeño, entre otros.

Desde la perspectiva bíblica podemos afirmar que no es malo tener posesiones, el dinero no es malo en sí mismo, ya que es una simple mediación. En esto estoy de acuerdo con Jamocó, quien afirma: "No es

---

[23] BLOMBERG, Craig L. *Ni pobreza ni riquezas: una teología bíblica de las posesiones materiales*. CLIE, Barcelona 2002, p. 47.

[24] *Pleoneksía*, πλεονεξία, viene del verbo *pleonádzo*, πλεονάζω, este verbo significa: ser excesivo, sobreabundante, ser redundante, ser pleonástico; ser inmoderado, ser arrogante. Este verbo da origen a "pleonasmo" y a *pleonexía*: ganancia, ventaja, codicia, ambición, avaricia, violencia.

malo producir, no es malo hacer dinero, lo malo es, yo diría malísimo, amar el dinero por encima de Dios. Cuando nuestra vida se convierte en objetivos materiales, y sepultamos los valores y la integridad espiritual, comenzamos a tener un desequilibrio en la comunión con Él".[25]

La riqueza debe ser el resultado del trabajo honrado, y debe cumplir una función social, mas no debe obtenerse de manera fácil y su disfrute no debe ser egoísta. Contra estas tendencias va nuestra oposición.

Valga la oportunidad para presentar unos apuntes que pueden contribuir a la elaboración de una Teología Bíblica del Trabajo en y para América Latina:

La Teología Bíblica del Trabajo se debe inscribir dentro de la responsabilidad que Dios le otorgó al hombre en el momento de su creación: le entregó los recursos renovables y no renovables, le entregó el planeta Tierra y todo su contenido para que lo administre, lo cuide, lo proteja y lo preserve. Así, entonces, el hombre se convierte en un *oikónomos*, en un administrador de la naturaleza, al servicio de Dios.

El hombre desarrolla el papel de administrador a través de: el trabajo, el cuidado y la protección (*epiméleia*, ἐπιμέλεια[26]) de la naturaleza. La transformación de los productos renovables y no renovables la hace el ser humano por medio del trabajo, el cual debe ser entendido no sólo y exclusivamente como medio de enriquecimiento, sino como instrumento de dignificación humana, como instancia a través de la cual la raza humana puede interactuar con la naturaleza para preservar la habitabilidad de nuestro planeta, como medio para servir a otros, como una de las mediaciones de desarrollo humano, como punto de llegada de la libertad responsable del individuo y como espacio ideal para la preservación de la raza humana.

Un proyecto de Teología Bíblica del Trabajo debe considerar la insistencia bíblica de la responsabilidad que tiene el hombre frente al trabajo. La Biblia enseña que el trabajo constituye una forma legítima, colectiva y creativa de servir a Dios. A través del trabajo, según la óptica bíblica, el hombre puede expresar su solidaridad al prójimo y puede extenderle, de manera práctica, el amor, ayudándole a suplir las nece-

---

[25] JAMOCÓ ÁNGEL, Francisco. *Op. cit.*, p. 17.

[26] *Epiméleia* significa: cuidado, solicitud, dirección, administración, gobierno, práctica, estudio, ciencia.

sidades personales que tiene el prójimo (obsérvense las responsabilidades sociales que dibuja la Torah). Además, "en contraste a las religiones grecorromanas, el judaísmo y el cristianismo describen el trabajo como parte del buen diseño de Dios para con su pueblo desde el principio de la historia humana".[27]

Por la mediación del trabajo el hombre trae progreso, crea civilización, crea cultura y coadyuva al desarrollo de las potencialidades del otro, organiza la sociedad política, crea industria, propicia desarrollo y marca nuevos senderos históricos. Desde esta perspectiva, el trabajo está estrecha e indisolublemente ligado con: la presencia del hombre en el cosmos, la historia, la cultura, la civilización, el desarrollo de la personalidad, las dinámicas sociales, la educación, las ciencias, la tecnología, el arte, la lúdica, la capacidad creadora del hombre y las manifestaciones espirituales del sujeto. El bien común es buscado a través de varias mediaciones, entre las cuales se encuentra el trabajo.

Con los anteriores apuntes pretendo mostrar la necesidad de que en América Latina abordemos el desafío de estos movimientos socio-religiosos, no de manera responsiva y contestataria, sino desde la misma elaboración teológica para bien de la Iglesia de Jesucristo y de la sociedad circundante.

Mientras el énfasis teleológico de la Teología Bíblica del Trabajo recae sobre el beneficio colectivo de las riquezas provenientes del trabajo honrado, decente, abnegado y diligente, el énfasis teleológico del Movimiento de la Fe recae sobre el beneficio del individuo. La Teología Bíblica del Trabajo enfatiza el trabajo como mediación de transformación y cuidado responsable de la naturaleza, mientras el Movimiento de la Fe enfatiza la riqueza como resultado de un milagro divino. La Teología Bíblica del Trabajo enfatiza el esfuerzo, el sudor, la dedicación y el disfrute del hombre en el trabajo. El Movimiento de la Fe enfatiza la riqueza adquirida mediante fórmulas como la "siembra", los pactos y la confesión positiva. La Teología Bíblica del Trabajo enfatiza el esfuerzo social, colectivo y comunitario como generadores de riqueza y de bienestar sociales, entre tanto el Movimiento de la Fe promueve la búsqueda simplista y facilista de la riqueza.

---

[27] BLOMBERG, Craig L. *Op. cit.*, p. 45.

La Teología Bíblica del Trabajo muestra la necesidad de pedir la dirección y bendición de Dios a la laboriosidad que se realiza como cumplimiento de un encargo divino de administrar los recursos que Dios puso bajo la responsabilidad del hombre. Si el trabajo genera riquezas, éstas son el resultado de la bendición de Dios sobre un trabajo honrado. (Aquí debo reconocer que no toda riqueza generada por el trabajo es el resultado de la bendición de Dios: la riqueza generada por la explotación inhumana de los trabajadores por parte de los patrones es un robo descarado e inmoral. Este tipo de riquezas no procede de Dios, por el contrario, recibe su repudio: "¡Ay del que codicia injusta ganancia para su casa, para poner en alto su nido, para escaparse del poder del mal!" —Hab 2:9; cf. el libro de Amós—. La riqueza procedente de la extorsión, del contrabando, del narcotráfico, del chantaje o de cualquier otro tipo de negocio ilícito no procede de Dios. Aquí, más bien nos referimos al trabajo honrado y honesto que se basa en los principios que Dios ha establecido para que la sociedad se rija por ellos). La Teología de la Prosperidad enfatiza la búsqueda de la bendición de Dios sobre la base de la siembra, de la confesión positiva, de pactos, de la fe individualista, y, a veces, de la persuasión indebida.

A continuación realizaremos un breve rastreo de la forma en que aparece la prosperidad en las Sagradas Escrituras, además de los textos neotestamentarios ya vistos.

La Ley mosaica enseña que la obediencia a Dios trae prosperidad (Dt 28:1-14), en cambio, la desobediencia trae ruina y maldiciones (Dt 27:11-26; 28:15-68). Siglos antes de que la Ley de Moisés fuera promulgada, ya se habían visto los efectos que la obediencia a Dios traía en el ámbito personal y social. Por ejemplo, José obedeció a Dios y fue un hombre recto, por tales razones fue prosperado en todo (Gen 39:2) y no sólo él sino que la nación egipcia fue ampliamente beneficiada por la fidelidad de este varón de Dios.

En 1 de Reyes 2:3 se presenta una condición fundamental para ser prosperado[28]: guardar los preceptos, estatutos, mandamientos y testi-

---

[28] El verbo hebreo *sâkal*, שָׂכַל en Qal significa: prudente, entendido, acertado; y en Hiphil significa: atender a, mirar, considerar, obrar con prudencia y dar acierto y prosperidad.

monios, tal como están escritos en la Ley mosaica. Además, el texto exige que el individuo ande en los caminos que Yahweh ha trazado, sin apartarse de ellos, esto es obediencia a Dios. Esta obediencia trae como consecuencias: adquirir prudencia y ser prosperado en todo lo que el individuo realiza. Esta prosperidad no está referida exclusivamente a la vida económica sino a todas las esferas de la vida del individuo: en su vida personal, familiar, laboral, social, ética y espiritual. Así que si el individuo desea adquirir sabiduría y prudencia, y si anhela ser prosperado en todo lo que emprenda, es su deber ineludible guardar y obedecer la Palabra de Dios, y andar bajo su voluntad. Éste es el primer secreto de la prosperidad, según este pasaje. Esta misma verdad se haya refrendada en Jos 1:7.

En 2 Reyes 18:1-8 se presenta la causa de la prosperidad del rey Ezequías. Este rey obtuvo importantes triunfos políticos y militares, según el cronista sagrado: se rebeló contra el rey de Asiria, combatió eficazmente a los filisteos, y por la fidelidad de este monarca Dios impidió que los asirios destruyeran Judá, cuando Senaquerib la invadió y sitió Jerusalén, entre otras hazañas que realizó este rey. Las causas de sus triunfos fueron las siguientes:

a) Obró con rectitud[29] delante de Yahweh, según el modelo davídico de piedad.
b) Combatió la idolatría existente en su país.
c) Puso su esperanza en Yahweh, frente a los problemas políticos internacionales que afrontaba.
d) Siguió fielmente a Yahweh sin apartarse de sus mandamientos.

Consecuentemente, Yahweh estaba con Ezequías, por tanto, todo lo que el rey hacía era prosperado por Dios. En este pasaje se encuentra la misma razón de la prosperidad de la vida de un individuo que se halla en el pasaje anterior: obedecer a Dios y guardar sus mandamientos.

Cuando David estaba próximo a la muerte llamó a su hijo Salomón para hacerle algunas recomendaciones, entre las cuales le encaró edificarle casa a Yahweh, para lo cual deseó que Dios estuviera con

---

[29] *Yâshâr*, יָשָׁר, tiene los siguientes significados: hacer lo bueno, lo recto, lo placentero.

Salomón y lo prosperara[30] (1 Cron 22:11). El cronista sagrado afirma que Salomón fue prosperado (1 Cron 29:23).

Creer en Dios y obedecerlo trae prosperidad en todas las áreas de la vida (2 Cron 20:20; 26:5; Sal 1). En Proverbios la prosperidad está conectada con la generosidad (Prov 11:25) y con el trabajo diligente (Prov 13:4).

Jesús Cristo asocia la prosperidad integral del hombre con la observancia de su Palabra y con la obediencia absoluta a Él (Jn 15:1-17).

De acuerdo con los anteriores pasajes, la prosperidad en la vida de un individuo no es cuestión de fórmula, ni de un acto de fe momentáneo, ni de una determinada siembra. Es el resultado de una vida consagrada a Dios, de una vida de servicio, de obediencia y de observancia continua de la Palabra de Dios. Ahora bien, puesto que "la vida del hombre no consiste en la abundancia de los bienes que posee" (Lc 12:15), la prosperidad no está limitada al área económica, se refiere a la totalidad de la vida del individuo.

---

[30] *Dsâlaj*, צָלַח, este verbo hebreo significa: penetrar, venir sobre, entrar, avanzar, progresar, prosperar, tener éxito, ser bueno para cualquier cosa que se emprenda.

ORACIÓN FUERTE AL ESPÍRITU SANTO

La Oración Fuerte al Espíritu Santo es propia de la Iglesia Universal del Reino de Dios, fundada en Brasil por Edir Macedo Becerra, en 1977.[1] Esta Iglesia ha logrado ubicarse en más de 29 países alrededor del mundo y en las doctrinas fundamentales del cristianismo es ortodoxa, ya que cree la mayoría de las doctrinas ortodoxas que se han configurado a lo largo de la historia de la Iglesia, sin embargo, también existen serias diferencias, entre las cuales se pueden identificar las siguientes:

a) Existencia de fetiches, tales como: piedras de la tumba de Jesús, el agua bendita del Jordán, la rosa milagrosa, la sal bendecida, aceite bendito, alianza bendita, semillas benditas, arena de la playa del Mar de Galilea, aceite del Monte de los Olivos, vara de Jacob, pan bendito y agua bendecida a través de la radio o la televisión. Estos objetos tienen poderes curativos o ejercen cierta influencia espiritual sobre quienes los poseen, según dicha doctrina.[2]

b) Concepción sesgada de la fe. La Iglesia Universal del Reino de Dios declara: "Por su fe, usted puede lograr todo de Dios. Si usted clama a Dios y cree en su corazón que lo que pidió, ya lo ha recibido, entonces eso acontecerá en su vida".[3] Otro asunto a definir sería qué se entiende por fe en ese contexto. Hay que tener fe profunda en el Dios de Jesucristo, padre de Abraham, Isaac y Jacob, en el Dios que envió a su Hijo y lo levantó de los muertos. Hay que depositar la fe en ese Dios. Si no

---

[1] Centro de Investigaciones Religiosas, P. O. Box 846, Montebello, C. A. 90640, EE. UU.

[2] *Ibíd.*

[3] *Ibíd.*

es a ese Dios a quien se le pide, y las oraciones son contestadas, habrá que preguntarse: ¿quién está contestando esas oraciones?

c) Desprecio pragmático por los pobres. En el AT, Dios se presenta como el defensor de la Trilogía Nómica: huérfanos, viudas y extranjeros. Leamos: "Y al extranjero no engañarás ni angustiarás, porque extranjeros fuisteis vosotros en la tierra de Egipto. A ninguna viuda ni huérfano afligiréis. Porque si tú llegas a afligirles, y ellos clamaren a mí, ciertamente oiré yo su clamor; y mi furor se encenderá, y os mataré a espada, y vuestras mujeres serán viudas, y huérfanos vuestros hijos" (Ex 22:21-24).

Preocupación igual encontramos en el siguiente pasaje: "Circuncidad, pues, el prepucio de vuestro corazón, y no endurezcáis más vuestra cerviz. Porque Jehová vuestro Dios es Dios de dioses y Señor de señores, Dios grande, poderoso y temible, que no hace acepción de personas, ni toma cohecho; que hace justicia al huérfano y a la viuda; que ama también al extranjero dándole pan y vestido. Amaréis, pues, al extranjero; porque extranjeros fuisteis en la tierra de Egipto" (Dt 10:16-19).

La gran preocupación de Yahweh a favor del bienestar de los desamparados se encuentra plasmada en la siguiente cita:

Cuando entregares a tu prójimo alguna cosa prestada, no entrarás en su casa para tomarle prenda. Te quedarás fuera, y el hombre a quien prestaste te sacará la prenda. Y si el hombre fuere pobre, no te acostarás reteniendo aún su prenda. Sin falta le devolverás la prenda cuando el sol se ponga, para que pueda dormir en su ropa, y te bendiga; y te será justicia delante de Jehová tu Dios. No oprimirás al jornalero pobre y menesteroso, ya sea de tus hermanos o de los extranjeros que habitan en tu tierra dentro de tus ciudades. En su día le darás su jornal, y no se pondrá el sol sin dárselo; pues es pobre, y con él sustenta su vida; para que no clame contra ti a Jehová, y sea en ti pecado. Los padres no morirán por los hijos, ni los hijos por los padres; cada uno morirá por su pecado. No torcerás el derecho del extranjero ni del huérfano, ni tomarás en prenda la ropa de la viuda, sino que te acordarás que fuiste siervo en Egipto, y que de allí te rescató Jehová tu Dios; por tanto, yo te mando que hagas esto. Cuando siegues tu mies en tu campo, y olvides alguna gavilla en el campo, no volverás para recogerla; será para el extranjero, para el huérfano y para la viuda; para que te bendiga Jehová tu Dios en toda obra de tus manos. Cuando sacudas tus olivos, no recorrerás las ramas que hayas dejado tras de ti; serán para el extranjero, para el huérfano y para la viuda. Cuando vendimies tu viña, no rebuscarás tras de ti; será para el extranjero, para el huérfano y para la viuda. Y acuérdate que fuiste siervo en tierra de Egipto; por tanto, yo te mando que hagas esto (Dt 24:10-22).

Hay dos pasajes más en los que Yahweh se presenta como defensor de los pobres: "Cantad a Dios, cantad salmos a su nombre; exaltad al que cabalga sobre los cielos. JAH es su nombre; alegraos delante de Él. Padre de huérfanos y defensor de viudas es Dios en su santa morada" (Sal 68:4, 5).

"No traspases el lindero antiguo, ni entres en la heredad de los huérfanos; porque el defensor de ellos es el Fuerte, el cual juzgará la causa de ellos contra ti" (Prov 23:10, 11).

En estos pasajes encontramos a Dios defendiendo la causa de los pobres y desamparados. Él se presenta a sí mismo como su defensor y protector, para quienes solicita el amor, la caridad y la solidaridad social. Dios jamás muestra desprecio por los pobres, jamás los rechaza o los condena por ser pobres, por el contrario, les extiende su inmenso amor y misericordia.

La pobreza fue la condición de los apóstoles, especialmente de Pablo, quien escribió lo siguiente: "En gran manera me gocé en el Señor de que ya al fin habéis revivido vuestro cuidado de mí; de lo cual también estabais solícitos, pero os faltaba la oportunidad. No lo digo porque tenga escasez, pues he aprendido a contentarme, cualquiera que sea mi situación. Sé vivir humildemente, y sé tener abundancia; en todo y por todo estoy enseñado, así para estar saciado como para tener hambre, así para tener abundancia como para padecer necesidad. Todo lo puedo en Cristo que me fortalece. Sin embargo, bien hicisteis en participar conmigo en mi tribulación" (Fil 4:10-14). ¿Osaría alguien acusar a Pablo de tener poca fe o de tener una relación precaria con Dios, lo cual sería la explicación de la pobreza de la cual habla el Apóstol? ¿Se puede acusar a Pablo de estar oprimido por el diablo, por el hecho de que en ocasiones pasara hambre y tuviera grandes necesidades económicas?

La Biblia afirma, como ya hemos dicho, que la raíz de todo mal es el amor al dinero (1 Tim 6:10) y condena la avaricia, por ello en el Nuevo Testamento encontramos las siguientes declaraciones:

Le dijo uno de la multitud: "Maestro, di a mi hermano que parta conmigo la herencia". Mas Él le dijo: "Hombre, ¿quién me ha puesto sobre vosotros como juez o partidor?". Y les dijo: "Mirad, y guardaos de toda avaricia; porque la vida del hombre no consiste en la abundancia de los bienes que posee". También les refirió una parábola, diciendo: "La heredad de un hombre rico había producido mucho. Y él pensaba dentro de sí, diciendo: '¿Qué haré, porque no tengo dónde guardar mis frutos?' Y dijo: 'Esto haré: derribaré mis graneros, y los edificaré mayores, y allí guardaré todos mis frutos y mis bienes; y diré a mi alma: alma, muchos bienes tienes guardados para muchos años; repósate, come, bebe, regocíjate'. Pero Dios le dijo: 'Necio, esta noche vienen a pedirte tu alma; y lo que has provisto, ¿de quién será? Así es el que hace para sí tesoro, y no es rico para con Dios'. Dijo luego a sus discípulos: 'Por tanto os digo: no os afanéis por vuestra vida, qué comeréis; ni por el cuerpo, qué vestiréis. La vida es más que la comida, y el cuerpo que el vestido'" (Lc 12:13-23).

Otra declaración del Nuevo Testamento se expresa en los siguientes términos:

No os hagáis tesoros en la tierra, donde la polilla y el orín corrompen, y donde ladrones minan y hurtan; sino haceos tesoros en el cielo, donde ni la polilla ni el orín corrompen, y donde ladrones no minan ni hurtan. Porque donde esté vuestro tesoro, allí estará también vuestro corazón. La lámpara del cuerpo es el ojo; así que, si tu ojo es bueno, todo tu cuerpo estará lleno de luz; pero si tu ojo es maligno, todo tu cuerpo estará en tinieblas. Así que, si la luz que en ti hay es tinieblas, ¿cuántas no serán las mismas tinieblas? Ninguno puede servir a dos señores; porque o aborrecerá al uno y amará al otro, o estimará al uno y menospreciará al otro. No podéis servir a Dios y a las riquezas. Por tanto os digo: no os afanéis por vuestra vida, qué habéis de comer o qué habéis de beber; ni por vuestro cuerpo, qué habéis de vestir. ¿No es la vida más que el alimento, y el cuerpo más que el vestido? (Mt 6:19-25).

Finalmente escuchemos a Santiago, antes de avanzar en la exposición de la posición de la Iglesia Universal del Reino de Dios:

> Hermanos míos, que vuestra fe en nuestro glorioso Señor Jesucristo sea sin acepción de personas. Porque si en vuestra congregación entra un hombre con anillo de oro y con ropa espléndida, y también entra un pobre con vestido andrajoso, y miráis con agrado al que trae la ropa espléndida y le decís: "Siéntate tú aquí en buen lugar"; y decís al pobre: "Estate tú allí en pie, o siéntate aquí bajo mi estrado"; ¿no hacéis distinciones entre vosotros mismos, y venís a ser jueces con malos pensamientos? Hermanos míos amados, oíd: ¿no ha elegido Dios a los pobres de este mundo, para que sean ricos en fe y herederos del Reino que ha prometido a los que le aman? Pero vosotros habéis afrentado al pobre. ¿No os oprimen los ricos, y no son ellos los mismos que os arrastran a los tribunales? ¿No blasfeman ellos el buen nombre que fue invocado sobre vosotros? Si en verdad cumplís la ley real, conforme a la Escritura: amarás a tu prójimo como a ti mismo, bien hacéis; pero si hacéis acepción de personas, cometéis pecado, y quedáis convictos por la ley como transgresores (Stg 2:1-9).

La Iglesia Universal del Reino de Dios enseña que la pobreza es falta de fe. Macedo declara: "Yo no sigo a un Dios pobre. Si su Dios es pobre es porque sus pensamientos son pobres... La pobreza es del diablo; no de Dios".[4] Se puede colegir que esta Iglesia no ha realizado un estudio serio del fenómeno de la pobreza en la Biblia. Más que del diablo, la pobreza es un resultado de la condición pecaminosa del hombre como raza. Esas "explicaciones" simplistas acerca de las causas de la pobreza deben ser confrontadas a la luz de las Escrituras y de la sociología.

Al examinar las Escrituras se descubre que hay varios factores que entran en concomitancia para producir la pobreza, entre los cuales se pueden identificar los siguientes:

* La desobediencia. Una de las requisiciones que hacía el *Pacto* era su obediencia, toda vez que en él se consignaban tanto

---

[4] *Universal News* (n.º 7), p. 2. *Ibíd.*

las bendiciones como las maldiciones, las primeras por su cumplimiento y las segundas por su violación (Dt 28). La violación del Pacto desencadenaría las maldiciones que Yahweh había previsto en el Libro de la Ley, por lo que la nación hebrea quedaría desprotegida, desamparada y a merced del enemigo. Lev 24:14, 46 y Dt 28:15-68 recogen las severas palabras de Yahweh, quien anuncia desastres en la nación. Lv 26:6 declara que habrá saqueos como represalia de Yahweh por la infidelidad de la nación. Lev 26:20-22 registra una triple maldición:

- La tierra cultivada negaría sus frutos.
- Los hijos de los israelitas serían destruidos por las bestias del campo.
- El ganado sería destruido por las fieras salvajes.

Por su parte Dt 8 y 11 retoman la exigencia expresada por Yahweh cuarenta años atrás. Ratifican que la observancia del Pacto tendría su efecto inmediato en lo cotidiano, sobre todo, en el área socioeconómica: los bienes del pueblo israelita serían una prueba tangible de las misericordias de Yahweh a favor de su pueblo. Pero la infidelidad al Pacto traería consecuencias funestas a Israel (Dt 11:16, 17).

Dt 30 constituye una especie de clímax de estas observaciones, puesto que allí Yahweh recalca al pueblo hebreo la libertad que tienen los israelitas para escoger la vida o la muerte (Dt 30:15, 19, 20). En este capítulo hay una serie de imprecaciones para aquellos que violaren el Pacto.

Si bien es cierto que la desobediencia, de acuerdo con la Ley mosaica es una de las causantes de la pobreza, no es la única.

* Otra causante de la pobreza es la esclavitud. Dentro del sistema esclavista, el esclavo no podía generar ganancias económicas ni para él ni para su familia, toda vez que le pertenecía al amo, por tanto su fuerza laboral era usufructuada en su totalidad por su "dueño". Los esclavos eran menos que pobres ya que eran completa y totalmente desposeídos.

* Otra causa de la pobreza la constituían la gula y el alcoholismo. Esto se ve más específicamente en el libro de Proverbios. El autor de Prov 23 está convencido de que los bebedores de vino y los glotones se empobrecen a causa de las pasiones desenfrenadas de sus vientres. El alcohol y la comida de placer son causas de la pobreza. La gula y el alcohol tienen como finalidad satisfacer el vientre, sólo que el vientre no se satisface jamás.

* La acumulación de riquezas por parte de algunos, quienes empobrecen a muchos. Esta perspectiva se ve en la literatura profética *(Nebiim Ajaronim)*. Por ejemplo, Isaías levanta un terrible "Ay" (הוֹי) por causa de la acumulación de riquezas: "¡Ay de los que juntan casa a casa, y añaden heredad a heredad hasta ocuparlo todo! ¿Habitaréis vosotros solos en medio de la tierra?" (Is 5:8). De acuerdo con este profeta, el juicio de Yahweh vendrá sobre los hebreos por causa de la depredación que caracteriza a la sociedad judía del siglo VIII a. de C. "Jehová vendrá a juicio contra los ancianos de su pueblo y contra sus príncipes, porque vosotros habéis devorado la viña, y el despojo del pobre está en vuestras casas. ¿Qué pensáis vosotros que majáis mi pueblo y moléis las caras de los pobres? Dice el Señor, Jehová de los ejércitos" (Is 3:14, 15).

De acuerdo con las Sagradas Escrituras la acumulación de riquezas es antinatural y contraviene no sólo la ley natural que Dios estableció sino que enfrenta la ley divina. El empobrecimiento de la mayoría por causa del enriquecimiento de la minoría es un mal moral intolerable para Dios, quien a su debido tiempo juzgará severamente a los que tales cosas practican.

* El hedonismo no controlado constituye otra causa de la pobreza (Prov 21:17). Los placeres incontrolados y la consecuente búsqueda de satisfacción de los mismos dejarán en la ruina al hombre. Tanto los placeres como el lujo empobrecen. Por supuesto que aquí se está aludiendo a los placeres sensuales, los que se caracterizan por la satisfacción que le brindan a las

pasiones y a los instintos irracionales del hombre. Estos placeres satisfechos hasta la "saciedad" sólo producirán pesar y ruina. Lo curioso es que la satisfacción de estos placeres impulsa al hombre a emprender una búsqueda de mayores y más exigentes placeres.

* Otra causa de la pobreza, según las Escrituras, es la pereza (Prov 6:9-11; 10:4; 12:11; 14:23; 19:15; 20:4, 13; 24:30; 28:19). El perezoso se torna ocioso, por esa razón invierte su tiempo y energía a cultivar la vagancia y la abulia. La pereza enajena los sentidos, quebranta la voluntad y adormece la conciencia. El hecho de que el perezoso no sienta deseo de trabajar se debe en parte a que su voluntad ha sido quebrantada por la apatía. La abulia se produce por falta de interés por el mundo exterior y produce pesimismo, sentimiento de incapacidad y, finalmente, dificulta la capacidad de decidir.

La apatía, por su parte, es un estado patológico que se caracteriza por la insensibilidad y por la ausencia de reacción ante ciertos estímulos a los que debería responderse con una acción. Como es de esperarse, tales estados producen pobreza, ruina y miseria.

Las posibles causas que generan pobreza y marginación no sólo hay que buscarlas desde la perspectiva bíblica, es menester ubicarlas en otros ámbitos, como en las teorías sociológicas, por ejemplo.

Es muy generalizado el concepto que identifica la pobreza como la resultante del desequilibrio social frente a los medios de producción. En efecto, éstos al ser explotados por el hombre, son mal distribuidos entre las fuerzas vivas de la sociedad, produciendo así ganancias exageradas a unos pocos y miseria en la mayoría. Hazlitt identifica las siguientes causas de la pobreza: "Las bolsas de la pobreza pueden ser provocadas por la incapacidad para hacer frente a la competencia interior o exterior, la disminución o desaparición de la demanda de un producto, el agotamiento de minas o pozos, la conversión de campos fértiles en desierto de polvo, y los efectos de sequía, plagas, terremotos y otros desastres naturales".[5]

---

[5] HAZLITT, Henry. *La conquista de la pobreza.* Trad. Santiago Urdina. Ariel, Barcelona 1970, p. 81.

No es un juicio del todo cierto el afirmar que la pobreza proviene de la negligencia y/o del pecado individual de los pobres. A ultranza, la pobreza es una consecuencia natural del pecado de la raza humana, mas no necesariamente del pecado individual del pobre. Muchas veces la pobreza puede ser causada por el pecado del otro, mas no del pobre. Juan Simarro lo expresa de la siguiente manera: "La pobreza, así, se convierte en la consecuencia directa de la acción de otros. Grupos de personas que imponen una moral y unos valores antibíblicos que da como resultado la pobreza y sus víctimas: los pobres".[6]

Dada la condición gregaria del ser humano, las acciones de un individuo repercuten en la vida de los demás, asimismo las decisiones que alguien toma afecta a la colectividad. Así las cosas, la ambición de un individuo afectará indefectiblemente a los demás. Simarro hace el siguiente planteamiento: "En un contexto socioeconómico, el pecado de uno puede tener consecuencias negativas en otros que no han participado en la comisión de ese pecado. En este sentido se puede decir que hay pobres porque hay empobrecedores, acumuladores, personas insaciables de dinero. Hay marginados porque hay marginadores que mantienen estructuras marginantes".[7]

Generalmente se identifica la desigualdad entre los individuos, las clases sociales y las naciones como causa de la pobreza. Estas desigualdades se hacen evidentes en el poder adquisitivo de unos pocos y en la adquisición de bienes por parte de unos y la carencia de los mismos por parte de otros. La sociedad, que le ha dado la espalda a Dios y a las leyes morales que deberían orientar los actos sociales, ha sometido a la inmensa mayoría a una pobreza injusta:

> La causa última de la pobreza está en lo más interno y profundo de un sistema social que ha olvidado los valores bíblicos y que es esencialmente utilitarista, competitivo y valorador de la riqueza a costa del débil, dando más importancia al tener que al ser. El afán de un tener que se va a conseguir manteniendo a muchos en una situación de desigualdad en donde todos los débiles no cuentan, dando lugar

---

[6] SIMARRO FERNÁNDEZ, Juan. *Cristianos ante la pobreza: responsabilidad cristiana ante la marginación social*. CLIE, Barcelona 1990, pp. 54, 55.

[7] *Ibíd.*, p. 54.

a una sociedad en la que incluso van a surgir teorías en las que se dé justificación ideológica a la actuación de las clases que se han convertido en dominantes gracias a la marginación y a la pobreza. Hay algunos que tienen mucho gracias a que otros son pobres.[8]

Bryant L. Myers,[9] en su análisis taxonómico de las causas de la pobreza, ubica como generadores de la misma a elementos físicos, tales como debilidad física, y evoca el estudio realizado por Diamond, quien trata de mostrar que la predominancia de una raza en una zona geográfica puede favorecer el desarrollo de un pueblo por encima de los demás: "La geografía, la calidad del suelo, el clima y las especies de plantas autóctonas; las *armas* y el *capital*, que permiten la exploración y la dominación, y los *gérmenes*, transportados por los exploradores urbanos, ahora inmunes, pueden explicar mejor el progreso económico, político y cultural…".[10]

Me parece dudoso como causa de la pobreza el determinismo racial o geográfico. Puede ser coincidencial o por la concomitancia de múltiples factores el hecho de que los países más ricos estén ubicados en la zona norte del globo terráqueo. La invocación de aspectos raciales o geográficos demandan la inclusión de más factores y de explicaciones mucho más rigurosas para poderlos relacionar con las posibles causas de la pobreza.

Además de los elementos físicos, Myers[11] ubica factores sociales, entre los cuales destaca tres elementos: la injusticia que lleva a la explotación, elementos culturales y cosmovisiones inadecuadas. También alude a causas mentales:

Algunas causas de la pobreza tienen que ver con la condición mental de los pobres. En el nivel más simple, es obvio que la pobreza es causada en parte por la falta de conocimiento e información técnica. La existencia de estados mentales debilitados debido a la mala nutrición, la enfermedad, el alcohol o las drogas también crea y

---

[8] *Ibíd.*, p. 55.

[9] MYERS, Bryant L. *Caminar con los pobres: manual teórico-práctico de desarrollo transformador*. Kairós, Buenos Aires 2005, pp. 87-91.

[10] *Ibíd.*, p. 88.

[11] *Ibíd.*, pp. 88-91.

mantiene la pobreza. Pero necesitamos ahondar más. Todos estamos familiarizados con la sensación de desesperanza que invade tan a menudo la mente de los pobres. ¿De dónde viene esa actitud debilitante? Hay dos respuestas: primero, necesitamos recordar que la pobreza puede existir en la mente y el espíritu como una pobreza del ser... La identidad de los pobres está dañada desde adentro. Ésta es la causa más profunda, más insidiosa, de la pobreza... Necesitamos tener cuidado, sin embargo, de no sugerir que los pobres se hacen a sí mismos pobres mentalmente. En segundo lugar, Chambres sugiere que esta desesperanza tiene sus raíces en la historia distorsionada de los pobres y las acciones de los no pobres para hacer y escribir la historia... Lo que ha sucedido, o no ha sucedido, tiene el poder de moldear lo que pensamos que puede pasar en el futuro. La manera en que los pobres recuerdan su historia moldea su vida diaria hoy. Así, el pasado puede convertirse en una limitación del futuro.[12]

Por último, en su taxonomía Myers[13] ubica como causa de la pobreza elementos espirituales. Considera que elementos tales como el chamanismo, la brujería, encantamientos, observancia de los días feriados y cualquier otro tipo de práctica y manifestación ocultista contribuyen al establecimiento de la pobreza.

La causa de la pobreza también se puede ubicar en la voracidad insaciable del hombre, quien para satisfacer su ambición explota inmisericordemente a los menos favorecidos. El ansia de poder, el deseo incontrolable de reconocimiento, la ambición desmedida, la pasión desbordada por controlar a los demás y el anhelo de imponerse sobre el otro pueden ser algunos de los móviles impulsores que llevan al enriquecimiento indebido. Así, entonces, la codicia del individuo "crea en el ser humano individual la ilusión de poder aumentar, mediante la acumulación ilimitada de dinero, igualmente 'víveres' y medios de placer de manera ilimitada, y obtener así una vida infinita. Esto significa que la codicia por una vida infinita que trasciende los objetos específicos deseados, subyace a la aspiración de agrandar la propiedad por medio de mecanismos de dinero. Al perseguir esta ilusión, el individuo des-

---

[12] *Ibíd.*, pp. 88-90.

[13] *Ibíd.*, p. 90.

truye la comunidad".[14] La acumulación de estas riquezas empobrece a aquellos que están al servicio del ambicioso y del codicioso.

Es menester tener este discernimiento para entender el fenómeno de la pobreza y los factores intervinientes de esta problemática realidad. No basta con estigmatizar la pobreza como proveniente del diablo y por tanto, los pobres son pobres porque están en desobediencia y porque son prisioneros del diablo. Hay que examinar los factores concomitantes de la pobreza para poderla comprender mejor y para combatirla. Con base en lo dicho a lo largo de esta reflexión podemos calificar de reduccionista y simplista el concepto de pobreza que tiene el movimiento de la Oración Fuerte al Espíritu Santo y de la Teología de la Prosperidad.

Macedo sigue afirmando: "Usted, lector, es heredero de todas las cosas y en su vida debe resplandecer la gloria de su Padre. Nada de contentarse con las desgracias o con la pobreza. Levántese ahora mismo y asuma su posición".[15] Hay que preguntarle al señor Macedo: ¿cuál es la base bíblica sobre la cual fundamenta sus asertos? Mientras que Pablo afirma que ha aprendido a contentarse sea cual fuere su condición, Macedo afirma que nadie puede contentarse con la desgracia o con la pobreza. ¿Por qué se arroga la facultad de contradecir las Escrituras? Mientras Santiago escribe: "¿No ha elegido Dios a los pobres de este mundo, para que sean ricos en fe y herederos del reino que ha prometido a los que le aman?", Macedo ubica la herencia de los santos en el aquí y en el ahora. Macedo convierte al creyente en alguien que agota su ser aquí y ahora, cuando las Escrituras proyectan al creyente a la eternidad.

Si la riqueza material es parte del plan de Dios para la vida del cristiano, ¿por qué Jesús dijo: "No os hagáis tesoros en la tierra, donde la polilla y el orín corrompen, y donde ladrones minan y hurtan; sino haceos tesoros en el cielo, donde ni la polilla ni el orín corrompen, y donde ladrones no minan ni hurtan. Porque donde esté vuestro tesoro, allí estará también vuestro corazón"? O Jesús está equivocado o los defensores de la Teología de la Prosperidad lo están.

---

[14] DUCHROW, Ulrich y HINKELAMMERT, Franz J. *La vida o el capital: alternativas a la dictadura global de la propiedad.* Trad. Arnold Spitta. Asociación Departamento Ecuménico de Investigación, San José, Costa Rica 2003, p. 20.

[15] *¿Cómo prosperar?*, p. 14. *Ibíd.*

d) Nuestra fe obliga a Dios. Macedo afirma lo siguiente: "Si usted planta, confiando en que Dios lo va a bendecir, Él está obligado a multiplicar su cosecha. Depende de usted. Usted decide su destino en esta vida. No es la gente, Dios o el diablo, sino lo que usted elije, eso es lo que determina el resultado en su vida".[16] Esta declaración es muy curiosa, toda vez que convierte al Soberano y Absoluto Señor Dios Todopoderoso en un ser a quien el hombre obliga a actuar. Según la declaración de Macedo, las acciones buenas del hombre, incluyendo la fe y la "ley de la cosecha" tuercen a favor del individuo la poderosa mano de Dios. ¿Qué clase de Dios es ese a quien cualquier ser humano puede manipular? ¿Acaso tal comportamiento es digno de un ser humano corriente? ¿Cómo podemos confiar en alguien cuyas acciones son manipulables y manipuladas? ¿Confiaríamos en un jefe así? ¿Acaso no dudaríamos de la sabiduría que lo impulsa a tomar decisiones? ¿Confiaríamos en un subalterno a quien cualquiera puede manipular? Si esto es indigno para el ser humano, ¿cuánto más lo será para Dios? ¿Acaso el Eterno y Sublime, acaso el Todopoderoso e Inmutable, acaso el Infinito e Inmenso Dios es un ser que se deja manipular y se deja torcer el brazo? ¿Qué clase de dios es el dios de quienes predican tales desafueros?

---

[16] *Universal News* (n.° 7), p. 2. *Ibíd.*

LA LEY DE LA COSECHA

La ley de la siembra y la cosecha es un mandato divino transmitido a través de la ley natural, la cual, a su vez, es un precepto divino a través del cual el universo es regido, pero no sólo el universo sino la vida vegetal, animal y la misma raza humana. Por la ley natural, los cerdos se comportan como cerdos, los perros actúan como perros, los leopardos, como leopardos; los caballos, como caballos, y la raza humana actúa como raza humana. La ley natural nos provee de cierta información muy importante para que la vida en este planeta se desarrolle con plena normalidad. Algunas de esas leyes naturales son: la ley de la gravedad, la ley de la inercia, la ley de acción-reacción, ley de atracción-repulsión, el discernimiento moral, los instintos, la auto-preservación, la ley de la siembra y la cosecha, entre otras.

Esta última ley natural es el centro neurálgico de la acción-reacción: toda acción provoca una reacción, porque lo que se siembra se cosecha. Acción-reacción, cosecha y siembra se imbrican de tal manera, que parece ser que ambas leyes son inescindibles: a toda acción le corresponde una reacción y sólo se puede cosechar lo que se ha sembrado. No es posible cosechar algo que no haya sido sembrado, a menos que se crea en la ficción del efecto equívoco. La siembra es la acción y la cosecha es su reacción. Sin embargo, hay una diferencia importante en ambas leyes: la acción-reacción es una ley que rige tanto la materia inerte como a los seres vivos, en tanto que siembra y cosecha caen dentro de las categorías volitiva y moral, áreas que influyen en la toma de decisiones del hombre.

Esta ley rige todos los actos tanto conscientes como inconscientes del hombre. Realmente, es una ley que se ubica dentro de la racionalidad y de la moralidad. Por esa razón esta ley sólo es posible ser vivida por seres racionales y morales. Tal como se plantea en la Biblia, no se habla de ley de la siembra y la cosecha que rija a los animales. Sólo el hombre puede sembrar y cosechar, por ser racional y moral. Como ley moral y racional, este precepto es aplicado a todos los actos y a todas las áreas de la vida humana y está referida a todas las decisiones que toma el hombre, no importa que tales decisiones sean conscientes o inconscientes, voluntarias o involuntarias, pensadas o impensadas, libres o coaccionadas. Lo que se cosecha se ha sembrado previamente. Parece ser que la siembra tiene a su vez tres leyes[1]: a) todo lo que se siembra se cosecha, b) se cosecha más de lo que se siembra y c) se cosecha en una época distinta de aquella en que se siembra.

RESPONSABILIDADES SOCIALES, SEGÚN LA TORAH

Dios estableció, en la Torah, los principios espirituales, litúrgicos, morales, éticos, políticos, sociales, económicos y jurídicos por medio de los cuales debía regirse la nación hebrea. Dentro de esos principios se encuentran las responsabilidades sociales de aquellos que tenían solvencia económica. Si bien Dios no diseñó la pobreza, era muy consciente de su existencia en la nación hebrea, producto de: las desigualdades sociales, la voracidad de unos, la codicia de otros, la negligencia de cierto sector, la pereza, las inversiones equivocadas, el mal diseño, la pésima administración personal y familiar, la esclavitud, la guerra, etc.

Los factores que generan la pobreza son tan variados y algunos tan imperceptibles que es casi irresponsable, reduccionista y ofensivo calificar la pobreza como "una maldición", como lo expresa literalmente un autor: "La pobreza es una maldición".[2] O afirmar que los pobres "son pobres porque quieren".[3] Tampoco se debe entender la pobreza

---

[1] M. G. "Leyes de la siembra". http://www.audiolit.net/espanol/ahimaas/ahioctdic03.html

[2] JAMOCÓ ÁNGEL, Francisco. *Op. cit.*, p. 21.

[3] En su libro *El Arte de hacer dinero*, Francisco Jamocó Ángel plantea una posición muy sesgada de la pobreza, y pareciera que muestra una actitud despectiva por los pobres. Ver pp. 21-36. Los promotores de la teología de la prosperidad han demostrado ser insensibles frente a los pobres de tal manera que sus opiniones y "doctrinas" resultan

La ley de la cosecha 187

como procedente de las Fuerzas del Averno, reduciendo la complejidad de este fenómeno sociopolítico a una acción demoníaca: "214 millones de personas en América Latina, en este momento no tienen para comer. 214 millones de seres humanos, como ud. y como yo, hoy están pasando necesidades por un flagelo social que se llama la pobreza; por un espíritu inmundo bíblicamente denominado pobreza. Entonces socialmente la pobreza es un flagelo, pero de acuerdo al cristianismo es un espíritu que carcome".[4]

De declaraciones como las anteriores se puede inferir: a) todos los pobres están bajo maldición, b) el estado miserable en que se encuentran los desvalidos es una decisión tomada por ellos, c) los pobres están poseídos por un espíritu inmundo, y d) los ricos tienen la bendición de Dios. Lo absurdo de este tipo de doctrina se ve en: a) justamente los que han estado en el centro de las preocupaciones de Dios, es decir los pobres, son los que están bajo maldición. Esto es absurdo, de acuerdo con Is 6:1-9 y Lc 4:18-19; b) los ricos, la mayoría de los cuales son explotadores, insensibles, soberbios e inmisericordes, reciben la bendición de Dios para seguir explotando a los pobres. Santiago (Stg 5:1-6) nos hace ver lo absurdo de esa posición; y c) si existe un espíritu inmundo que lleva a los hombres a vivir esa condición de pobreza, debe haber un espíritu benevolente de parte de Dios que provee riquezas a los hombres, por tanto, Dios bendice a los que poseen riquezas y maldice a los que poseen pobreza, lo cual es absurdo e ilógico. Como se puede apreciar esto es absurdo y está en contra de las declaraciones bíblicas.

No creo en los determinismos, sin embargo, reconozco que ciertas condiciones, contextos, niveles educativos y económicos crean ciertos condicionamientos que influyen grandemente en los comportamientos de los individuos, y que pueden generar ciertas condiciones que dan origen y perpetúan la pobreza entre los individuos. Esto que estoy afirmando se puede constatar en el Antiguo Testamento. Tampoco quiero dejar la idea de que estoy aceptando la pobreza como ideal de vida, ni como una situación aceptable en el *ethos* social, pues de todas maneras

---

ofensivas. Además, la posición que asumen frente al origen de la pobreza es reduccionista y poco seria.

[4] *Ibíd.*, pp. 22, 23.

la pobreza es la negación de una vida plenamente realizada y es la tergiversación social de la ley divina de usufructuar convenientemente las riquezas provenientes del planeta Tierra.

A continuación presentaré unas ideas generales de la legislación mosaica respecto a las responsabilidades sociales.

En primer lugar, ubiquémonos en Deuteronomio 14:28, 29. Este pasaje está inscrito en una ley general sobre el diezmo. La Torah diseñó medidas socioeconómicas para favorecer a los más necesitados, las cuales partían de la presuposición de que siempre habría pobres en Israel (Dt 15:11) y de que Yahweh era el defensor de los mismos (Dt 10:18). Esas medidas estaban referidas a diferentes situaciones económicas. Veamos:

a)   Una de las medidas fundamentales que diseñó Yahweh aludía a la rectitud que se debía asumir frente a los más necesitados: a los pobres (la trilogía nómica estaba constituida por las viudas, los huérfanos y los extranjeros) no se les podía ni engañar ni afligir, so pena de un severo castigo por parte de Dios (Ex 22:21-24).

b)   Yahweh estimuló la solidaridad, mediante la promulgación de dos derechos que tenían los desvalidos: derecho de rebusca y derecho de espigueo (Lev 19:9, 10; Dt 24:19-22). Estos derechos se aplicaban en el momento de la recolección del fruto de la tierra. El derecho de rebusca "consistía en que el pobre... podía ir al campo, una vez fuese segado, a recoger los productos que estuvieran caídos".[5] Entre tanto, el derecho de espigueo se refería al "derecho que tenía el pobre de ir al campo a recoger los frutos de las esquinas que el agricultor había dejado sin segar a fin de amparar al pobre".[6]

c)   Derecho del caminante. Este derecho está consignado en Dt 23:24, 25. El caminante hambriento tenía derecho a coger uvas y comerlas sin guardar parte de ellas en un saco. Asimismo, podía arrancar espigas con la mano para comer. No podía cortarlas con hoz.

---

[5] MOSQUERA B., Fernando A. *El Señor de la historia: Teología exegética basada en el libro de Amós*. Libros Compartir, Bogotá 1996, p. 30.

[6] *Ibíd.*, p. 30.

d)   Ley de la generosidad. Puesto que en Israel siempre habría pobres, los más pudientes tendrían que ser solidarios y obrar con liberalidad frente a los desvalidos: "Abrirás tu mano a tu hermano, al pobre y al menesteroso en tu tierra" (Dt 15:11b). Esta ley estaba acompañada por la ley que favorecía los préstamos (Dt 15:7-10).

e)   Prohibiciones a los acreedores. Un acreedor no podía entrar en la casa del pobre a tomar prenda. Tenía que esperar a que el deudor se la entregara (Dt 24:10, 13; Ex 22:25-27).

f)   Prohibición de la explotación a los jornaleros (Dt 24:14, 15).

g)   Aun las fiestas solemnes tenían una doble función: religiosa y social. Esta última función se encuentra registrada en Dt 16:12-17.

h)   Hay otras leyes socioeconómicas y humanitarias, tales como: 1) leyes sobre la esclavitud: (a) leyes sobre la manumisión (Ex 21:2-5; Dt 15:12-18; Lv 25:44-46), (b) rescate del esclavo hebreo (Lv 25:47-55), y (c) descanso para los esclavos (Ex 20:10; 23:12; Lv 25:6); 2) leyes sobre el jubileo y el año sabático (Lv 25); 3) leyes sobre la tierra (Lv 25).

Toda esta legislación constituía el contexto legal para la función social del diezmo. Estas leyes eran eminentemente humanitarias. Todas ellas tenían como propósito que la sociedad favoreciera a los pobres, a la vez que pretendían impedir que en Israel hubiera indigentes. Estas leyes señalaban que la situación de pobreza era una responsabilidad que debía asumir la sociedad. Dios había dado la delicada responsabilidad a la sociedad de encarar la pobreza y erradicarla a través de: a) una justa legislación, b) la solidaridad social frente al menesteroso y c) el trabajo bien remunerado, pago a tiempo, y medidas y pesas justas.

A las anteriores medidas, Dios les anexa otras: primicias, diezmos y ofrendas.

El fundamento legal de las primicias se encuentra en los siguientes textos: Ex 22:29; 23:19; 34:26; Lv 2:14-16; 23:10; Nm 28:26; Dt 18:4; 26:1-19. Las primicias eran de tres clases: a) agrícola, b) animal y c) humana (el primogénito de los varones le pertenecía a Yahweh). Al lado de las primicias estaba la ofrenda. En el libro de Levítico los capítulos 2 al 7 están dedicados a las ofrendas y a los sacrificios.

Si bien el cumplimiento de estas leyes traería *shalom* tanto individual como colectiva, y que una expresión de ese *shalom* la constituía la bendición a las sementeras y al ganado, su cumplimiento no estaba motivado por la prosperidad económica que se pudiera obtener, sino como expresión de obediencia a Dios. Las responsabilidades sociales que tenemos para con el otro son deberes que Dios ha delegado tanto a la sociedad como a los individuos para proveer equilibrio en la distribución de las riquezas, y con el fin de erradicar la mendicidad en la población humana. El cumplimiento de esas obligaciones no necesariamente genera recompensas de parte de Dios. Simplemente estaríamos cumpliendo con un deber social otorgado por Dios. Por tanto, no debemos caer en la tentación utilitarista de cumplir con ellas y de obedecer a Dios, como mediación para "ganarnos" el favor divino y así obtener bendiciones económicas.

La versión neotestamentaria de estas leyes sería "dadles vosotros de comer" (Mt 14:16), guardando las proporciones, claro está. Es legítimo que el cristiano anhele tener bienes propios, tales como casas, fincas, dinero, etc. Este anhelo se legitima en el derecho de propiedad que concede las Sagradas Escrituras. No obstante, estos bienes deben ser administrados con justicia, rectitud y solidaridad para que puedan cumplir una función social. Blomberg afirma que "este ideal toma dos direcciones diferentes. Aquellos que ya son dueños de su propiedad tienen el derecho de protegerla, pero deben seguir trabajando para que otros tengan la misma oportunidad de tener una propiedad y tener el cuidado para que el uso de su capital y de su propiedad no sirva para la explotación de los que tienen menos oportunidades".[7]

FUNCIONES SOCIALES Y LITÚRGICAS DEL DIEZMO[8]

El diezmo es una de las requisiciones más fuertes que hace la Torah a los israelitas. La Ley mosaica presenta el diezmo como una obligación para los israelitas ("indefectiblemente diezmarás todo el producto

---

[7] BLOMBERG, Craig L. *Op. cit.*, p. 54.

[8] La ley del diezmo se encuentra en los siguientes pasajes: Lv 27:30; Nm 18:21; Dt 12:17; 14:22, 28, 29; 26; Mal 3:8-10.

de grano que rindiere tu campo cada año", Dt 14:22). De acuerdo con el vocablo hebreo[9] el diezmo consiste en entregar a Dios el diez por ciento de todos los ingresos. El diezmo tenía tres funciones fundamentales en Israel:

a) Celebración litúrgica, en la cual todo el pueblo celebraba jubiloso en el santuario escogido por Yahweh. En esta celebración el pueblo adoraba gozosamente a Dios, a quien reconocían como el dador de todo. Ésta era una celebración por la generosidad, bondad y providencia de Yahweh. Todos celebraban la bondad de Dios por haberles dado el fruto de la tierra para el bien del pueblo. El fruto de la tierra era un beneficio del *shalom* que Yahweh les prodigaba.

b) Función sustentadora a la tribu de Leví. El diezmo favorecía a los levitas, ya que era la forma como Dios los sustentaba (Nm 18:21-29; 35:1-8).

c) El diezmo trienal era llevado por los israelitas a una ciudad estipulada por Dios, para que tanto los levitas como los pobres tuvieran sustento (Dt 14:12-29; 26:12).

Estos actos de generosidad eran recompensados por Yahweh, quien prosperaría a los generosos en sus vidas. Deuteronomio 15 del 7 al 10 prescribe la generosidad que se debe tener para con los menesterosos. Dicha liberalidad traerá como resultado la bendición de Dios sobre el generoso: "Sin falta le darás, y no serás de mezquino corazón cuando le des; porque por ello te bendecirá Jehová tu Dios en todos tus hechos, y en todo lo que emprendas" (Dt 15:10). La bendición (*bârak*, בָּרַךְ) de Dios es multifacética, ya que se aplica a todas las áreas de la vida del hombre piadoso. Dios es justo y, como tal, no deja sin recompensa la obediencia de los hombres. Este aserto se ve atestiguado en los siguientes textos, además de los anteriores: Prov 3:9, 10; 11:25; 28:27; Is 58:10, 11; Lc 6:38; 11:41.

---

[9] מַעֲשֵׂר, *ma'aser*, este vocablo significa: décima parte, diezmo.

Por el principio de recompensa, establecido en la Palabra de Dios (cf. Sal 115:13), todo aquel que honra, teme, ama y obedece a Dios será ampliamente recompensado. Ya los textos anteriores han señalado este principio divino. Luego, entonces, el secreto de la verdadera prosperidad bíblica, de la prosperidad que la Biblia avala, no de la vulgarización de esa prosperidad y del reduccionismo al cual es sometida la misma (como por ejemplo el reduccionismo de la prosperidad económica), está en honrar, temer, amar y obedecer a Dios.

LA LEY DE LA COSECHA PROPIAMENTE DICHA

En las Sagradas Escrituras no sólo existe el *principio de recompensa*, también se encuentra el *principio de causa-efecto*. Todo acto tiene una consecuencia, para cada acción hay una reacción. Esta verdad se halla, de manera nítida, en el libro de Gálatas, donde se lee lo siguiente:

> El que es enseñado en la palabra, haga partícipe de toda cosa buena al que lo instruye. No os engañéis; Dios no puede ser burlado: pues todo lo que el hombre sembrare, eso también segará. Porque el que siembra para su carne, de la carne segará corrupción; mas el que siembra para el Espíritu, del Espíritu segará vida eterna. No nos cansemos, pues, de hacer bien; porque a su tiempo segaremos, si no desmayamos. Así que, según tengamos oportunidad, hagamos bien a todos, y mayormente a los de la familia de la fe (Gal 6:6-10).

El Apóstol Pablo traza, en este pasaje, directrices muy importantes para el desarrollo de la Iglesia. Por un lado, es primordial la reciprocidad en las relaciones maestro-discípulo. Esta reciprocidad está en línea directa con la justicia y con la mutualidad de las bendiciones. El maestro de la Palabra (*katejounti*, κατηχοῦντι) con mucha frecuencia está trayendo bendición, solidez doctrinal y fortalecimiento moral y espiritual a la vida de los discípulos (*katejoúmenos*, κατηχούμενος). Su esfuerzo sacrificial, abnegado y santo beneficia considerablemente al *catecúmeno*. Éste, a su vez, debe compartir (*koinoneín*, κοινωνείν) toda cosa buena (*pas agathós*, πᾶς ἀγαθός) con quien lo instruye. Generalmente, algunos expositores han limitado este "compartir" a lo meramente material. La expresión griega *en p*ásin agathó*is* (ἐν πᾶσιν ἀγαθοῖς) tiene un sentido más amplio: no se limita a lo físico sino que incluye a todo lo bueno que ocurre en la vida del discípulo. De esa manera, el grado de bendición que Dios imparte a cada uno de sus hijos se extiende, por la generosidad y por la reciprocidad, a todos los miembros de la comunidad eclesiástica.

Nótese que aquí hay una importante directriz referente a la comunión de los santos. Esta comunión no sólo debe darse en el campo de la amistad, del compañerismo, del sentido de comunidad y de la construcción de la misma, sino que cada uno debe bendecir a los demás con las cosas que él tiene. El discípulo debe bendecir a su maestro compartiendo con él las bendiciones de Dios, así como el maestro comparte con su discípulo la bendición espiritual. Este versículo (6) constituye la base de la ley de la causalidad (causa-efecto) que tocará Pablo en los versículos restantes de esta perícopa.

En el versículo 7 Pablo utiliza un principio general que es aplicable a todos los actos de la vida y a todas las decisiones que toma el hombre. Por un lado, Pablo plantea que es un imposible lógico y moral engañar (*mukterídsein*, μυκτηρίζειν) a Dios. Nadie puede tomar por tonto o por ingenuo a Dios, a esto el Apóstol le agrega el hecho de que todo lo que hagamos produce un efecto que puede ser beneficioso o perjudicial, según la naturaleza de nuestros actos. "Sembrar" (*spéirein*, σπείρειν) se refiere a cualquier decisión, acto, hecho o acción que emprendiere el individuo. Cualquier acción que realice el sujeto tendrá su respectivo resultado. Este resultado es denominado por Pablo como "cosechar" (*therídsein*, θερίζειν). ·

Si la mayor preocupación del hombre en el decurso de su historia personal es cultivar exclusivamente lo físico, lo material, lo inmediato, lo tangible e inmanente, el individuo, consecuentemente, dirigirá todos sus esfuerzos a su trabajo, a sus negocios, a cuantificar sus haberes. Descuidará áreas muy importantes de su vida, así mismo, descuidará relaciones que son muy importantes para su madurez y crecimiento personales. Además, descuidará su relación con la comunidad, con su familia y con Dios, para consagrarse a la productividad financiera. Como consecuencia de toda esta construcción verá sus esfuerzos gratificados con los resultados materiales favorables a sus intereses económicos.

Parte del problema de este tipo de resultados consiste en que la construcción de toda una vida se puede derrumbar por alguna circunstancia: una mala inversión, competencia desleal, desastre natural, crisis económica mundial, o por cualquier factor exógeno o endógeno. Una severa crisis financiera podría arruinar esa vida para siempre.

Lo material, por naturaleza, es perecedero, transitorio y finito, debido a que su estructura física está diseñada para un determinado período de tiempo, puede ser éste corto, mediano o largo; mas no está diseñado para vivir eternamente. Lo material sólo puede servir por el tiempo que está estipulada su durabilidad. Lo material no va más allá del tiempo de lo que su propia naturaleza le dictamina que dure, según la ley divina establecida para tal efecto. Para que la riqueza dure por siglos, se necesita siglos de construcción. Muchas generaciones tienen que esclavizar sus vidas para conquistar la riqueza proyectada y para que ésta pueda durar siglos. Cuando sus gestores colapsan, la riqueza se derrumba, porque ella no tiene una *dynamis* interna propia que le permita sostenerse por sí sola.

El cuerpo esbelto, atlético y saludable tarde o temprano llega a su decrepitud, debido a que hay una ley natural que establece un período de tiempo en el que habrá vigor, lozanía y buena salud; luego llega la flacidez corporal, la enfermedad y la muerte.

Si la mayor preocupación del hombre es cultivar su intelecto, realizará todos los estudios a los cuales tenga acceso, tendrá una vida académica y profesional brillante, podrá llegar a ser una lumbrera académica, será un eximio profesional. Con toda probabilidad hará excelentes aportes a la academia, a la ciencia, al arte, a la tecnología y, consecuentemente, a la sociedad. Sin embargo, esa excelencia no le garantizará ser excelente en las demás áreas de su vida, o tener buenas relaciones con los demás.

Si en la escala de valores de un individuo lo espiritual y lo moral ocupan el primer escaño, dirigirá todos sus esfuerzos para cultivar la espiritualidad. Esta persona habrá escogido sembrar para lo eterno, sembrar lo imperecedero, sembrar para cosechar en el Reino adviniente de Dios.

Las dos primeras construcciones están confinadas al tiempo y al espacio, por lo que su radio de acción se limita al actual orden de cosas, será una siembra intrascendental. En cambio quien cultiva lo espiritual está ubicado en la esfera de lo transcendental, por lo que sus frutos serán eternos. No tendrá que esperar a llegar a la eternidad para comenzar a cosechar los resultados de su construcción. En este presente orden de cosas comenzará a cosechar lo que recibirá abundantemente en la eternidad. La sabiduría práctica (*frónesis*, φρόνησις) del hombre consistirá, en este orden de ideas, en saber establecer qué será lo prioritario en su escala de valores y a qué tipo de construcción le dedicará el resto de su vida. Estoy convencido que a esto está apuntando Gal 6:6-8.

En este hilo de pensamiento se debe ubicar el principio paulino expresado en 2 Cor 9:6: "El que siembra escasamente, también segará escasamente; y el que siembra generosamente, generosamente también segará". Dios premia la generosidad (*eulogía*, εὐλογία), en cambio la ausencia de la misma, es decir, la tacañería (*feidomenos*, φειδομένως[10]) es rechazada por Dios. De acuerdo con este pasaje, la retribución es proporcional al grado de generosidad.

En 1ª a Corintios capítulo 15 Pablo hace una extensa exposición acerca de la resurrección de los muertos, cuyo paradigma es la resurrección de Jesucristo. En el verso 36 habla del acto de sembrar. En este caso la siembra (*speiro*, σπείρω) está referida al cadáver humano que se deposita en la sepultura, allí se ubica el cuerpo animal (*soma psijikón*, σῶμα ψυχικόν) para que a su debido tiempo se levante un cuerpo espiritual (*soma pneumatikón*, σῶμα πνευματικόν, v 44). En esta exposición del misterio de la resurrección de los muertos, Pablo explica que la siembra es *conditio sine qua non* de la resurrección. Se siembra: deshonra, debilidad (v 43) y cuerpo animal (v 44), para cosechar: gloria, poder (v 43) y cuerpo espiritual (v 44). La siembra (*speiro*, σπείρω), de acuerdo con 1ª Corintios 15, es la muerte, y la cosecha (*theridzo*, θερίζω) es la resurrección (*anástasis*, ἀνάστασις). En este pasaje Pablo expone la ley establecida por Dios que permite el tránsito de lo temporal a lo eterno, de lo deshonroso a lo honroso, de la debilidad al poder, de lo animal a lo espiritual, de lo terrenal a lo celestial. Es necesario que el hombre transite por el universo para poder ubicarse en la eternidad.

Como se puede inferir, los conceptos de siembra y cosecha aquí tienen una dimensión integradora y totalizante, ya que es abarcante y omnicomprensiva, por lo que cualquier reduccionismo es inadmisible.

---

[10] Éste es un adverbio que tiene los siguientes significados: parcamente, con tacañería.

Reducir este pasaje al área económica constituye un acto de incomprensión de la revelación bíblica.

Hay otro pasaje que se encuentra en 1ª Corintios 9:11, que sugiere sumo cuidado en su tratamiento. Para abordar este versículo, es menester prestar atención a todo el capítulo 9, para ubicar el contexto y la situación problematizadora que plantea el Apóstol de los Gentiles.

El capítulo 9 constituye una defensa (*apología*, ἀπολογία) del apostolado de Pablo, provocada por las acusaciones que algunos sectores le estaban haciendo. Su defensa la organiza a través de una arquitectónica interrogativa. Usa preguntas, que exigen respuestas afirmativas. Hay un despliegue de lógica y de sentido común, además, de acudir a la Ley mosaica (Dt 25:4). A través de esas preguntas reivindica sus derechos, sin por ello sacar provecho de los mismos.

Si el ministro siembra lo espiritual en el corazón de una persona es obvio que coseche lo material de esa misma persona. Sin embargo, este argumento no va dirigido a sacar ventajas económicas de su ministerio sino a explicar que a pesar de él tener ese derecho, no lo reclama, por el contrario, lo declina (vs 12-15). A través de varias analogías (v 7) Pablo muestra el derecho que tiene de recibir el beneficio de la generosidad y de la gratitud de sus discípulos.

LOS PACTOS

"Pacto" es una de esas palabras que están siendo desgastadas por el evangelicalismo popular latinoamericano, ya que por su uso indebido está llegando a ser un término equívoco. No sólo se abusa del término, sino que también se trivializa, por tanto, hay que volver sobre los conceptos que la definen para esclarecer su significado en la Biblia. En términos generales, un "pacto" es, fundamentalmente, un "tratado entre dos o más personas o entidades que se obligan a su observancia".[1] De entrada afirmemos que todo pacto tiene un referente ético bastante destacado, debido a que aquél se fundamenta en la credibilidad y buena fe de los contratantes, en la honorabilidad de los mismos y en la validez de la palabra empeñada. Todo pacto, convenio, alianza y contrato se fundamenta en la buena fe y en la confianza que inspiran las partes contractuantes. Un pacto, consecuentemente, es un asunto de ética, de carácter, de probidad de los participantes. Esto demuestra la solemnidad y seriedad que encierra todo pacto.

Un pacto tiene un carácter legal ya sea privado o jurídico, toda vez que las partes ligadas por él se obligan a obedecerlo ya sea por voluntad libre, por honor, por conveniencia o por ley. Cuando se firma un pacto, los pactantes se aseguran de que éste sea respetado, para lo cual apelan a unas cláusulas que obligan su cumplimiento, o apelan a ciertos condicionamientos para que éste al ser violado por una de las partes, la otra quede en libertad de cancelar su obligación. La palabra "pacto" está

---

[1] *Enciclopedia Universal Círculo*. Tomo IV. Círculo de Lectores, Bogotá 2006, p. 1655.

relacionada con otros vocablos, tales como "contrato", "convenio"[2] y "alianza"[3].

PACTO COMO CONTRATO SOCIAL

Algunos diccionarios contemplan en sus definiciones "contrato" como sinónimo de "pacto" y de "convenio". La siguiente definición así lo indica: "Pacto o convenio, oral o escrito, entre partes que se obligan sobre materia o cosa determinada, y a cuyo cumplimiento pueden ser compelidas".[4] Esta misma definición es ofrecida por Manuel Ossorio.[5]

El contractualista moderno del siglo XVII Thomas Hobbes muestra claramente la diferencia entre contrato y pacto, en las siguientes definiciones: la "mutua transferencia de derechos es lo que los hombres llaman contrato".[6] Mientras que pacto lo presenta de la siguiente manera: "Uno de los contratantes, a su vez, puede entregar la cosa convenida y dejar que el otro realice su prestación después de transcurrido un tiempo determinado, durante el cual confía en él. Entonces, respecto del primero, el contrato se llama pacto o convenio".[7]

Un contrato tiene como finalidad *regular* una determinada situación, comunidad, propiedad o cualquier circunstancia de tipo interpersonal, comunitaria o social. Generalmente *regula* los derechos y los deberes de las partes contratantes. "En una definición jurídica, se dice que hay *contrato* cuando dos o más personas se ponen de acuerdo sobre

---

[2] *Convenio*: ajuste, convención, contrato. Acuerdo vinculante entre los representantes de los trabajadores y los empresarios de un sector o empresa determinados, que regula las condiciones laborales.

[3] *Alianza*: acción de aliarse dos o más naciones, gobiernos o personas. Pacto o convención. Conexión o parentesco contraído por casamiento. Unión de cosas que concurren a un mismo fin.

[4] *Diccionario de la Lengua Española*. Tomo 1. Real Academia Española. Vigésima segunda edición. Espasa, Bogotá 2001, p. 436.

[5] OSSORIO, Manuel. *Diccionario de Ciencias Jurídicas, Políticas y Sociales*. Heliasta, Buenos Aires 1999, p. 233.

[6] HOBBES, Thomas. *Leviatán: o la materia, forma y poder de una República Eclesiástica y Civil*. Trad. Manuel Sánchez Sarto. F. C. E., México 1994, p. 109.

[7] *Ibíd.*, p. 109.

una declaración de voluntad común, destinada a reglar sus derechos".[8] Un pacto puede ser concertado entre individuos, entre estados, entre comunidades, entre Dios e individuo y entre Dios y comunidad, por ejemplo, como el pacto sinaítico.

Pacto, convenio, alianza, contrato, estado de naturaleza y ley de naturaleza son conceptos ampliamente discutidos en la teoría política, sobre todo en los contractualistas modernos (Maquiavelo, Hobbes, Locke y Rousseau). Básicamente el Estado Moderno surge de toda esa conceptualización que venía desde la antigüedad y que se configura en la modernidad.

¿Por qué insertar aquí una breve discusión político-filosófica en un tratado de espiritualidad? Es conveniente dilucidar el concepto de pacto y de contrato desde la perspectiva política para poder entender mejor los pactos que Dios ha concertado con individuos y con Israel a lo largo de la historia de la salvación, además, nos ayuda a comprender las diferencias entre el pacto de Dios y el pacto social.

Los modernos, para entender la naturaleza del Estado político, tuvieron que acudir al concepto de Estado de naturaleza. Sólo a través de esa mediación se podía comprender el poder político, tal como lo afirmara Locke: "Para comprender correctamente lo que es el poder político y derivarlo de su origen, debemos considerar en qué estado se encuentran naturalmente los hombres...".[9] El Estado político nace, teóricamente, mas no fácticamente, por la mediación del Contrato Social.

Según los teóricos modernos, el Contrato Social surge debido al temor permanente en que viven los individuos. Este temor está motivado por el Estado de naturaleza, el cual consiste en la situación de guerra de todos contra todos en la que se encuentra el individuo. Como quiera que todos los individuos tienen igual derecho sobre todas las cosas, y dada la ausencia de un árbitro que *regule* las acciones de todos los hombres, todos están en un inminente peligro de muerte. Este Estado de naturaleza es una condición de guerra, de anarquía y de peligro de muerte. En este Estado de naturaleza no hay ley, no hay justicia, no hay

---

[8] OSSORIO, Manuel. *Op. cit.*, p. 233.

[9] LOCKE, John. *Tratado sobre el Gobierno Civil*. Trad. Manuel Formoso Herrera. EDUCA, San José, Costa Rica 1997, p. 21.

propiedad privada, no hay ética. Consecuentemente, el individuo vive en un estado de barbarie permanente, contrario a la razón humana, por lo que tendrá que tomar medidas para preservar su vida: "El derecho de naturaleza conduce al hombre a hacer lo necesario para la preservación del cuerpo y lo dirige a juzgar aquello que cree es dañino para la preservación de su vida".[10]

Se hace necesario que cada individuo ceda su derecho a todas las cosas, para que pueda vivir en paz. Esta cesación de derechos sólo es posible en el entorno del Contrato Social. Así las cosas, ¿cómo cede el individuo sus derechos? Según Thomas Hobbes "se abandona un derecho bien sea por simple renunciación o por transferencia a otra persona. Por simple RENUNCIACIÓN cuando el cedente no se preocupa de la persona beneficiada por su renuncia. Por TRANSFERENCIA cuando desea que el beneficio recaiga en una o varias personas determinadas. Cuando una persona ha abandonado o transferido su derecho por cualquiera de estos modos, dícese que está OBLIGADO o LIGADO a no impedir el beneficio resultante a aquel, y es su deber, no hacer nulo por su voluntad este acto".[11]

En el Contrato Social esta transferencia se hace al príncipe, quien se obliga a defender a los individuos tanto de agresión externa como de agresiones internas. Esta cesación y transferencia a la vez se hace con el propósito de que los individuos puedan vivir en paz y sin temores. La transferencia de derechos, vía Contrato Social, legitima al Estado, quien a su vez es la autoridad civil. Así entonces, la "sociedad política debe entenderse en términos de un contrato, o contratos, que garantizan una estructura de derechos... y de obligaciones necesarias para la viabilidad de la vida social correcta".[12]

Hobbes conceptualizó el Estado como un hombre gigante creado a causa del Estado de naturaleza del hombre, y como remedio a la voracidad de los individuos. Ese Estado tiene todas las debilidades y

---

[10] MOSQUERA BRAND, Fernando A. *Relación de continuidad y de discontinuidad entre la Antropología y la Física Política Hobbesianas*. Tesis Doctoral. UPB, Medellín 2002, p. 99.

[11] HOBBES, Thomas. *Op. cit.*, p. 108.

[12] ATKINSON, David J. y FIELD, David H. *Diccionario de ética cristiana y teología pastoral*. Trad. Daniel Menezo. CLIE, Barcelona 2004, p. 379.

fortalezas del individuo: el Estado tiene alma (soberanía), nervios (recompensas y castigos), fuerza y energía (riqueza), salud (negocios y concordia), memoria (consejeros), razón y voluntad (equidad y leyes), enfermedades (sedición), muerte (guerra). El Estado está en Estado de naturaleza con relación a otro estado.

Locke muestra en qué consiste ese Estado de naturaleza del individuo: "Éste es un estado de entera libertad para ordenar sus acciones y para disponer de sus posesiones y personas como les plazca, dentro de los límites de la ley natural, sin pedir permiso o depender de la voluntad de ningún otro hombre. Es también un estado de igualdad, en el cual todo poder y jurisdicción son recíprocos, no teniendo ninguno más que otro...".[13] Este concepto de la libertad natural es propia de los contractualistas modernos. Por ejemplo, Rosusseau inicia el primer capítulo de *El contrato social* expresando este estado natural del hombre: "El hombre nació libre, y en todas partes se le encuentra encadenado. Hay quien se cree el amo de los demás, cuando en verdad no deja de ser tan esclavo como ellos".[14]

Es muy evidente que estos conceptos no se recogen en la Biblia para describir el pacto que a lo largo y ancho de la historia de la salvación Dios ha suscrito con la humanidad, con los individuos y con Israel. Los conceptos vistos anteriormente nos harán ver el carácter *sui generis* y la importancia de la concepción bíblica de pacto. En el pacto bíblico no hay convención a través de la cual los individuos deponen sus derechos para entregárselos a Dios para que Él asuma su defensa; tampoco hay exigencias que la convención le hace a Dios. Dios, como Soberano, no recibe poder y autoridad de parte de la convención social, como ocurre en el pacto social. Así pues, visualizar la conceptualización del pacto social nos ayuda a entender la naturaleza del pacto procedente de Dios.

---

[13] LOCKE, John. *Op. cit.*, p. 21.
[14] ROUSSEAU, Juan Jacobo. *El Contrato Social*. En *Discursos y el Contrato Social*. Trad. Salustiano Masó. Círculo de Lectores, Barcelona 1995, p. 242.

PACTO EN LAS SAGRADAS ESCRITURAS[15]

De acuerdo con la Biblia, los pactos celebrados por Dios son elaborados unilateralmente, las condiciones también son unilaterales; quien recibe el castigo por su incumplimiento es el hombre, mas no Dios, por varias razones: a) un castigo lo impone una autoridad sobre un sujeto o comunidad que está bajo su potestad. No hay ninguna autoridad sobre Dios. b) Para que haya castigo debe haber un delito y un infractor. Dios nunca comete un delito, por tanto jamás será un infractor. Y c) Dios nunca incumple un compromiso adquirido.

El pacto que Dios suscribe con el hombre es inmodificable, no necesita ser notariado ni se requiere testigo para su validez, tampoco es coercitivo, ya que el sujeto lo suscribe voluntariamente. El hombre no tiene ninguna potestad para exigir su cumplimiento a Dios, ni para hacerle ningún tipo de reclamación.

En las Sagradas Escrituras "pacto", como parte y expresión del proyecto soteriológico divino, se convierte en una palabra técnica, toda vez que se refiere a la alianza de Dios con un individuo o comunidad. Gleason ya ha señalado que teológicamente hablando, "pacto" "denota una gracia y fidelidad de Dios para beneficio y bendición del hombre, y específicamente de los hombres que por fe reciben las promesas y se obligan a sí mismos a las responsabilidades que este compromiso encierra".[16]

De acuerdo con las Sagradas Escrituras, Dios siempre toma la iniciativa, llama al sujeto para ofrecerle el pacto, impone las condiciones del mismo, fija las reglas y la forma como debe ser cumplido. Así las cosas, "el hombre nunca puede negociar con Dios o cambiar los términos del pacto. Él sólo puede aceptar las obligaciones del pacto o rechazarlas".[17]

Dios es soberano y Señor, así que el pacto refleja esta condición divina. "Pacto" "se refiere al acto de Dios de establecer libremente una re-

---

[15] Pacto aparece 298 veces en la Biblia. Así: *b'rith* aparece 268 en el Antiguo Testamento y *diathéke* aparece 30 veces en el Nuevo Testamento.

[16] ARCHER, Gleason L. *Pacto* en HARRISON, E. F.; BROMILEY, G. W. y HENRY, C. F. H. *Diccionario de Teología*. Trad. Humberto Casanova. Libros Desafío, Grand Rapids, Michigan 2006, p. 443.

[17] GRUDEM, Wayne. *Op. cit.*, p. 540.

lación mutuamente vinculante con la humanidad. Por medio del pacto, Dios confiere bendiciones sobre los seres humanos en términos condicionales e incondicionales. Condicionalmente hablando, Dios bendice a los seres humanos cuando obedecen los términos del pacto. Incondicionalmente, Dios confiere bendiciones sobre los seres humanos sin tomar en cuenta si obedecen o no obedecen los términos del pacto".[18]

El pacto que Dios firmaba con un individuo o comunidad era inalterable, esto quiere decir que el pacto podía "ser sustituido o reemplazado por otro pacto diferente, pero no podía alterarse una vez establecido".[19]

El pacto, de acuerdo con la Biblia, es parte esencial de la historia de la salvación, toda vez que la alianza que Dios suscribió con Noé, con Abraham, con Isaac, con Jacob, con Israel y con David y la promesa del nuevo pacto (Jer 31:27-40) tiene relación directa con el proyecto soteriológico de Dios. El pacto tiene un carácter vinculante mediante el cual Dios vincula a un individuo o familia o nación a sus proyectos salvíficos.

El pacto firmado tenía un elemento obligante para las partes, por esa razón sus términos eran: "Si vosotros… entonces yo…". Si una de las partes lo invalidaba, éste quedaba abrogado. El pacto incorpora tanto bendiciones por causa de la obediencia como maldiciones en el caso de que fuera violado. Además, el pacto tenía unos elementos muy bien identificables[20]: a) identificación de los pactantes, b) estipulación de las condiciones de las relaciones, c) promesas de bendición por la obediencia y d) condiciones para obtener esas bendiciones.

Pacto en el Antiguo Testamento (*b'rith*, בְּרִית[21]): *B'rith* es un término difícil de traducir al idioma español, debido a que los vocablos con los cuales se pasa el concepto a nuestro idioma presentan sus propias dificultades y limitaciones conceptuales. Esta dificultad la hace notoria Girdlestone al declarar:

---

[18] GRENZ, Stanley J.; GURETZKI, David y FEE NORDLING, Cherith. *Términos teológicos: Diccionario de Bolsillo*. Trad. Eduardo Jibaja. Mundo Hispano, El Paso, Texas 2007, p. 96.

[19] GRUDEM, Wayne. *Op. cit.*, p. 540.

[20] *Ibíd.*, p. 541.

[21] *B'rith* significa: convenio, arreglo, alianza, contrato, pacto, testamento.

Los traductores se han encontrado con muchas dificultades para dar una traducción uniforme a la palabra *b'rith* incluso en el AT. Se ha recurrido a expresiones que se corresponden con las palabras "alianza", "compromiso", "pacto", "disposición" y "tratado", pero ninguna de ellas es perfectamente satisfactoria, y ello por la siguiente razón: que en tanto que representan la naturaleza de un pacto entre hombre y hombre, ninguno de estos términos es adecuado para el propósito de exponer la naturaleza de los tratados en gracia de Dios con el hombre.[22]

La dificultad existe, no obstante hay que trasladar el concepto hebreo al español, utilizando el vocablo que más se aproxime a la comprensión veterotestamentaria. Ese vocablo es "pacto", por tanto, utilizaremos esa expresión como traducción de *b'rith*.

El primer pacto del cual hace mención la Biblia es el que Dios estableció con Noé: antes del diluvio (Gen 6:18), y después del diluvio —מַבּוּל *(mabbul)*[23]— (Gen 9). El Pacto que Dios establece con Noé, realmente es un pacto establecido con la humanidad y con todos los seres vivos (Gen 9:9, 10). En el capítulo 9 de Génesis, *b'rith* aparece siete veces. La recurrencia del término en este capítulo indica lo vital que era para los seres vivos la decisión divina de no castigar más al planeta con diluvio (v 11).

El Pacto Noético es la expresión de la bondad, misericordia y la conmiseración (חֶסֶד, *jesed*) de Yahweh a favor de los seres vivos, incluyendo a los hombres. Este pacto garantiza la supervivencia de las especies vivas sobre la tierra hasta que se cumpla el plazo que Dios ha establecido para la existencia de la vida en nuestro planeta.

B'rith identifica una relación que Yahweh quiere formalizar. Así lo expresa Grudem al afirmar que "el uso de la palabra 'pacto' (heb. *b'rith*) en el AT se refiere a los pasos dados para afirmar una serie de relaciones ya existentes, mediante la introducción de ulteriores disposiciones cua-

---

[22] GIRDLESTONE, Robert B. *Sinónimos del Antiguo Testamento*. Trad. Santiago Escuain. CLIE, Barcelona 1986, p. 221.

[23] La LXX traduce este vocablo hebreo como κατακλυσμός, de donde viene la palabra "cataclismo".

silegales... Por tanto, el pacto confirma unas relaciones ya existentes, no las crea. Así, la referencia a 'mi pacto' en Génesis 6:18 implica una serie de relaciones ya existentes y establecidas por Dios".[24]

Los pactos que Dios ha concertado en el AT tienen las siguientes características:

- Dios convoca a quienes van a suscribirlo.
- Dios establece los términos del pacto y las condiciones en que debe ser cumplido.
- Dios establece los castigos por su incumplimiento y las recompensas por su observancia.
- El pacto es condicional.
- Por su carácter condicional y voluntario, el pueblo puede suscribirlo o rechazarlo.
- El pacto no es negociable.
- El pacto es inmodificable.
- El hombre no puede ponerle ninguna condición a Dios.
- El pacto tiene un alcance comunitario y a veces universal.

En el Antiguo Testamento hay, por lo menos, siete clases de pactos registrados:

1. Pactos concertados por Dios. Dios se comprometió a cumplir fielmente el pacto y a no retractarse de él, siempre y cuando la contraparte cumpliera fielmente con su parte. Los pactos concertados por Dios son los siguientes:

a) Pacto Noético. Gen 6:18, y 9. Como ya se expresó, éste es un pacto a través del cual Dios promete no volver a castigar la tierra con diluvio. Aun cuando el sujeto inmediato de este pacto es Noé, realmente es un pacto que Dios hace con la vida sobre el planeta Tierra. Es un pacto deferencial a la vida, es un pacto que ratifica la importancia e inviolabilidad de la vida. Este pacto refrenda el hecho de que Yahweh es el Señor de la vida: Él ama la vida, la cuida y la protege. El "arco" es la señal visible de ese pacto. Cuando el teísta contempla el "arco" en las nubes

---

[24] ATKINSON, David J. y FIELD, David H. *Op. cit.*, p. 880.

recuerda el pacto y la promesa hecha por Dios, que en la tierra jamás volverá a haber un cataclismo universal.

b) Pacto Patriarcal. Este pacto fue firmado con Abraham, Isaac y Jacob (Gen 15:18; 17; Ex 2:24; 6:4, 5; Lev 26:42). Ese pacto tiene relación con la elección de Israel: de Abraham saldría un numeroso pueblo, el cual sería el pueblo con el que Dios firmaría un pacto. Ese pueblo sería canal de bendición a los habitantes de la tierra *(goyim)* y en él serían salvas las naciones. "Debido a que el pacto abrahámico, por medio del cual todo el mundo recibiría bendición, fue una respuesta a Génesis 1-11 y al problema de la caída, este movimiento redentor por medio de Abraham tenía en mente, presumiblemente, la obra de restablecer finalmente la relación entre Dios, la humanidad y la creación".[25]

c) Pacto Levítico. Dios firmó un pacto con la tribu de Leví (Mal 2:4, 5, 8), y firmó un pacto con Finees, nieto de Aarón (Nm 25:10-13). El pacto con Finees era doble: (1) pacto de paz y (2) pacto de sacerdocio perpetuo. Este pacto no sólo beneficiaría a Finees, sino a la tribu de Leví y a todo Israel.

d) Pacto con Israel. Este pacto tiene dos momentos: 1) Pacto Sinaítico (Ex 19:5; 24:8; 31:16; 34:10, 27, 28). En este pacto se celebra la alianza entre Dios y el pueblo de Israel, por lo que este pueblo llegó a ser pueblo de Dios, el "pueblo del pacto"; y 2) Pacto en Moab (Dt 29). "Entre Dios e Israel se estableció toda una serie de pactos bíblicos cuyo motivador es Dios. Por medio de ellos se especifica la teología de la redención… proyectada por medio de Abraham. El pacto sinaítico es un paso ulterior en la misma dirección: 1) el pacto de Abraham funcionará ahora por medio de Israel; y 2) el mandato sobre la creación que recibió Adán recae ahora sobre este pueblo".[26]

e) Pacto Davídico (2 Sam 23:5; 2 Cron 21:7; Sal 89; Jer 33:21). Por este pacto David se convierte en la "simiente del Mesías", ya que él no

---

[25] *Ibíd.*, p. 881.

[26] *Ibíd.*, p. 881.

sólo sería ascendiente del Mesías, sino que su gobierno llegaría a ser paradigmático.

> El propósito del pacto davídico... era el de añadir el concepto de Mesías al pacto sinaítico, teniendo a Cristo en mente. El nuevo pacto de Jeremías tenía a la vista la renovación del pueblo de Dios y la gran bendición interior de la conformidad con la voluntad divina, instaurando la ley en los corazones de su pueblo. Anticipa un momento en que esto será posible, cuando el pecado ya no será un factor de la experiencia humana. Esta erradicación del pecado constituye la "novedad" del nuevo pacto. Este nuevo pacto presupone la obra de la cruz pero mira más allá de ella, hasta la reunión definitiva del pueblo de Dios, y la instauración final del reino divino. Jesús inauguró este nuevo pacto en la última cena, con sus discípulos.[27]

f) El Nuevo Pacto anunciado (Is 59:21; 61:8; Jer 31:27-34; 32:40; Ez 34:23-31; 37:24-28). Dios anuncia la creación de un nuevo pacto (tal vez sería conveniente hablar de la segunda faceta del pacto), el que se concertaría con todos los hombres, cuyo mediador y facilitador sería el Mesías, con la asistencia del Espíritu de Yahweh. Será un pacto escrito en el corazón del hombre, mediante la Palabra de Dios.

Aquí debo hacer la siguiente consideración. Dios es inmutable y omnisciente. Estas dos cualidades le impiden improvisar y transmutar sus planes esenciales. Este aserto tiene implicaciones en los pactos de Dios. Por ejemplo, los pactos que Dios firmó con Noé, con los patriarcas, con Israel y con David, no fueron pactos provisionales. Fueron pactos que estaban mirando hacia un segundo momento: el Mesías. Por decirlo de alguna manera, eran pactos propedéuticos al pacto que concertaría el Mesías, el cual preanuncian los textos presentados en este ítem. Todos estos pactos encontrarían su cumplimiento final en el Mesías. La Alianza que Dios pacta con la humanidad por el Cuerpo y la Sangre del Cordero Pascual, Jesús Cristo, es el epítome de todos los pactos firmados por Dios en el Antiguo Testamento. Así que estos pactos no eran inmediatistas. Eran pactos eternos, que encontrarían su eternidad en el *Mesías*, en el *Cristós*.

---

[27] *Ibíd.*, p. 881.

Así las cosas, a ninguno de estos pactos se le puede buscar aplicaciones triviales, tampoco son modelos de los "pactos" que los "neopactistas" están promoviendo en las iglesias, en las teleconferencias, en los medios masivos de comunicación y en los tratados y libros que se publican. Realmente, esas proclamaciones sólo constituyen un remedo y trivialización de los pactos que Dios ha concertado en la historia de la salvación. Es indigno e improcedente utilizar de manera tan abusiva las Escrituras para promover avaricias individuales, para obtener grandes beneficios económicos para determinadas personas, familias y círculos eclesiales, haciendo uso indebido de un asunto altamente moral, altamente ético, profundamente soteriológico y radicalmente espiritual.

2. Pacto de un individuo con Dios (2 Re 11:17; 23:3; 2 Cron 29:10; 34:30-32; Esd 10:3). Ya se ha dejado establecido que el hombre no hace pacto con Dios, sino que Dios hace pacto con el hombre. No obstante, en la Biblia se presentan tres casos en los que, aparentemente, un individuo toma la iniciativa para hacer un pacto con Dios. Por lo *sui generis* del asunto, examinemos estos textos para esclarecer el asunto:

a) 2 Re 11:17. Este texto afirma que el sacerdote "Joiada hizo pacto entre Jehová y el rey y el pueblo, que serían pueblo de Jehová; y asimismo entre el rey y el pueblo". Aparentemente aquí hay cuatro pactistas: Joiada, Dios, el rey Joás y el pueblo. Entre tanto, su pasaje paralelo declara: "Y toda la multitud hizo pacto con el rey en la casa de Dios. Y Joiada les dijo: 'He aquí el hijo del rey, el cual reinará, como Jehová ha dicho respecto a los hijos de David'". En este pasaje hay dos pactistas: el pueblo y el Rey (2 Cron 23:3). Según el versículo 16 el pacto lo contraen Joiada, el pueblo y el rey: "Y Joiada hizo pacto entre sí y todo el pueblo y el rey, que serían pueblo de Jehová". Por su parte la Septuaginta expresa que Joiada celebró un pacto en medio del Señor y en medio del rey y en medio del pueblo (καὶ διέθετο Ιωδαε διαθήκην ἀνὰ μέσον κυρίου καὶ ἀνὰ μέσον τοῦ βασιλέως καὶ ἀνὰ μέσον τοῦ λαου).

Por su parte, el TM dice que Joiada celebró un pacto entre Yahweh, y entre el rey, y entre el pueblo. El vocablo traducido como "entre" (*bayin*, בֵּין) traduce: intervalo, intermedio, diferencia, entre y en medio de. Así las cosas, la LXX presenta una buena perspectiva de lo que sucedió en ese pacto. Parece ser que el pacto que celebró el sacerdote Joiada lo hizo en la presencia de Dios, del rey y del pueblo y que de acuerdo con 2 Cron 23:16 fue un pacto celebrado entre Joiada, el rey y todo el pueblo, hecho en la presencia de Dios, por el cual se comprometían a ser pueblo de Dios.

En este caso, Yahweh no es convocado a suscribir el pacto, sino que Yahweh es testigo del pacto que sacerdocio, monarquía y "sociedad civil" establecen, y por el cual se obligan a ser pueblo de Dios. Éste tiene las características de un verdadero pacto social. Ese pacto político-religioso es tripartito, es decir, lo suscriben la parte religiosa, la parte política y la parte civil. Y ponen a Dios como garante y testigo del mismo. Así, entonces, Joiada no toma la iniciativa de concertar un pacto con Dios, sino que dada su responsabilidad religiosa y política lidera un pacto social con la presencia garante de Yahweh.

Situación análoga se ve en 2 Re 23:3 (cf. 2 Cron 34:30-32), donde se registra el hecho de que Josías celebra un pacto (se supone que es un pacto que establece la monarquía con el pueblo), según el cual el pueblo judío seguiría fielmente a Yahweh, guardaría los mandamientos de Yahweh y guardaría las palabras consignadas en el Libro del Pacto. Dios es testigo y garante de esta alianza, no es invitado a suscribirla. Este pacto era parte fundamental de la Reforma Religiosa emprendida por el rey Josías.

En los dos casos anteriores estos líderes no invitan a Dios a concertar un pacto con Él. Ellos firman un pacto social delante de la presencia garante de Dios.

2 Cron 29:10. Aunque el texto no dice cuál fue el pacto que el rey Ezequías determinó concertar con Yahweh, sí podríamos inferir:

• Fue un pacto provocado por la manifestación de la ira de Dios (vs 5-10).

• El contexto puede sugerir que el pacto tenía relación con la depuración y restablecimiento del culto, que había descendido en Judá a niveles religiosos muy bajos.

Parece ser que la idea que tenía Ezequías en mente era cumplir litúrgicamente todos los términos del pacto. Se trataba de combatir la falsa religiosidad y asumir la verdadera espiritualidad, a la cual señalaba el pacto que Dios había establecido con el pueblo. Si esta suposición es correcta, Ezequías, como rey, impulsó la verdadera espiritualidad en el territorio nacional, y reorganizó el clero y el culto.

Ése era un pacto de vuelta al pacto ya existente. Parece ser que no era un pacto con Dios (*ba Yehowah*, בִּיהוֹה), sino un pacto para Dios (*la Yehowah*, לַיהוֹה). Ezequías le ofrece (*kârath*, כָּרַת[28]) en su corazón un pacto a Dios. En este caso, Dios no es convocado para establecer un pacto con Él, sino que a Él se le ofrece un pacto previamente hecho en el corazón del rey. Ese pacto es ofrecido a Dios, no es hecho con Dios.

b) Esd 10:3. Los judíos én el período exílico habían celebrado matrimonios mixtos, casándose con *goyim* (extranjeros, Esd 9:1-2), contraviniendo, de esta forma, la prohibición que Dios había dado a los israelitas de casarse con *goyim*, y consecuentemente, violando el pacto. Cuando Esdras lo supo rasgó sus vestiduras, se angustió enormemente, oró y confesó los pecados del pueblo. El pueblo se le unió y todos confesaron sus pecados delante de Dios. En medio del lamento, del llanto, de los ruegos y de la confesión de pecados, Secanías proclama esperanza para la nación y la exhorta a celebrar un pacto con Dios (לֵאלֹהֵינוּ וְעַתָּה נִכְרָת־בְּרִית), LXX: καὶ νῦν διαθώμεθα διαθήκην τῷ θεῷ ἡμῶν). Ese pacto consistía en poner fin a esos matrimonios mixtos. El pueblo pacta para el Señor que pondrá fin a esos matrimonios mixtos. Es un pacto que Esdras y el pueblo acuerdan delante de Dios para poner fin a esa violación de la Ley. Esdras no propone que se firme un pacto con Dios sino que el pueblo haga un pacto delante de Dios.

3. Pactos particulares. En el Antiguo Testamento también se celebran pactos particulares, los cuales son de tres tipos:

a) Job hace un pacto con él mismo. Este pacto es el siguiente: "Hice pacto con mis ojos; ¿cómo, pues, había yo de mirar a una virgen?" (Job 31:1). Éste es un pacto extraño, ya que aquí no hay dos partes contratantes, sino que la persona pacta con ella misma para adoptar un tipo de conducta.

---

[28] El verbo *karath* significa: cortar, destruir, destrozar, celebrar, ofrecer, hacer.

b) Pacto de David con Jonatán (1 Sam 18:3, 4; 20:8; 23:18).

c) Pacto conyugal (Mal 2:14). Malaquías contempla el matrimonio como un pacto que firman hombre y mujer delante y bajo la supervisión y bendición de Dios, siendo entonces el matrimonio un pacto celebrado delante y con la connivencia de Dios, él aborrece el repudio (divorcio, Mal 2:16) y condena la deslealtad matrimonial (infidelidad, Mal 2:15). Hombre y mujer se ponen de acuerdo para celebrar el pacto matrimonial, el cual tiene vigencia mientras una de las partes vive, de acuerdo con el propósito eterno de Yahweh.

4. **Pacto político-militar**. Este tipo de pactos se da exclusivamente entre individuos y entre naciones. Este tipo de pactos se firma con el propósito de garantizar la supervivencia de un individuo, de una comunidad o de la sociedad civil. Este pacto puede ser matrimonial, entre jefes de Estados, entre jefe de Estado y una princesa o entre príncipes; puede ser de defensa recíproca entre Estados, puede ser de mutua cooperación en caso de guerra de una de las partes, de no agresión, o de transacción comercial (cf. Gen 14:13; 21:27, 32; 26:28; 31:44; Jos 9; 1 Sam 11:1, 2; 1 Re 5; 15:16-22; 20:34; 2 Re 11:4; Abd 1:7).

5. **Pacto del gobernante con su pueblo**. En el Antiguo Testamento hay varios casos en los cuales un gobernante o líder civil o religioso hace pacto con el pueblo. Las siguientes citas registran algunos de esos casos: Jos 24:19- 27; 2 Sam 3:21; 5:3; 1 Cron 11:3.

6. **Pacto de hermanos**. Dos naciones "hermanas" pueden realizar pactos de diferente índole. El reclamo que Yahweh le hace a Tiro es un ejemplo de ello (Am 1:9). Es probable que este pasaje aluda a la alianza realizada entre Salomón e Hiram, rey de Tiro (1 Re 5:1, 12).

7. **Pacto con los animales**. Este pacto, registrado en Oseas 2:18 se refiere a las bendiciones que Dios traerá sobre Israel cuando la nación se vuelva de su infidelidad y se re-consagre a Yahweh. Dios ordenará a los animales no agredir a los habitantes de Israel, con lo cual la nación estará segura en su suelo patrio.

Hay un último asunto sobre el que quiero reflexionar. Los varones neopactistas toman el voto hecho por Jacob como una de las bases existentes para instar a sus oyentes a realizar pactos con Dios. Pero el examen de ese episodio, no necesariamente lleva al exegeta a esa conclusión. Examinemos el asunto. Génesis relata la huida de Jacob de su *mishpahah* (casa paterna), ubicada en Beerseba, por temor a la retaliación de su hermano Esaú. Jacob llega a un lugar llamado Luz[29] (לוז), donde durmió y tuvo un sueño. El acto onírico que tuvo Jacob le hizo revaluar el concepto que tenía de un "Dios tribal" o territorial. Yahweh, el Dios de sus padres, también estaba en ese sitio, no sólo estaba en su *mishpahah* sino que se encontraba en un lugar distante. Cuando Jacob despertó fue consciente de la majestuosidad de ese encuentro y de la gran trascendencia que tenía ese momento para su vida y para la de sus descendientes. El cronista sagrado relata lo siguiente:

> Y despertó Jacob de su sueño, y dijo: "Ciertamente Jehová está en este lugar, y yo no lo sabía". Y tuvo miedo, y dijo: "¡Cuán terrible es este lugar! No es otra cosa que casa de Dios, y puerta del cielo". Y se levantó Jacob de mañana, y tomó la piedra que había puesto de cabecera, y la alzó por señal, y derramó aceite encima de ella. Y llamó el nombre de aquel lugar Bet-el, aunque Luz era el nombre de la ciudad primero. E hizo Jacob voto, diciendo: "Si fuere Dios conmigo, y me guardare en este viaje en que voy, y me diere pan para comer y vestido para vestir, y si volviere en paz a casa de mi padre, Jehová será mi Dios. Y esta piedra que he puesto por señal, será casa de Dios; y de todo lo que me dieres, el diezmo apartaré para ti" (Gen 28:16-22).

La reacción de Jacob tiene los siguientes elementos: a) comprender que Dios estaba en ese lugar, b) entrar en pánico, c) reconocer la sacralidad de ese sitio, d) dar nuevo nombre al lugar y e) hacer voto a Dios. Jacob hace un voto a Dios, no suscribe un pacto con Dios, según el texto ya referido. Un voto es una promesa solemne y sagrada por la que un hombre se compromete a sí mismo a hacer ciertas cosas de una manera y tiempo particular, para cumplir con sus promesas para lo cual debe depender del poder Dios, de ahí que todos los votos sean hechos

---

[29] Debo aclarar que el vocablo לוז no traduce "luz", el vocablo se lee "luz", que significa "almendro". El nombre del lugar donde pernoctó Jacob sería "la ciudad de los almendros" (*'ir luz*, עִיר לוז), a la que Jacob renombró como Casa de Dios (Betel).

en oración.[30] "Los votos eran promesas a las que se agregaban condiciones, casi siempre hechas a Dios. En el mundo antiguo, el contexto más común para un voto era cuando se hacía un pedido a la deidad. La condición generalmente implicaba la provisión y la protección de Dios, mientras que lo que se prometía era por lo común una ofrenda a la deidad".[31]

El cronista es muy cuidadoso al calificar la acción de Jacob, expresada en el v 20: Jacob hizo un voto solemne delante de Dios. Para comprender mejor la acción de Jacob, miremos varias definiciones que los diccionarios de la lengua española le dan a "voto":

- *Enciclopedia Práctica Planeta*: "Promesa de carácter religioso que envuelve un sacrificio, hecha a Dios, a los dioses, a la Virgen o a un santo. // Cada una de las promesas de renunciamiento que se hacen al adoptar el estado religioso".

- *Diccionario de la Lengua Española- Real Academia Española*: "Ruego o deprecación con que se pide a Dios una gracia. // Juramento o execración en demostración de ira. // Ofrenda dedicada a Dios o a un santo por un beneficio recibido. // Promesa que se hace a la divinidad o a las personas santas, ya sea por devoción o para obtener determinada gracia".

- *Enciclopedia Universal Círculo*: "Cada uno de los prometimientos que constituyen el estado religioso y tiene admitidos la Iglesia, como son la pobreza, la castidad y la obediencia".

Al examinar el texto bíblico, nos damos cuenta de que el cronista sagrado emplea la forma verbal *wayiddar* (וַיִּדַּר), la cual es un Qal imperfecto procedente del verbo *nadar* (נָדַר) que significa "hacer un voto". El sustantivo que se desprende del verbo, *neder* (נֶדֶר), significa: voto u ofrenda prometida.

---

[30] CLARKE, Adam. *The Holy Bible containing the Old and New Testament*. Vol. I. Abingdom-Cokesbury, New York, p. 178.

[31] WALTON, John H.; MATTHEWS, Víctor H. y CHAVALAS, Mark W. *Comentario del contexto cultural de la Biblia, Antiguo Testamento*. Trad. Nelda Bedford, *et ál.* Mundo Hispano, El Paso, Texas 2004, p. 53.

Ni los diccionarios de la lengua española ni el texto bíblico confunden voto con pacto. Para que su voto pudiera ser cumplido por él, Jacob le hizo a Dios las siguientes peticiones: a) que Dios lo acompañara y lo guardara en el viaje, b) que Dios le proveyera de alimentos y de vestido durante su viaje, y c) que Dios le permitiera regresar en paz a su casa paterna (*beth abi*, בֵּית אָבִי). Si estas peticiones se cumplían, entonces: a) Yahweh sería su Dios, b) allí se levantaría santuario a Yahweh, y c) Jacob le daría a Dios el diezmo de todo lo que consiguiere. Las peticiones que solicita Jacob están ubicadas en las siguientes áreas: a) protección, b) providencia y c) *shalom*.

Es evidente que Jacob no está haciendo pacto con Dios por las siguientes razones:

a) El cronista no utiliza el vocablo *b'rith*, sino la palabra *neder* (נֶדֶר).

b) Su voto estuvo motivado por el miedo, mas no por una voluntad libre y piadosa.

c) En ningún momento Jacob se dirige a Dios, sino que hace un voto para sí mismo, no es un voto realizado en la dinámica yo-tú, sino en la forma yo-él. Sólo al final del voto se dirige a Dios: "Y de todo lo que me dieres, el diezmo apartaré para ti" (Gen 28:22).

d) Dios no interviene en ese monólogo.

e) El hombre no tiene ninguna potestad para proponerle un pacto a Dios, a través del cual le imponga algún tipo de obligación o de exigencia a Dios.

Ni semántica ni formalmente lo planteado por Jacob constituía un pacto. La mención de la otra persona se hace en tercera persona, no en segunda persona. Así que en este pasaje y en esta experiencia no se evidencia ningún paradigma para proponerle pactos a Dios en el día de hoy.

Pacto en el Nuevo Testamento: *diathéke* (διαθήκη[32]): De acuerdo con J. Guhrt[33] *diathéke* es un vocablo que ha sido utilizado desde Demócrito y Aristófanes en el sentido de "voluntad o testamento", y denota una decisión irrevocable que no puede ser cancelada por nadie. *Diathéke*, entonces, aludiría a la última voluntad de un individuo que está *ad portas mortem*. Tal testamento sería eficaz con la muerte del testador.[34] De acuerdo con Guhrt[35] hay una clara distinción entre *diathéke* y *synthéke* (συνθήκη): mientras que el primero alude a la última voluntad de un moribundo, el segundo vocablo se refiere al acuerdo al cual dos personas iguales llegan, las cuales adquieren obligaciones recíprocamente. *Diathéke* es un acto voluntario y unilateral que realiza una persona que está en posesión de sus facultades mentales, no está sujeto a coerción ni a manipulación.

Las transacciones comerciales y todos los acuerdos que tenían carácter legal a los que llegaban dos o más personas por mutuo consentimiento eran tipificados como *synthéke*. Ambas partes podían hacer los respectivos reclamos si dichos acuerdos eran incumplidos. William Barclay señala la diferencia entre los dos vocablos referidos, de la siguiente manera:

> ...la palabra griega normal para pacto es *suntheke*, que es precisamente la usada en todas partes respecto de un compromiso matrimonial o un acuerdo entre dos personas o estados. En el griego de todos los tiempos, *diatheke* no significa "pacto", sino "testamento", *kata diatheken* es el término regular que significa "según las estipulaciones del testamento"... ¿Por qué el NT no utiliza nunca *suntheke* y siempre usa *diatheke*? La razón es la siguiente: *suntheke* describe siempre "un acuerdo hecho en igualdad de condiciones, que cualquiera de las dos partes puede alterar". Pero la palabra "pacto" significa algo diferente. Dios y el hombre no se encuentran en igualdad de condiciones; significa que Dios, a opción propia y en su libre gracia,

---

[32] El vocablo *diathéke*, διαθήκη aparece 30 veces en el NT. Significa: disposición, testamento, convenio, pacto, alianza, ordenanza.

[33] GUHRT, J. διαθήκη. En BROWN, Colin. *New International Dictionary of New Testament Theology*. Vol. 2. Paternoster, Carlisle, Cumbria, U. K. 1986, p. 365.

[34] *Ibíd.*, p. 365.

[35] *Ibíd.*, p. 365.

ofreció al hombre esta relación, que el hombre no puede alterar, cambiar ni anular, sino sólo aceptar o rechazar.[36]

Parece ser que los traductores de la LXX tuvieron esta distinción en mente al pasar al griego el sustantivo *b'erith*, ya que nunca lo tradujeron como *synthéke* sino como *diathéke*. Los escritores del Nuevo Testamento también fueron sumamente cuidadosos con esta distinción. Jamás utilizaron la expresión *synthéke* ("convenio entre pares"). Optaron por el sustantivo *diathéke*, ya que Dios no negocia con el hombre, sino que le comunica su voluntad.

Respecto a la preferencia que los escritores bíblicos tienen por *diathéke*, Gleason Archer afirma: "El término para 'pacto' usado en el NT es *diazeke*, palabra que aparece con frecuencia en la LXX por *berit*. Ya que la palabra griega ordinaria para 'contrato' o 'convenio' *(sunzeke)* implicaba igualdad en las partes que convenían en el acuerdo, los judíos que hablaban griego preferían *diazeke* (que proviene de *diatizemai* 'disponer de lo que a uno le pertenece'), en el sentido de una disposición unilateral. En el griego secular, esta palabra generalmente significaba 'voluntad' o 'testamento'…".[37]

Ha habido fuertes resistencias a aceptar "pacto" como traducción de *diathéke*, toda vez que pacto es un acuerdo al cual dos o más personas llegan. Frank Stagg hace una salvedad: "El griego *diatheke* puede traducirse 'pacto' sólo si se lo libra de cualquier idea de un contrato. Los términos 'legado', 'testamento', o 'declaración' están bastante cerca de la idea".[38] Y sigue afirmando que la "idea nunca es un acuerdo negociado entre Dios y el hombre. Dios no ha invitado al hombre a encontrarse con Él en una conferencia en la cumbre para elaborar algunos acuerdos aceptables recíprocamente. Dios sigue siendo soberano en sus pactos; sólo Él determina las condiciones y sólo Él garantiza su validez".[39]

---

[36] BARCLAY, William. *Palabras griegas del Nuevo Testamento: su uso y significado.* Trad. Javier José Marín C. Casa Bautista, El Paso, Texas 1977, p. 51.

[37] ARCHER, Gleason L. *Pacto. Op. cit.*, p. 445.

[38] STAGG, Frank. *Teología del Nuevo Testamento.* Trad. Arnoldo Canclini. Casa Bautista, El Paso, Texas 1976, p. 247.

[39] *Ibíd.*, p. 247.

Los profetas Isaías, Jeremías y Ezequiel preanunciaron el pacto renovado que Dios firmaría con la humanidad, bajo la mediación del Mesías. En un contexto mesiánico, Yahweh anuncia buenas nuevas a la atribulada Sión: enviará a su Mesías, quien entona un cántico en el que expresa su misión (Is 61:1-3). El Mesías restaurará Sión, y parte de esa restauración consistirá en la firma de un pacto eterno con ellos (לָהֶם בְּרִית עוֹלָם אֶכְרוֹת). De acuerdo con Jeremías ese pacto eterno (Jer 32:40) será establecido en la mente (*kereb*, קֶרֶב[40*]) y en el corazón (*leb*, לֵב[41]) de los hombres (Jer 31:31-33), el cual tendrá un carácter irrevocable. Ezequiel muestra la mediación de ese pacto, lo mismo que la naturaleza del mismo: el pacto será mediado por el Retoño davídico (Ez 34:23-31; 37:24-28), quien será el pastor de Israel, y a la vez, posibilitará la ampliación del pueblo de Dios. Ese pacto mediatizado por el Retoño davídico será un pacto de paz (*berith shalom*, בְּרִית שָׁלוֹם) y como tal, implicará seguridad, bienestar, protección y bendición.

Los evangelios recogen esta promesa y la entienden como referidas al Señor Jesucristo. Tanto en Mateo (26:28) como en Marcos (14:24) se presenta el pacto prometido mediatizado por la sangre de Cristo: "Mi sangre del pacto" (τὸ αἷμά μου τῆς διαθήκης), sólo Lucas (22:20) habla de la copa como "el nuevo pacto en mi sangre" (τοῦτο τὸ ποτήριον ἡ καινὴ διαθήκη ἐν τῷ αἵματί μου). La tradición sinóptica entiende el preanuncio del nuevo pacto referido a la sangre de Jesús. Y presentan la Mesa del Señor como el símbolo de ese pacto. Pablo rememora las palabras de Cristo y en su doctrina está muy cerca de la perspectiva que presenta Lucas. Pablo expresa τοῦτο τὸ ποτήριον ἡ καινὴ διαθήκη ἐστὶν ἐν τῷ ἐμῷ αἵματι· (1 Cor 11:25).

Ese pacto prometido por los profetas ya aludidos, es nuevamente referido por el apóstol Pablo, quien expresó a los Corintios (2 Cor 3:6) que Dios nos ha hecho ministros competentes de un nuevo pacto (καὶ ἱκάνωσεν ἡμᾶς διακόνους καινῆς διαθήκης, οὐ γράμματος ἀλλὰ πνεύματος·). No del pacto sinaítico (οὐ γράμματος) sino del pacto prometido a los profetas (ἀλλὰ πνεύματος). En 2 Cor 3:14, Pablo hace una distinción entre el antiguo pacto (τῆς παλαιᾶς διαθήκης) y el nuevo pacto (καινῆς διαθήκης).

---

[40] *Kereb* significa: entrañas, pecho, corazón, alma.

[41] *Leb* tiene las siguientes acepciones: corazón, vida, vigor, conciencia, voluntad, interior.

El autor del libro a los Hebreos (Heb 7:22; 8:6) afirma que Jesús ha sido hecho mediador (*mesíthes*, μεσίτης) y garante de un mejor pacto (*kreíttonos diathékes*, κρείττονος διαθήκης), con lo cual da a entender que el pacto anunciado por los profetas y firmado por Jesucristo es el punto de llegada, es el cumplimiento cabal de todos los pactos firmados por Dios en el AT. Finalmente, el autor del libro a los Hebreos (Heb 13:20) conecta el pacto eterno del cual habló el profeta Jeremías con el sacrificio cruento de Jesús (ἐν αἵματι διαθήκης αἰωνίου, τὸν κύριον ἡμῶν Ἰησοῦν).

El Nuevo Testamento habla de pacto en dos sentidos: a) referido al Pacto del Antiguo Testamento, en este caso al pacto sinaítico, y b) a Cristo como el cumplimiento de la promesa del pacto. No se habla de pacto en otro sentido. En ninguna parte del Nuevo Testamento se insinúa siquiera la posibilidad de que un individuo haga un pacto con Dios.

Del breve estudio realizado se puede inferir que no hay ninguna base bíblica, ni autorización, ni ejemplo que pueda ser presentado como argumentos para promover los pactos particulares que individuos quieran hacer con Dios. Por el contrario, los pactos en los que Dios se compromete, donde Él es el protagonista, todos son pactos soteriológicos, procedentes de Dios, iniciados por Dios, convocados por Dios y redactados por Dios. No ha habido un solo caso donde un individuo pacte con Dios para lucro y beneficio personal.

CONCLUSIÓN

La teología como discurso acerca de Dios, mediatizado por el registro de la revelación divina, está estrecha e indisolublemente imbricada con la espiritualidad, en una doble dirección:

a) Por un lado, el discurso teológico no solamente nace en un ambiente académico-intelectual en el cual el teólogo rodeado de una selecta biblioteca y dotado de una mente lúcida examina las Escrituras, las construcciones teológicas tanto del pasado como del presente, las características y tendencias ideológicas e intelectuales de su día, y con esa base presenta una perspectiva teológica, la cual da a conocer a su comunidad teológica, sino que acompaña esa elaboración académica con la calidez que provee la comunión del Espíritu de Jesucristo, el gozo que otorga la presencia de Dios y la dinámica y riqueza que facilita la comunión con la comunidad de los santos.

Ya Karl Barth ha advertido que la oración es un acto infaltable en el quehacer teológico, toda vez que dicha elaboración es imposible realizarla sin la mediación de la oración. De acuerdo con Barth sin la oración no puede haber teología. Así las cosas, la teología no se puede dar exclusivamente en frío, en una construcción racional fría, analítica, deductiva, inferencial, sino que se realiza también en la calidez de la comunión del Espíritu Santo, en el gozo que acompaña la presencia de Dios, en la esperanza que otorga el Dios Trino.

b) La otra vía está relacionada con el hecho de que los ejercicios espirituales, tales como la oración, la meditación en la Palabra de Dios y el ayuno, por ejemplo, no tienen sentido si no van acompañados de la inteligencia y de la lucidez que produce la reflexión teológica. Los ejercicios espirituales sin el acompañamiento de la lucidez y claridad sobre la Palabra de Dios carecen de profundidad y de sustancialidad.

Teología y espiritualidad, entonces se interrelacionan y se retroalimentan como un todo, pero también como partes que se integran.

La teología es ese *logos* acerca de Dios, es ese discurso que se articula acerca de Dios, no de forma directa, ya que Dios jamás será objeto de estudio, debido a que Él no se deja atrapar por las lucubraciones racionalistas e intelectuales del hombre, no se deja aprehender por las disquisiciones humanas; no es posible que la mente humana aprehenda a Dios para analizarlo y objetivarlo como objeto cognoscible, tal como lo hace la teología natural. A Dios sólo es posible conocerlo por dos vías: por las Sagradas Escrituras y por la experiencia tanto del individuo como de la comunidad de los santos. La experiencia nunca será referente válido para hacer ciencia, por tanto el discurso teológico no se podrá articular a partir de experiencias personales (sin embargo, éstas sí pueden ilustrar empíricamente el discurso teológico). Estas experiencias son válidas para los actos de fe, mas no para la construcción de un saber que pretende ser objetivo y convertirse en saber científico. Así, entonces, la única vía posible y válida para elaborar ese discurso es la Revelación divina consignada en las Sagradas Escrituras judeo-cristianas, con la inspiración y testimonio, claro está, de las experiencias vividas tanto por el individuo como por la comunidad eclesial.

Si la teología reclama un lugar entre las ciencias es debido a su objeto de estudio primario (las Sagradas Escrituras), a los métodos positivistas que utiliza, a las leyes que la gobiernan, a la existencia de una comunidad teológica prestante y erudita, a la utilidad que tiene para las comunidades eclesiásticas existentes y a su carácter dinámico que contrasta con posturas dogmáticas y estáticas. La espiritualidad da sentido y valor a esa "cientificidad" teológica, en tanto que la saca de la frialdad que es propia de las ciencias, y la llena de vida para convertirla en una aventura gozosa del cristiano que hace teología.

En toda esta elaboración y tareas teológicas la oración es pieza clave, toda vez que el ejercicio de la razón, de la investigación, el uso adecuado y riguroso del sentido común y la interacción con miembros de la comunidad tanto eclesiástica como teológica son mediatizados por la búsqueda incesante de la presencia de Dios en oración y estudio de la Biblia.

La oración crea un grado de sensibilidad tan agudo que "entrena" al cristiano para discernir la voluntad de Dios y para percibir su guía. La oración es una mediación a través de la cual, juntamente con las Sagradas Escrituras, se fortalecen los lazos de amistad con el Trino Dios. El teólogo, entonces, se convierte en representante del Eterno en tanto que investiga la voluntad de su Creador, la hace inteligible y la transmite a la comunidad eclesiástica a través de tratados teológicos, conferencias, disertaciones y homilías.

La oración es un canal a través del cual el Espíritu de Dios le muestra al teólogo y al ministro, en general, la forma de hacer pertinente y de contextualizar las Sagradas Escrituras en un contexto lleno de hombres y mujeres desorientados y necesitados de la dirección divina.

En la Presencia de Dios el hombre reorienta y reordena su escala de valores y pone el valor de la vida en su perspectiva correcta. El rostro de Dios le enseña al hombre que la vida del ser humano es mucho más que los bienes que posee. Es en la comunión con Dios cuando y donde el sujeto se da cuenta de que el hombre es inviolable, que la vida es inviolable, que el otro es nuestro prójimo, que la alteridad merece todo nuestro amor, respeto, consideración y cooperación.

El sacrificio cruento de Jesús posibilitó que el hombre llegara a Dios, contemplara su "rostro" y disfrutara de su comunión mediante los ejercicios espirituales, cuyo eje central es la combinación de oración y reflexión bíblica. La oración acompañada de la reflexión bíblica y ésta en compañía de aquélla hacen que lo incognoscible se haga comprensible, que los misterios revelados de Dios se hagan del dominio del hombre piadoso. Esta dupleta hace posible juzgar y develar la fundamentación bíblica o la ausencia de la misma en movimientos religiosos que se presentan en la época contemporánea.

Cuando el piadoso reflexiona la Palabra de Dios bajo oración y búsqueda del rostro del Señor comprende la naturaleza, conveniencia y/o inconveniencia de ciertos fenómenos que se dan en la sociedad. Es así como descubre cuál debe ser la actitud correcta que se debe asumir frente a la participación en movimientos y acciones políticas, a la pobreza, a la violencia, a las riquezas, a las injusticias y a fenómenos sociopolíticos semejantes a éstos.

La reflexión bíblica acompañada de oración profunda arroja como resultado la comprensión de realidades, que de otra manera sería imposible comprenderlas. El cristiano no sólo cuenta con la información que las ciencias sociales y las ciencias positivistas, juntamente con el arte y la tecnología le proveen sino que cuenta, además, con la valiosísima información que la Palabra Revelada de Dios le ofrece. Y esto es así, debido a que la realidad siendo multifacética, multiforme y mucho más abarcante de lo que imaginamos, no puede ser comprendida sólo por las ciencias sociales y las naturales, no sólo puede ser comprendida por el arte y la tecnología, sino que se necesita la intervención divina para revelar aquellas realidades que están fuera de la comprensión y del campo de estudio de las ciencias, de la tecnología y del arte.

Cuando leemos la Biblia estamos frente al corazón y la mente de Dios, estamos frente a una realidad a la que no se puede acceder sino es a través de la misma revelación consignada en sus páginas. Estamos frente a un mundo totalmente diferente del mundo de las ciencias, del mundo del positivismo, del mundo de la secularización. Allí el cristiano recrea no sólo su mente sino su espíritu, allí su ser se agiganta, allí su cosmovisión adquiere nuevos referentes que le posibilitan nuevas y diferentes lecturas de la realidad y de su propia cultura. La lectura de las Sagradas Escrituras judeo-cristianas abre nuevos caminos y nuevas comprensiones que nos ayudan a entender que la realidad es mucho más de lo que se transparenta diariamente, que el saber es muchísimo más de lo que las ciencias, el arte y la tecnología ofrecen al ser humano, allí se comprende que las ciencias dan conocimiento, mientras que la Palabra de Dios ofrece sabiduría e inteligencia.

La reflexión en la Palabra de Dios nos ayuda a asumir actitudes correctas frente a las riquezas, y es allí donde precisamente entendemos que las riquezas son un medio, no un fin en sí mismas, que ellas no deben convertirse para el cristiano en un tesoro sino en una mediación para servir al otro en aquellas cosas temporales, en ayudarle a suplir sus necesidades. Allí entendemos que las riquezas tienen una función social en tanto que están dadas para servir al ser humano y para honrar a Dios al hacer buen uso de ellas. Comprendemos que las riquezas que posee el individuo no son para su lucro exclusivo sino para ayudar al desarrollo de la comunidad.

El cristiano, de acuerdo con la información bíblica que posee, sabe que las riquezas pueden honrar a Dios y, en este caso, pueden tener fines útiles para la extensión y promoción del Reino de Dios; las posesiones también pueden cumplir una función social, al ponerse al servicio de los más necesitados, en tanto que el rico puede ayudar a los pobres a través del otorgamiento de empleos justamente remunerados, a través de la cofinanciación de programas de beneficencias, por medio de ayudas directas en caso de calamidades, a través de aportes financieros a organismos nacionales e internacionales que velan por el bien de los más necesitados, etc.

Las riquezas también pueden servir a los propósitos del mal: pueden promover y financiar actos de terrorismo, pueden financiar el ocultismo, y de esa forma estar al servicio de Satanás. Lo que aquí estoy afirmando puede ser ilustrado con las palabras de Blomberg: "El hecho de despojar a los egipcios de sus riquezas demuestra que Dios quiere que su pueblo vaya a la nueva tierra con cierta medida de riquezas... Pero algunas de estas riquezas serán utilizadas más tarde en la construcción del tabernáculo. También algunas de estas mismas riquezas de metales preciosos son las que seducen rápidamente a los israelitas y ayudan a que ellos caigan en la idolatría".[1]

Finalmente, los ejercicios espirituales tienen una función eclesial muy destacada en tanto que la comunidad de los santos se nutre a través de ellos. Los ejercicios espirituales pueden ser abusados por la falsa religiosidad, convirtiéndolos en una máscara, como elementos enmascaradores de una falsa piedad, o pueden ser una herramienta muy útil de la espiritualidad, la cual acude a ellos para darle profundidad al ser, para someter los ímpetus de las pasiones al Señorío de Cristo. Y en todo esto Cristo es glorificado.

A Él sea la honra y la gloria por siempre. Amén.

---

[1] BLOMBERG, Craig L. *Op. cit.*, p. 50.

BIBLIOGRAFÍA

Autores:

ATKINSON, David J. y FIELD, David H. *Diccionario de ética cristiana y teología pastoral*. Trad. Daniel Menezo. CLIE, Barcelona 2004.

BANDERA, Armando. *Oración cristológica*. San Esteban, Salamanca 1990.

BARCLAY, William. *Palabras griegas del Nuevo Testamento: su uso y significado*. Trad. Javier José Marín C. Casa Bautista, El Paso, Texas 1977.

BARTH, Karl. *Introducción a la teología evangélica*. Trad. Constantino Ruiz-Garrido. Sígueme, Salamanca 2006.
____*La oración*. Sígueme, Salamanca 1980.

BAUER, J. B. y ZIMMERMANN, H. "Oración", en *Diccionario de teología bíblica*. Herder, Barcelona 1985.

BENSON, Robert. *In Constant Prayer*. Thomas Nelson, Nashville 2008.

BEORLEGUI, Carlos. *Lecturas de Antropología Filosófica*. 2.ª ed. Desclée de Brouwer, Bilbao 1995.

BLOMBERG, Craig L. *Ni pobreza ni riquezas: una teología bíblica de las posesiones materiales*. CLIE, Barcelona 2002.

BOUNDS, Edward M. *Lo mejor de E.M Bounds: La oración fuente de poder.* CLIE, Barcelona 2001.
____*La realidad de la oración.* CLIE, Barcelona 2001.
____*El predicador y la oración.* CLIE, Barcelona 2008.
____*El propósito de la oración.* CLIE, Barcelona 2001.

BROWN, Colin. *New International Dictionary of New Testament Theology.* Vol. 2. Paternoster, Carlisle, Cumbria, U. K. 1986.

BUBER, Martin. *¿Qué es el hombre?* Trad. Eugenio Ímaz. F. C. E., Bogotá 1994.

BUNYAN, John y GOODWIN, Thomas. *La oración. Estandarte de la Verdad,* Barcelona 1967.

CASSIRER, Ernst. *Filosofía de la Ilustración.* Trad. Eugenio Ímaz. F. C. E., Bogotá 1994.

CENCILLO, L. *La comunicación absoluta: Antropología y práctica de la oración.* San Pablo, Madrid 1994.

CLARKE, Adam. *The Holy Bible containing the Old and New Testament.* Vol. I. Abingdom-Cokesbury, New York.

CRUZ KRONFLY, Fernando. *La sombrilla planetaria: Modernidad y Postmodernidad en la cultura.* Planeta, Bogotá 1994.

CULLMANN, Oscar. *Cristo y el tiempo.* Estela, Barcelona 1967.
____*La oración en el Nuevo Testamento.* Sígueme, Salamanca 1999.

DONNER, Theo G. *Fe y postmodernidad: una cosmovisión cristiana para un mundo fragmentado.* CLIE, Barcelona 2004.

DOREN, Charles van. *Breve historia del saber: la cultura al alcance de todos.* Planeta, Barcelona 2006.

DOUGLAS, J. D. (Dir.) *Nuevo Diccionario Bíblico*. Certeza, Buenos Aires 1991.

DUCHROW, Ulrich y HINKELAMMERT, Franz J. *La vida o el capital: alternativas a la dictadura global de la propiedad*. Trad. Arnold Spitta. Asociación Departamento Ecuménico de Investigación, San José, Costa Rica 2003.

EPICURO. *Obras*. Trad. Montserrat Jufresa. Altaza, Barcelona 1995.

ERDMAN, Charles R. *La Epístola a los Filipenses*. Trad. José María Blanch. Jenison, T. E. L. L., Miami 1994.

EVANS, D. *En diálogo con Dios*. Certeza, Buenos Aires 1976.

GESCHE, Adolphe. *Dios para pensar II: Dios-el cosmos*. Trad. María Aguirre. Sígueme, Salamanca 1997.

GIRDLESTONE, Robert B. *Sinónimos del Antiguo Testamento*. Trad. Santiago Escuain. CLIE, Barcelona 1986.

GOSSETT, Don. *Lo que dices*. Trad. Shily Kjellgren. Vida, Miami, Florida 1978.

GRENZ, Stanley J.; GURETZKI, David y FEE NORDLING, Cherith. *Términos teológicos: Diccionario de Bolsillo*. Trad. Eduardo Jibaja. Mundo Hispano, El Paso, Texas 2007.

GRUDEM, Wayne. *Teología Sistemática*. Trad. Miguel Masías, José Luis Martínez y Omar Díaz. Vida, Miami 2007.

GUNKEL, Hermann. *Introducción a los Salmos*. Trad. Juan Miguel Díaz Rodelas. Institución San Jerónimo, Valencia, España 1983.

HARRISON, E. F.; BROMILEY, G. W. y HENRY, C. F. H. *Diccionario de Teología*. Trad. Humberto Casanova y Guillermo Serrano. Libros Desafío, Grand Rapids, Michigan 2006.

HAZLITT, Henry. *La conquista de la pobreza*. Trad. Santiago Urdina. Ariel, Barcelona 1970.

HOBBES, Thomas. *Leviatán: o la materia, forma y poder de una República Eclesiástica y Civil*. Trad. Manuel Sánchez Sarto. F. C. E., México 1994.

JAMOCÓ ÁNGEL, Francisco. *El arte de hacer dinero, un don de Dios*. Tomo 1. Buena Semilla, Bogotá 2006.

KANT, Emmanuel. *Filosofía de la Historia*. Trad. Eugenio Ímaz. F. C. E., México 1998.

KEENER, Craig S. *Comentario del contexto cultural de la Biblia, Nuevo Testamento: el trasfondo cultural de cada versículo del Nuevo Testamento*. Trad. Nelda Bedford de Gaydou, *et ál.* Mundo Hispano, El Paso, Texas 2005.

KEIL, C. F. y DELITZSCH, F. *Commentary on the Old Testament in Ten Volumes*. Vol. V. Grand Rapids, William B. Eerdmans, Michigan 1980.

LOCKE, John. *Tratado sobre el Gobierno Civil*. Trad. Manuel Formoso Herrera. EDUCA, San José, Costa Rica 1997.

LLOYD-JONES, Martin. *El Sermón del Monte*. Tomo 2. Trad. José María Blanch. El Estandarte de la Verdad, Barcelona 1991.

MANDINO, Og. *El Éxito más Grande del Mundo*. Diana, México 1991.

MARCEL, Gabriel. *Homo viator: prolegómena a una metafísica de la esperanza*. Trad. María José de Torres. Sígueme, Salamanca 2005.

MARTIN, Teodoro H. *Textos cristianos primitivos: documentos-martirios*. Sígueme, Salamanca 1991.

MARTÍNEZ, Jose María. *Teología de la oración*. CLIE, Barcelona 2000.

MARTÍNEZ, Jose María y MARTÍNEZ, Pablo. *Abba, Padre: teología y psicología de la oración.* CLIE, Barcelona 1992.

METZGER, Bruce M. *A Textual Commentary on the Greek New Testament.* United Bible Societies, London 1971.

MEYER, Joyce. *¡Esta Boca Mía! La Solución a sus Problemas está en su Boca.* Trad. Rogelio Díaz-Díaz. Buena Semilla, Bogotá 2002.

M'INTYRE, David M. *La vida de oración a solas.* CLIE, Barcelona 1989.

MILNE, Bruce. *Conocerán la verdad: un manual para la fe cristiana.* Trad. Elma Flores. Puma, Bogotá 2008.

MOSQUERA BRAND, Fernando A. y UHIA, Juan Carlos. *Utopía, ética y esperanza: ciudadanía y Reino de Dios.* CLIE, Barcelona 2006.
_____*El Señor de la historia: Teología exegética basada en el libro de Amós.* Libros Compartir, Bogotá 1996.
_____*Relación de continuidad y de discontinuidad entre la Antropología y la Física Política Hobbesianas.* Tesis Doctoral. UPB, Medellín 2002.

MYERS, Bryant L. *Caminar con los pobres: manual teórico-práctico de desarrollo transformador.* Kairós, Buenos Aires 2005.

MURRAY, A. *La escuela de la oración.* CLIE, Barcelona1982.

OCAÑA FLORES, Martín. *Los banqueros de Dios: una aproximación evangélica a la Teología de la Prosperidad.* Puma, Lima 2002.

OSSORIO, Manuel. *Diccionario de Ciencias Jurídicas, Políticas y Sociales.* Heliasta, Buenos Aires 1999.

OSTEEN, Joel. *Su mejor vida ahora: siete pasos para vivir a su máximo potencial.* Trad. Nola J. Theo. Lake Mary, Casa Creación, Florida 2005.

PINK, Arthur W. *Camino a la oración ferviente.* Trad. Guillermo Krätzig y Alfredo Tépox. Grand Rapids, Libros Desafío, Michigan 1998.

PRONZATO, A. *Orar, ¿dónde, cómo, cuándo, por qué?* Sígueme, Salamanca 1998.

RADMACHER, Earl D.; ALLEN, Ronald B. y WAYNE HOUSE, H. (Ed.). *Nuevo comentario ilustrado de la Biblia: la luz de la Palabra de Dios para su vida.* Caribe, Miami 2003.

ROUSSEAU, Juan Jacobo. *El Contrato Social.* En *Discursos y el Contrato Social.* Trad. Salustiano Masó. Círculo de Lectores, Barcelona 1995.

SABUGAL, Santos. *El Padre Nuestro en la interpretación catequética antigua y moderna.* Sígueme, Salamanca 2006.

SANDORD LASOR, William; *et ál. Panorama del Antiguo Testamento.* Nueva Creación, Buenos Aires 1995.

SAPHIR, Adolph. *The Lord´s Prayer.* James Nisbet & Co., Londres 1870.

SAVATER, Fernando. *Los Diez Mandamientos en el siglo XXI: tradición y actualidad del legado de Moisés.* Sudamericana, Buenos Aires 2004.

SIMARRO FERNÁNDEZ, Juan. *Cristianos ante la pobreza: responsabilidad cristiana ante la marginación social.* CLIE, Barcelona 1990.

STAAB, Karl y BROX, Norbert. *Cartas a los Tesalonicenses, Cartas de la Cautividad y Cartas Pastorales.* Trad. Florencio Galindo. Herder, Barcelona 1974.

STAGG, Frank. *Teología del Nuevo Testamento.* Trad. Arnoldo Canclini. Casa Bautista, El Paso, Texas 1976.

TILLICH, Paul. *Teología Sistemática I: la Razón y la Revelación, el Ser y Dios.* 4.ª ed. Trad. Damián Sánchez Bustamante Páez. Sígueme, Salamanca 2001.

TORREY, Reuben A. *El poder de la oración y la oración de poder.* CLIE, Barcelona 1989.

TREVIJANO ETCHEVERRIA, Manuel. *Fe y Ciencia: Antropología.* Sígueme, Salamanca 1996.

VAN DOOREN, L. A. T. *La oración. El hálito vital del creyente.* Editorial Latimer, Carnforth 1964.

WALTON, John H.; MATTHEWS, Víctor H. y CHAVALAS, Mark W. *Comentario del contexto cultural de la Biblia, Antiguo Testamento.* Trad. Nelda Bedford, *et ál.* Mundo Hispano, El Paso, Texas 2004.

WILLARD, Dallas. *Hearing God: Developing a Conversational Relationship with God.* Inter-varsity Press, Downers Grove 1999.

Otras referencias:

CENTRO DE INVESTIGACIONES RELIGIOSAS. P. O. Box 846, Montebello, C. A. 90640, EE. UU.

Diccionario Bíblico Ilustrado Reymo. Tomo 2, letras E-L. Diorki, México 2005.

Diccionario de la Lengua Española. Tomo 1. Real Academia Española. Vigésima segunda edición. Espasa, Bogotá 2001.

Enciclopedia Universal Círculo. Tomo IV. Círculo de Lectores, Bogotá 2006.

Páginas web:

http://es.wikipedia.org/wiki/Teolog%C3%ADa_de_la_Prosperidad

http://www.adital.org.br/site/noticia.asp?lang=ES&cod=4180

http://www.sectas.org/articulos/movimiento/prosperidad.htm

http://www.alcnoticias.org/articulo.asp?artCode=3251&lanCode=2

http://produccionesmagnificat.com/PorqueMagnificat.htm